COMPLETE BOOK OF TAROT

完全版 タロット事典

アンソニー・ルイス＝著
鏡リュウジ＝監訳
片桐 晶＝訳

Translated from
*"Llewellyn's Complete Book of Tarot:
A Comprehensive Guide"*
Copyright © 2015 Anthony Louis
Published by Llewellyn Publications
Woodbury, MN 55125 USA
www.llewellyn.com
Japanese translation published by arrangement with Llewellyn
Publications through The English Agency (Japan) Ltd.

Interior card images: Classic Tarot © 2014 by Llewellyn Publications with art by Eugene Smith and text by Barbara Moore

献 辞
DEDICATION

ニューヨークで楽器を持った若者が年配の女性を呼び止めてこう尋ねた。
「すいません、カーネギーホールへはどう行けばいいですか?」
女性は彼の目を見据えて返答した。
「練習、練習、練習よ!」
本書は、カーネギーホールへの道を求めるすべての人に捧げられる。

監訳者の言葉
タロットの「総論」を目指して

　ここに、また1冊、素晴らしいタロットの本をお届けできるのをとても嬉しく思います。アンソニー・ルイス著『完全版 タロット事典（COMPLETE BOOK OF TAROT）』です。

　まず、本書の優れた点をご紹介しておきましょう。本書の特徴は著者アンソニーさんご自身の言葉で、「はじめに」で簡潔かつ整理されたかたちで紹介されていますが、とくに日本の読者の方むけに僕の方からも補足というかたちで。

　昨今はタロットについての本が日本でもかなり出版されています。僕がタロットに触れた、1970年代からするとまったく隔世の感があります。比較的学術的なものからその著者独自の見解や解釈に大きく特化したものまで実にさまざま。ネット上でも多くの情報が溢れています。

　日本においてすらそうなのですから、タロットの「本場」である海外においては情報の海の広大さは想像を絶するほど。

　こうした状況においては、さまざまな知識と情報を見渡せるガイド役がどうしても欲しくなります。手前味噌で恐縮ではありますが、拙著『タロットの秘密』（講談社現代新書）は歴史から現在の発展、使い方までを1冊の新書にまとめた案内書として好評を得ています。

　しかし、この小さな本ではタロットの実践的なことやさまざまな照応関係までカバーしきることはできませんでした。

　そんな中、とてもよい本が出たのです。それが本書です。

　この本は歴史的な「事実」を明らかにしたうえで、近代のタロットの発展に寄与してきたさまざまな権威者たちの意見を網羅し、また近代オカルトにおける数秘術、占星術、カバラ、神話関係などとの照応関係を一挙、整理して提示しています。著者自身の意見はなるべく控え、客観的かつ俯瞰的にタロットの知識をショーケースに入れてくれているのです。

　ロンドンのオカルト書店で本書を立ち読みしたとき、僕がこの本を即座に購入した第一の理由は、エテイヤ、メイザース、ウェイト、黄金の夜明け団、クロウリーといった近代オカルトの主要な人

物たちの記述をまとめて並べてくれていたということでした。

　ほかにもカードのディグニティ、カウンティング、占星術との対応関係などなどがわかりやすく、そして表も多用しながらまとめられているのが本当に貴重であり、ありがたいのです。

　本書はタロットの教本であり、歴史入門であり、照応関係の事典であり、まさしく「完全版」（コンプリート）なリファレンスとなっているわけです。

　こんな見事なまとめができたのは、著者アンソニー・ルイスの力量あってのこと。アンソニー・ルイスは占星術や占いの世界ではよく知られた人物です。タロットに関してもベストセラー、『Tarot Plain and Simple』を含めいくつもの著書があり、また占星術でも専門的な著作があります。ルノルマンカードについても電子書籍でわかりやすいものを出しておられます。

　とくに占星術ではホラリー占星術（Horary Astrology）とソーラー・リターン（Solar Return）という技法の解説書が優れています。アンソニーさんはどの本でも、歴史上の文献と先行研究を網羅した上でそれを要約し、さらにわかりやすくかつ実践的に指南するというスタイルをとっておられます。その知識量、そして知識と情報をまとめる力量は、並大抵のものではありません。本書はそうしたアンソニーさんの特徴がいかんなく発揮された、素晴らしい1冊だと言えるでしょう。

　本書は「入門の入門」ではないかもしれませんが、タロットを学び、愛する人なら必ずすぐ手の届くところに置いておくべき必携書であるはずです。

　なお、最後にお礼を。まずは大部の本を丁寧かつ正確に訳してくださった片桐晶、編集の谷野友洋、そしていくつかの質問に答えてくださった著者のアンソニー・ルイスさんに。

　そして、本書にかかわってくださったすべての方と本書を手にとってくださったあなたに、心からの感謝を捧げます。

鏡リュウジ

目次
CONTENTS

004 監訳者の言葉
012 はじめに

第1章
タロットを学ぶ理由

016 「占い」とは
017 タロットにはどんなことができるのか?
 1. ソードの2
 2. ペンタクルの7
 3. 悪魔
 4. カップの10
 つけ加えの洞察：女教皇
023 タロットとの出会い

第2章
タロットの由来

028 タロットの歴史
030 タロットにまつわる俗説

第3章
タロットの真実

038 タロット・デッキの構成
038 マムルーク・カード
039 標準的なタロット・デッキ
040 タロット・デッキの主なタイプ
 ヴィスコンティ＝スフォルザ版デッキ
 ソーラ＝ブスカ版デッキ
 マルセイユ系タロット
 秘教的タロット・デッキ
 〈黄金の夜明け団〉
 ライダー・ウェイト＝スミス版タロット
 クロウリー＝ハリス・トート版タロット
 テーマ性のあるタロット・デッキ
 運勢判断やオラクル・デッキ

第4章
タロットの使い方さまざま

050 タロットの使い方さまざま
051 タロットと日記(ジャーナル)
052 タロットと創造力
053 精神修行(スピリチュアル・プラクティス)としてのタロット
055 心理療法(サイコセラピー)の補佐役としてのタロット
056 タロット・ダイアリー、タロット・ノートの重要性
057 タロットの倫理
 タロットのリーダーのための、ヒポクラテスの誓い
 より細かな倫理的配慮

第5章
連想と照応

062 ヨセフとファラオの夢
063 タロットと数の象徴体系
　　タロットのバース・カード
　　（メアリー・K・グリーア方式）
　　イヤー・カード
　　（メアリー・K・グリーア方式）
　　バース・カードのその他の算出方法
　　数の象徴体系
067 最優先すべきはクライアントの利益
069 タロットと四大元素
　　四大元素のキーワード
071 タロットと占星術
071 黄道十二宮：12分割された円
　　1. 火の牡羊座（3月20日〜4月19日）
　　　　——皇帝
　　2. 地の牡牛座（4月20日〜5月20日）
　　　　——教皇
　　3. 風の双子座（5月21日〜6月20日）
　　　　——恋人たち
　　4. 水の蟹座（6月21日〜7月21日）
　　　　——戦車
　　5. 火の獅子座（7月22日〜8月22日）
　　　　——力
　　6. 地の乙女座（8月23日〜9月22日）
　　　　——隠者
　　7. 風の天秤座（9月23日〜10月22日）
　　　　——正義
　　8. 水の蠍座（10月23日〜11月21日）
　　　　——死神
　　9. 火の射手座（11月22日〜12月20日）
　　　　——節制
　　10. 地の山羊座（12月21日〜1月19日）
　　　　——悪魔
　　11. 風の水瓶座（1月20日〜2月17日）
　　　　——星
　　12. 水の魚座（2月18日〜3月19日）
　　　　——月
084 古代の七惑星
　　太陽（生命の中心）
　　月（感情と内面生活）
　　水星（コミュニケーションと機敏性）
　　金星（愛と融和）
　　火星（衝突と争い）
　　木星（拡大と幸運）
　　土星（収縮と苦境）
085 四大元素と大アルカナ
　　風：愚者
　　水：吊された男
　　火：審判
　　地
086 〈黄金の夜明け団〉、デカン、
　　数の象徴体系
　　春：ワンド——ペンタクル——ソード
　　夏：カップ——ワンド——ペンタクル
　　秋：ソード——カップ——ワンド
　　冬：ペンタクル——ソード——カップ
088 〈黄金の夜明け団〉による、
　　惑星と数札との関連づけ

090 カバラと生命の樹

    1. ケテル（王冠）
    2. コクマー（叡智）
    3. ビナー（理解）
    4. ケセド（慈悲）
    5. ゲブラー（峻厳）
    6. ティファレト（調和）
    7. ネツァク（勝利）
    8. ホド（光輝）
    9. イェソド（基礎）
    10. マルクト（明示）

093 ルーン文字とタロット

第6章
逆位置とディグニティ

096 逆さまのカード
    逆さまの状態はカードの格式を損なうか？

099 逆位置のカードの意味についての警告

100 カードのディグニティ
    カード・カウンティング
    四大元素のディグニティ
    四大元素の属性
    ディグニティの決定：例1
    ディグニティの決定：例2
    （黄金の夜明け団）による
    ディグニティ決定の事例

第7章
タロットへの問いかけ方

110 ごみを入れればごみしか出てこない

110 デルフォイの神託

111 現代物理学の叡智
    ① 質問の手法
    ② 私たちが知っている言語
    ③ 私たちが自由に使える手段

113 ふさわしい質問とふさわしくない質問

第8章
タロットの「読み」方

118 術（アート）としてのタロット

118 神が愛するのは面白い物語

120 リーディングの秘訣とは

122 具体例

123 命あるものとしてのカード

124 シャッフルをしてカードを選ぶ

126 インターネットを使ったリーディング

127 時間の特定
    時間の特定は可能か？
    もっともシンプルなタイミング・テクニック
    季節との対応
    物事が展開していく速さは？

第9章
タロットのスプレッド

- 132　スプレッドとはなにか？
- 133　毎日のドロー
- 134　ワンカード・リーディング
  - 現在の状況
- 136　2カード・リーディング
- 137　3カード・スプレッド
  - ——ヘーゲルに頭を垂れよ
- 138　3カード・スプレッドによる個人的な体験
- 139　テーマとバリエーションのスプレッド
  - リーディング事例
  - デッキとの対話
- 142　ホースシュー・スプレッド
  - ホースシュー・スプレッドの事例
  - ホースシュー・スプレッドで選択肢を明確化する
- 146　ケルティック・クロス・スプレッド
  - ケルティック・クロス・スプレッドの事例
  - 懐疑派のための
  - ケルティック・クロス・スプレッドの
  - リーディング
- 153　ホロスコープ・スプレッド
  - ホロスコープ・スプレッドのリーディング
  - ホロスコープ・スプレッドの簡易版
- 157　ゾディアック・スプレッド
  - ゾディアック・スプレッドの解釈
- 160　生命の樹のスプレッド
  - 生命の樹のスプレッドを解釈する
- 164　逆位置のスプレッド

第10章
大アルカナ

- 168　ルネサンス期のトリオンフィ・カード
  - キリスト教が大アルカナに与えた影響
- 173　78枚のカードの照応
  - 0　愚者：夢見がちな、魔法使いの弟子
  - 1　魔術師：下のものは上のものの如く
  - 2　女教皇：秘密の叡智の守護者
  - 3　女帝：豊穣をもたらす産道の女神
  - 4　皇帝：現世における最高権威者
  - 5　教皇：人と神との架け橋
  - 6　恋人たち：畑の耕し方を選択する
  - 7　戦車：理性は欲求と意志を手なずける
  - 8(11)　力：勇気と獣欲
  - 9　隠者：意味の探求
  - 10　運命の輪：天の下の出来事には
  　　　　　　　すべて定められた時がある
  - 11(8)　正義：世界の法を守る
  - 12　吊された男：新たな視点で物事を見る
  - 13　死神：新たな章の始まり
  - 14　節制：巧みな融合と調和
  - 15　悪魔：ねじれた世界観

16 塔：突然の悟り
17 星：希望の瞬き
18 月：闇のなかで蠢くものたち
19 太陽：一筋の陽光
20 審判：因果応報
21 世界：復楽園

第11章
数札

224 　ワンドのスート

ワンドのエース：命のきらめき／ワンドの2：ここからどこへ？／ワンドの3：準備を整える／ワンドの4：協力関係による仕事の完成／ワンドの5：戦争ごっこに興じる裕福な子供たち／ワンドの6：群れを率いる／ワンドの7：権威の座から語りかける／ワンドの8：田園上空を猛スピードで飛んでいく／ワンドの9：果敢に戦う／ワンドの10：重荷を背負う

246 　カップのスート

カップのエース：食らえ、飲め、愛の花が咲いたのだから／カップの2：恋に落ちたソウルメイト／カップの3：幸せな宴／カップの4：逃したチャンス、疲労感、不満／カップの5：雲の切れ間からのぞく希望の光／カップの6：過ぎ去ったものを偲ぶ／カップの7：黙想の水面に映し出されるもの／カップの8：物事の衰退／カップの9：豪勢な暮らしに満足する／カップの10：心の安息

268 　ソードのスート

ソードのエース：断固たる行動のために強烈な力を行使する／ソードの2：親密さと優れた自己規制力／ソードの3：別離と心痛／ソードの4：孤独と隠遁／ソードの5：喪失を悼む／ソードの6：荒れくるう水に架かる橋のように／ソードの7：不安定な努力／ソードの8：考えてばかりで行動に移せない／ソードの9：眠れぬ夜を過ごす尼僧／ソードの10：痛みと悲嘆は夜明けに道を譲る

290 　ペンタクル（コイン）のスート

ペンタクルのエース：物質面での改善が期待できる／ペンタクルの2：邪魔が入っても、踊りつづけろ／ペンタクルの3：力を合わせればもっと優れたものができあがる／ペンタクルの4：保証という贈り物にしがみつく／ペンタクルの5：お金を積んでも愛は買えない／ペンタクルの6：いまこそ成功を分かち合おう！／ペンタクルの7：あなたの富のあるところに、あなたの心もある／ペンタクルの8：物質世界でのスキル／ペンタクルの9：独力で仕事を成し遂げる／ペンタクルの10：繁栄を味わう家族

第12章
コートカード

314 　コートカードはなにを教えてくれるのか
314 　ユングとコートカード

ペイジと感覚
キングと思考
クイーンと感情
ナイトと直観
ユングの類型論とコートカード

- 319 本物のキングとは？
  - 占星術による解釈
  - ナイト（若き冒険者）
  - クイーン（母性を備えた成熟した人物）
  - キング（父性を備えた成熟した人物）
  - ペイジ（若き学習者）
- 324 ワンドのスート
  - ワンドのペイジ：驚きをもたらす異邦人
  - ワンドのナイト：冒険を求めて旅に出る
  - ワンドのクイーン：
     カリスマ性を備えたキャット・レディ
  - ワンドのキング：王国の雄々しい主
- 332 カップのスート
  - カップのペイジ：繊細な助力者
  - カップのナイト：魅惑的な到着
  - カップのクイーン：感情的知性
  - カップのキング：公正で愛想のいい専門家
- 340 ソードのスート
  - ソードのペイジ：熱心な観察者、賢いスパイ
  - ソードのナイト：敵を追い散らす兵士
  - ソードのクイーン：悲しみを味わった女性
  - ソードのキング：判決を下す権力者
- 348 ペンタクルのスート
  - ペンタクルのペイジ：勤勉な学生
  - ペンタクルのナイト：頼もしくて役に立つ
  - ペンタクルのクイーン：
     財力を備えた、頼りになる女性
  - ペンタクルのキング：物質資源の管財人

- 356 終わりに
  - タロットのリーディングの心理学的価値
- 358 補遺
- 360 推薦テキスト
  - 初心者向けの書籍
  - 中級から上級の書籍
  - 特別なトピック
  - 歴史・タロットの起源
  - インターネットのリソース
- 364 参考文献

Preface

はじめに

　ルウェリン社（訳注：1901年に創業したアメリカにある原著を発行した出版社。タロット関連をはじめ、オカルト書籍、またニューエイジ、スピリチュアル系の書籍を多く出版している）から本を書かないかと声をかけてもらったときは、手放しでは喜べない気分だった。編集者のバーバラ・ムーアはこう説明してくれた。我が社では「コンプリート・ブック」を冠にした書籍をシリーズ化していて……いまは『コンプリート・ブック・オブ・タロット』の執筆者を探しているんです。その、"完全な"という言葉のせいで、かすかに胸がざわついたのだ。私はこれまで、膨大な数のタロット本や、いずれ劣らぬ逸品揃いのタロット・デッキを収集している熱烈なタロット愛好家にたびたび遭遇してきた。そんな広大な景色のなかで一冊の本を掲げ、これこそ"完全版"だと声高に叫ぶことなどできるだろうか。内容について方向性を定めておく必要があるのは、考えるまでもないことだった。

　じっくり検討した結果、私は次のような結論に至った。これから執筆する本は、一冊に収まる範囲で"完全"かつ偏りのないアプローチを提供するための基本方針にしたがうものとする。目標を達成するために、次のような指針を定めてみた。

- タロットになじみのない読者が知っておくべき、基本的なテーマを扱う。タロットの"必修科目"――アメリカの学校教育を報じるニュースでおなじみになった悪評高い言い回し――に焦点を絞ること。
- 取り上げる題材は、定説として伝えられてきた内容にもとづくものとする。そのためにも、ヨーロッパにタロットを知らしめたフランス人神秘主義者エテイヤ（ジャン＝バプティスト・アリエッテ）、〈黄金の夜明け団〉を創設したマグレガー・メイザース、後世に多大な影響を及ぼしたライダー・ウェイト＝スミス版タロット・デッキの知性の父アーサー・エドワード・ウェイト、トート版タロット・デッキをデザインしたアレイスター・クロウリーといった、タロット界の重鎮たちの功績を引用する。
- 参照の際の利便性を考え、本文は簡潔で端的に。さらに、目次を設けて興味を引かれたテーマを探しやすくする。
- タロットのより謎めいた神秘的な側面については、軽く触れる程度にとどめる。読者には参考文

献を紹介して、特定の話題についてくわしく調べられるようにする。
- 現在入手可能な文献の焼き直しになるのを避けるため、本書ではタロットの核となる内容を、斬新かつ興味を掻き立てる切り口で紹介する。
- タロットはイタリアのルネサンス期に誕生しているので、多くの著書で割愛されてきた、キリスト教文化がタロットの象徴性に及ぼした影響についても触れていく。加えて、〈黄金の夜明け団〉が大アルカナ（伝統的なタロット・デッキを構成する22枚の寓意的な図柄のカード）を図案化する際に重要な役割を果たした、ヘブライ・アルファベットの象徴的な使い方についても考察する。
- 19世紀末に創設された〈黄金の夜明け団〉が現代タロットの解釈に大きな影響を与えたことを踏まえ、カードについては、占星術と対応させた〈黄金の夜明け団〉の手法にしたがうものとする。
- タロット・リーダーにはさまざまな経歴と多様な世界観の持ち主がいるので、この本では、できる限り、客観的で中立的な立場を目指す。
- 共同執筆者がいないと客観性を保つのが困難になるおそれがあるため、私個人の見解についてはそれとわかるよう明記する。たとえば私は、現代ではタロットが占いの一形態（ディヴィネーション "神々と通じるための"試み）として用いられていると考えるが、「天は自ら助くる者を助く」を重要な戒めとしている。読者には、私がこのような見解の持ち主であることを承知しておいてもらいたい。
- この本では主に、ハリウッド映画でおなじみになった運勢判断としてのタロットではなく、洞察、励まし、明エンパワーメント確化、自己理解のツールとしてのタロットに焦点を当てる。
- 解説書のような言い回しは避けて、外国のガイドブックを彷彿とさせる、タロット旅行記として役立ててもらう。本文には、タロットの世界で私が実際に体験したことを記していくが、探索をつづけ、独自の体験を積み、自分なりの結論に至るかどうかは読者次第だ。

　著者としては、21世紀のタロット大全として、実用的かつ総括的なガイドブックとなることを願ってやまない。以上の目標が達成されているかどうかは、読者の判断にお任せする。

CHAPTER ONE

第1章

WHY LEARN THE TAROT?

タロットを学ぶ理由

On Divination
「占い」とは

　タロットが提供してくれるのは、複雑な状況を見通すためのツールだ。カードを並べると、それぞれの図柄が心に抱いた質問に呼応して、自分が置かれた状況の光と影が明らかになる。図柄をじっくりと読み解けば、自分が下そうとしている判断の善し悪しがはっきりと見えてくる。そう考えると、タロットのリーディングとはブレーンストーミングのようなもので、新たなアイデアの誕生を促し、問題解決の手助けをする力を秘めている。

　もともとはカードゲームとして始まったタロットだが、今日では占いの目的で使われるのが一般的なので、"神々の助けとのブレーンストーミング"と定義してもいいかもしれない。「占い(ディヴィネーション)」という考え方に抵抗を感じる読者もいるだろうから、この言葉の意味を掘り下げておいたほうがよさそうだ。ラテン語の「divinus」には「神々にお伺いを立てる」という意味がある。古代の人々は、未来の出来事といった類の情報は、神聖な存在だけが知り得るものと考えていた。死すべき存在の人間たちは、神に祈願して聖なる知識を分け与えてもらう方法をいくつも編み出し、その方法が「占い」と呼ばれていたのだ。

　歳月を重ねるうちに、「占い」には、「超自然的としか思えない手法で、未来を予言したり、未知の事柄を認識したりする試み」※1という意味が含まれるようになっていく。この場合の「超自然的」は、科学的に証明できない手法——つまり、自然科学の分野では過去にも将来的にも説明不能な手法——に当てはまる。科学者がこういった技法を"似非科学"とみなすのは、科学的手法で説明できる知識分野から逸脱していることが理由とされている。フロイト派の精神分析のような心理療法と並んで、タロットを用いた占いがその手の似非科学に分類されることに疑問の余地はないだろう。その一方で、大勢の人々が、自分は精神分析医とのセッションに負けないぐらいタロットのリーディングから大きな恩恵を受けたと口を揃えている。

　ここで提案する「占い」の定義には、「超自然的としか思えないやり方で神秘的な情報を見つける試み」というものもある。そう頻繁にではないが、リーディングの最中に得られた知識が、常識では考えられない形で手に入ったり、超自然的な由来を持っていたりするように思えて薄気味悪く感じることがある。「占い」の定義は、霊感による思いつき(その霊感はどこからくるのだろう?)、虫の知らせ、直観

的認知、予言、本能的な予見の力と、辞書によってさまざまで、しるしや予兆という解釈ですまされている例もある。

タロットは占いの一形態として利用できるという前提に立って、思い切って質問を投げかけてみよう。まずは、目の前のタロット・デッキに「タロットにはどんなことができますか？」と尋ねてみるのが妥当な方法だが、その前に、慣例とされている専門用語に触れておきたい。タロットの世界では、カードに助言を求める（質問をする）人間をクライアント（依頼人、探究者）、カードを読み解く人間をリーダーと呼ぶ。自分が選んだカードを自分で読み解く場合は、クライアントとリーダーの二役をひとりで兼ねることになる。

※1／この定義は、複数の辞書で調べた「divination」の標準的な意味を編集して言い換えたものである。

WHAT CAN THE TAROT DO FOR YOU?
タロットにはどんなことができるのか？

この疑問に答えるために、私は慎重にカードを切ってから無作為に4枚のカード（4は構造と構成の数字）を引いてみた（ドロー）。そうするあいだも、肩の力を抜いて、心を開いた状態で、質問に対する答えを受けとれるように意識を集中させていた。あとで触れるが、タロットのリーディングでは意思の力が重要な役割を果たす。真摯に向き合い、有益な答えが得られると信じてカードを切ることは、一連の行為に欠かせない作業だ。誠意のない態度をとったり、軽薄な質問をしたりすると、カードが意味もなく並んだだけのセットができあがってしまう。

では、「タロットにはどんなことができますか？」という質問に対する返答を紹介しよう。

1. ソードの2
The Two of Swords

　このカードには、目隠しをして岸辺に座る女性が描かれている。彼女は、片手に1本ずつ持った剣を上に向けた姿勢でバランスを保っている。頭上に浮かぶ三日月は揺れ動く心のあらわれだ。彼女は、相反する感情に決着をつけようとしているのかもしれないし、2本の剣が象徴する、同等の可能性を秘めたふたつの選択肢のうちのどちらかを選ぼうとしているのかもしれない。タロットは、私たちが気持ちを整理して、選択肢を明確にすることができるように手を貸し、より筋の通った判断を下すことができるように支えてあげようと言っているようだ。18世紀にタロットを世に広めたフランス人神秘主義者のエテイヤは、ソードの2を親密さや愛情のカードとみなしていたので、私たちの人生に新たな親交がもたらされると教えてくれている可能性もある。

2．ペンタクルの7
The Seven of Pentacles

　このカードに描かれた庭師は、7つのペンタクルの果実が実った灌木の世話をしている。熟しておいしそうに見える果実もあれば、色艶が悪くて食欲をそそらない果実もある。庭師は休憩をとろうとしているようなので、おそらくは、これまでの作業をじっくり検証して次の行動を決めようとしているのだろう。タロットがこのカードで伝えようとしているのは、それまでの労力を検証して、実り豊かな結末につながる賢明な選択をしなさいということだ。ライダー・ウェイト＝スミス版タロット・デッキの作者アーサー・エドワード・ウェイトは、このカードに描かれている若者は果実を「彼の財宝であり、そこに自分の心臓があるかのように」みなしていると述べているので、タロットが、胸に秘めた欲求を明らかにする手助けをしてあげようと言っているとも考えられる。

3. 悪魔
The Devil

　タロット研究家のポール・ヒューソンは『悪魔の絵本（*The Devil's Picturebook*）』という本を書いている。このタイトルは、理性に光が当たらなかった暗黒の時代に、カードを使った占いの力が悪魔の仕業とみなされていた史実に由来する。悪魔のカードは、熱心な宗教教育が施されてきたリーダーたちを怯えさせることがある。ほとんどのリーダーは悪魔のカードを警告と受け取り、名声、権力、セックス、快楽、富、自己権力の拡大への渇望といった、物質的な欲望の奴隷にならないよう戒められていると考える。肯定的にとらえれば、物質社会で価値があるとされる目標を達成するための決意を示しているとも考えられる。このカードで示唆されているのは、タロットには私たちのもっとも原始的な欲望を探り、私たちの人格の陰の部分と向き合うように促す力があるということだ。カール・ユングならこの助言には大いに満足したことだろう。

4. カップの10
The Ten of Cups

カップの10に描かれているのは、安全な環境で人生を謳歌する幸せな家族の姿だ。(私欲と物質的欲望のみに焦点を当てているといっても過言ではない) 悪魔のカードと違って、このカードでは親密な人々との分かち合いの喜びが示されている。スプレッドの最後のカードとしてカップの10が登場するのは、結局のところ、タロットの力を借りればもっと愛に溢れた人間関係を築けるということだ。〈黄金の夜明け団〉では、このカードを好戦的な惑星である火星と関連づけ、親しい人々の支援があれば日常生活でのストレスや争いを切り抜けられると示唆している。

　以上の解釈を読むときは、質問の文脈において私自身が感じたことを表現したものにすぎないということを心に留めておいてほしい。この4枚のカードがなんと答えているのか、あなた自身が洞察を得たり察知したりするものがあるなら、その解釈も正当なものであり、そこに潜む叡智は敬意に値するものなのだ。哲学者のフランシス・ベーコン（1561-1626年）がこう助言してくれている——必要とされていないときに頭に浮かんできたことに注意を払え。往々にして、それこそがもっとも価値のあるものなのだから。

つけ加えの洞察：女教皇
Additional Insight : The High Priestess

　最後に、現代のタロット・リーダーたちにとって、女教皇のカードがタロットの叡智の象徴となっていることに触れておかなくてはならない。もともとは「女の法王」と呼ばれていたこのカードは、従来の家父長的なアプローチとは異なる方法での知識の習得を象徴している。ライダー・ウェイト＝スミス版の女教皇は、感情や無意識を意味する水辺に座っている。肩から垂らしたベールの下に潜むのは、秘密の知識を伝える内的世界への入り口だ。女教皇の両脇には明るい色の柱と暗い色の柱が立っていて、彼女には、対立する二重性の両立を手伝う力があることが示唆されている。女の法王は、非正統的な叡智の象徴として、神秘の力や秘法を含めた知識を、通常とは異なる形で習得できるように力を貸してくれる。女教皇の占星術上のシンボルである月は、周期、睡眠、夢、直観、女神、魔術、形の変化、儀式用の魔法と関連づけられる女性の惑星だ。

第1章 タロットを学ぶ理由

MY STORY

タロットとの出会い

　記憶を遡ってみると、私は幼いころから占いに魅了されてきた。おそらく、善意の持ち主ではあるが少しばかり迷信深い修道女たちが運営するカトリック系の学校に通っていたことと関係があるのだろう。善良なシスターたちはわくわくするお話を聞かせてくれた。聖なる奇跡の数々、ローマ法王がひた隠しにするファティマの予言、死者の国から舞い戻って人々に罪の報いについて警告する精霊たち、便座に座っているときも見守ってくれている守護天使たち、特別な力で未来を見通して2カ所に"同時出没"する聖人たちの物語を。同時出没できたらどんなにいいだろうと憧れたものだ。

　だが、その手のお話があまりにも現実離れしていたせいで、幼い私の心に疑いが芽生えていく。カトリック系の学校では、どの学年でも教理問答を学び、罪を犯すたびにガラス瓶に入った白いミルクに"邪悪な"黒い染みが広がっていくイメージを植えつけられる。白いミルクは私たちの不滅の魂を、黒い染みは私たちがしでかすありとあらゆる悪事をあらわしていた。この邪悪な染みを消すには、祈りを捧げて悔い改めるしか道はない。それを拒めば地獄の業火で永遠に焼かれることになる。教理問答は毎年同じ質問で始まるので、私たちは一言一句違えずに答えを暗記しておかなくてはならなかった。

「誰があなたをつくりましたか？」「神がおつくりになりました」

「神は、なぜあなたをおつくりになったのですか？」「この世界で、神を知り、愛し、神にお仕えできるよう、おつくりになりました」

　模範解答を覚えると、私は神様が自分をつくった証拠を探しはじめた。そこで思い出したのが、弟が生まれる前に母のおなかがものすごく大きくなったことだ。母は、おなかのなかで赤ちゃんが育っているのよ、と教えてくれた。私は、父がなんらかの形でかかわっているのではないかと疑ったが、確かなことはわからなかった。そんなある日、母が病院に行った。帰ってきたときはおなかがぺしゃんこになっていて、生まれたばかりの弟を抱いていた。母は、一連の出来事に神様が関与したとは一言も言わなかった。

　私はコネティカット州の小さな町で育ち、地元の教区の学校に通っていた。近所にはプロテスタントの子供たちもいて、彼らは屋内にバスケットコートとプールを備えたYMCAに通っていた。ところが、修道女たちがプロテスタント教会は邪悪なので用心しなさいと言い出し

023

た。YMCAに足を踏み入れると罪になる。プロテスタント教会は聖書の誤った解釈にもとづいて設立されたものであり、YMCAは私たちを真の信仰から引き離して不滅の魂を危険にさらそうと狙っている、というのだ。

プロテスタントの家の子供たちのふたりは遊び仲間だったので、最後の警告には大いに困惑させられた。ふたりとも、宗教にそれほど関心を持っているようには見えなかったのだ。気づかなかっただけかもしれないが、私の不死の魂を堕落させようとしたこともない。ふたりが誘ってきたのは、自転車に乗ったり、野山を歩きまわったり、野球をして遊んだりすることだけだった。修道女たちの教えが、自分が実際に感じとっていたこととずれていたせいで、私はますます疑り深くなっていく。

ある日のディスカッションの授業で、私は占星術について書かれたものを読んで感銘を受けたと発言した。修道女の耳がピンと立って、その顔に警戒の表情が広がった。あのとき善良なシスターたちは、真の予言とは神の口から発せられるものだけで、それ以外の形で告げられる未来はすべて悪魔の所業だと警告してくれたのではなかったか？ そうはいっても、禁じられるとますます興味をそそられるのが人間というものだ。私が占星術を熱心に学びはじめるのに時間はかからなかった。

私が占星術にのめり込んだのは1950年代後半のことで、遊園地に遊びに行ったときに、父親がある機械に10セント硬貨を入れて太陽星座(サンサイン)の星占いを試したことがきっかけだった。そこに書かれていたことがびっくりするほど当たっていたのだ。どうしてこの機械は父さんのことをこんなにくわしく知ってるんだろう？ 理由を突き止めたいと思った私は、図書館に行って占星術の本を手当たり次第に読みあさる。ホロスコープを描いて家族や友人たちの運勢を占うようになるまで、あっという間だった。占星術にはちゃんとした根拠がありそうに思えたが、それが科学的にどう機能しているのか説明することはできなかった。当時の私はちびっこ科学者でもあって、自然科学の本を読むのが大好きな子供だった。

簡単な例を挙げて説明したほうがわかりやすいかもしれない。10代のころの私は、自分が生まれた正確な時刻を知らなかった。出生証明書には記載がなかったし、父は午前中に生まれたとしか憶えていなかったのだ。母は私が8歳のときに亡くなっていたので、産んでくれた人に尋ねることもできない。私は占星術の本で見つけたある方法で、自分が生まれたのは午前9時4分前後に違いないと算出した。その数年後、屋根裏部屋で父の手帳を見つけたとき、こんな記述を見つけたのだ――「アンソニー、午前9時5分誕生」。驚いたことに、占星術で算出した時刻は、父の日記に記録されていた時間と1分しかずれていなかった！ びっくりするような偶然の一致だったのかもしれないが、偶然でないのなら、占星術にまつわるあれやこれやにはなんらかの真実がある

第1章 タロットを学ぶ理由

ということになる。

10代後半になってフロイトやユングの本を読むようになると、夢にあらわれるシンボルや心理学的元型(アーキタイプ)の話に夢中になった。天空の学問について学んでいたことが、ふたりの偉大な心理学者が言わずにいられなかったことと共鳴したのだ。ユングの集合的無意識についての著述は、私自身の体験からいってもなるほどと思えるものだった。神話、宗教、世界の文学で息づいているのと同じイメージが、占星術やタロットの世界でもあちこちから顔をのぞかせていた。心理学、精神分析学、占星術の世界で共有されている象徴主義は、一貫して私の心を捕らえて離さなかった。

1960年代後半、占星術を学ぶ友人がタロットを教えてくれた。最初は、どうとでも解釈できる曖昧さに辟易したものだ。数学的な正確さで予言を行う占星術と違い、タロットの解釈はひどく主観的で規則性が乏しいように思えたのだ。1970年代はじめに、(いまでは古典とされている)イーデン・グレイの本を読んだことでカードに対する理解は深まったものの、解釈については、曖昧で不確実という印象は変わらなかった。

イーデン・グレイの本を読んで10年ほど経ってから、私はタロットを極めようと心に決めた。そこで、カードにまつわる本を可能な限り読破する、リーディングを数多くこなして詳細な記録をとる、結果についてフォローアップを行うという方法をとってみた。徐々にわかってきたのは(なにしろ飲み込みが悪い生徒なので)、本を読むのは確かに有益だが、タロットを学ぶには、カードに頻繁に触れて、カードが象徴しているものが現実社会でどのように展開していくのかを地道に検証するのが最善だということだった。

あなたの記録を本にしたらどうかと友人に勧められた結果、『*Tarot Plain and Simple*(やさしくシンプルなタロット入門)』(1996年)が誕生。占星術とタロットで共有される象徴主義への関心が、最終的に2作目の『*Tarot Beyond the Basics*(基礎を習得した人のためのタロット)』(2014年)につながった。この2冊が好評を博したおかげで、ルウェリン社から、タロットについての3作目の著書となる本書の執筆を依頼されたのだ。読者は、私がカードにアプローチするときの背景に、精神医学や心理学の知識はもちろん、フロイトやユングからの影響もあることに気づくはずだ。

CHAPTER TWO

第 2 章

WHERE DID THE TAROT COME FROM?

タロットの由来

A Capsule History of the Tarot

タロットの歴史

　タロットはいつどこで誕生したのかという疑問に言及する前に、「タロット」という言葉の意味を明確にしておこう。オックスフォード大辞典では、こう定義されている——「遊戯用カード。1パックは、5種類のスートから成る78枚のカードで構成され、運勢判断、(とくにヨーロッパでは)特定のゲームで使用される。スートは一般的に、ソード、カップ、コイン(もしくはペンタクル)、バトン(もしくはワンド)、切り札のスートである」※2 この定義については次章でくわしく検証するので、まずは78枚のカードの由来に焦点を当てることにしよう。

　遊戯用カードの誕生には紙が必要であり、紙そのものはざっと紀元前100年の中国で発明されたと考えられている。ドミノや麻雀といったゲームと同様、古代の中国人が遊戯用カードを生み出したという説が有力だ。遊戯用カードは、最終的には交易路を伝って東方へ渡り、中東のアラブ諸国で人気を博することになった。14世紀のエジプトで使われていたマムルーク・カードは、タロット・デッキの数札とはもちろん、現代のトランプとも酷似している。

　もっとも信憑性が高いのは、14世紀後半にスペインを訪れたアラブ人がマムルーク・カードを持ち込み、故国で楽しんでいた古代エジプトのナイーブス(na'ibs)というゲームに興じたという説だ。「ナイーブ(na'ib)」とは、指揮官に次ぐ地位を意味するアラブ語だ。スペインでは、このゲームにちなんで遊戯用カードそのものを「ナイペス」と呼ぶようになり、結果的に、「ナイペ」が正式な呼び名になったという。

　15世紀初頭、北イタリアの職人たちが、マムルーク・カードから着想を得た4種類のスートから成るカードに切り札となる5つ目のスートを加え、凱旋（イ・トリオンフィ）というゲーム用のカードを作った。現代のブリッジによく似たゲームだ。「タロット」という言葉自体は、カードを意味するイタリア語の「タロッキ」から派生した可能性がある。切り札のカードの寓意的な図柄は、芸術家たちが古代ギリシアやローマの写本だけでなく聖書からも着想を得たもので、ルネサンス期のイタリアで大評判となった。切り札には順番があり、前のカードを次のカードが負かすルールになっている。

　初期のタロット・デッキの図柄は、当時の文化に浸透していたローマカトリック教会の影響に由来するものがほとんどだ。日常生活は、宗教上の祝祭や聖人たちを祭った神殿を中心に構成され、暦では聖人たちの一人ひとりに特別な日が定められていた。庶民は読み

第2章　タロットの由来

書きができなかったので、教会は、表象や寓意や話し言葉を使って信徒たちを救済へ導いた。ギリシア神話やローマ神話の表象と並び、こういったキリスト教の寓意がタロットの切り札に集約されていく。

タロット・デッキはイタリアからフランスへ渡り、安住の地となったマルセイユが、その後数世紀にわたってタロット・デッキの主要な生産拠点となる。このデッキは、イタリアではカルテ・ダ・トリオンフィ（「切り札」もしくは「勝利のカード」の意）と呼ばれていた――ⅠからⅩⅩⅠの番号がついた寓意的カード（愚者を含むものと含まないものがある）を指した呼び名だ。歴史家のガートルード・モークレイによれば、15世紀にボニファキオ・ベンボが描いたタロット・デッキは、14世紀に詩人のペトラルカが『凱旋』（イ・トリオンフィ）という詩で讃えた、古代ローマの凱旋行進の形式に倣ったものだという。凱旋行進の図柄は、いまでも、ローマのフォロ・ロマーノ遺跡の凱旋門で目にすることができる。

エール大学バイネッキ稀覯手稿図書館の解説によれば、『凱旋』（イ・トリオンフィ）には、ペトラルカの「愛、高潔、死、名声、時間、永遠の連続的勝利についての思索」が反映されており、「人生がひとつのステージから次のステージへ移るとき、詩人はその意味を探し求める論理学者や哲学者となる」※3とのことだ。同様に、タロットの大アルカナにも、切り札の最後のカードに描かれている"約束の地"へ向かう旅路での悪徳と美徳との争いはもちろん、俗世の権力や教会組織に対する愛の勝利が反映されている。

タロットはもともとは遊戯用カードで、裕福なイタリア人家族のためにつくられた工芸品だったが、16世紀には、占い（ディヴィネーション）の初歩の形態として使われていた可能性がある。1500年代に、イタリアの貴族たちがタロッキ・アップロプリアーティというゲームを楽しんでいた。プレイヤーが無作為にカードを引き、そこに描かれた図柄を着想の材料として互いの運命についての詩を書くという趣向だ。このカードの呼び名の「ソルテス」とは、「運命」「定め」「宿命」「好機」を意味するイタリア語だ。タロットは、長い時間をかけて占いのツールになっていったのだ。

歴史を振り返ると、星の配置、雲の形状、ティーカップに残った茶葉の模様、死んだ動物の臓物など、予測不能な形で出現するものは、種類を問わず、未来を予言する媒体として利用されてきた。1700年代初めには北イタリアのリーダーたちが遊戯用カードを使って予言を行う仕組みを編み出しており、1750年前後には、フランス人占い師のエテイヤが、自分は3人のカード占い師から遊戯用カードを使った運勢占いを学び、そのうちのひとりは北イタリアのピエモンテ州の出身者だったと書いている。エテイヤの著作をきっかけとして、タロットを運勢判断に使う動きはヨーロッパ中に広がり、現代に至っても関心は薄れていない。

※2／Oxford Dictionary, www.oxforddictionaries.com/us/definition/american_english/tarot より（2015年1月12日現在）。
※3／"I Trionfi," Yale Beineke Library, brbl-archive.library.yale.edu/exhibitions/petrarch/about.html より（2015年1月15日現在）。

MYTHS ABOUT THE TAROT

タロットにまつわる俗説(ウソ)

　タロットの文献では、信憑性が高いとは思えない主張を山ほど目にするはずだ。この項では、よく耳にする通説をいくつかを検証してみよう。ここで言う"俗説(ウソ)"とは、立証も、確たる証拠の提示もできない主張のことだ。順不同でいくつか紹介する。

俗説1：タロットとは、トート・ヘルメス・トリスメギストス神を崇めるエジプトの神官たちが書いた絵本であり、その後、ロマ民族によってヨーロッパへ持ち込まれた。マンリー・P・ホール著『象徴哲学大系』に、この説を簡潔にまとめた記述がある。

「『トートの書』は、実際にはロマ民族の神秘的なタロットであると主張されてきた。それは、彼らが古代の神殿セラーペイオンから追放されて以来所有していた、78枚の不思議な象徴の書物である」※4

事実1：タロットは、ルネサンス期のイタリアで芸術家たちが考案したカードゲームだ。ギリシア神話やローマ神話の表象や思想が盛り込まれており、おそらくは、トート・ヘルメス・トリスメギストス神の儀式から派生したテーマも含まれているだろう。ロマ民族はもともとはインドの民であり、古代エジプトの神官ではない。彼らがヨーロッパに渡ったのは、イタリアで最初のタロット・デッキが製作されたずっとあとのことである。

俗説2：タロットは邪悪な代物で、その正確さは悪魔の仕業によるものだ。

事実2：タロットは一組78枚の単なるカードであり、そこに描かれた図柄は豊かな想像力から生まれたものだ。正確性については、リーダーの直観力に左右される。邪悪な力とは厚紙の一枚一枚に宿るようなものではない——人間の特性であることは火を見るより明らかではないか。シニア世代は、『シャドウ』という古いラジオ番組のオープニングを思い出すかもしれない。曰く、「人の心に潜む悪意の正体を知るのは誰か？　シャドウがそれを知っている！」

俗説3：重要な決断を下すときは、事前にカードに助言を求めること。

事実3：タロットは思考の明確化を手伝ってくれるツールにすぎない。助言を求めるかどうかはその人次第だ。タロットが役に立つと思う人

もいれば、そうは思わない人もいる。オカルト主義者のハヨ・バンザフは、タロットは良い召使いだが悪い主人でもあると警告する。タロットに助言を求めるのは、役に立つと思える場合に限ることだ。

俗説4：タロットを効果的に利用するには、あらかじめ、占星術、カバラ、錬金術、数秘術といった分野の実用的な知識を習得しておかなくてはならない。

事実4：タロットは独立した象徴体系だ。占星術、錬金術、カバラといった分野の象徴体系と共通する部分は数多くあるものの、他の象徴体系を知っておく必要はない。アーサー・エドワード・ウェイトは、「真のタロットとはシンボリズムだ。したがって、別の言語を話すことも、別のサインを提示することもない」[5]と書いている。ただし、現代版タロット・デッキのほとんどには、共通してあらわれる基本的なシンボルがある。数字の象徴体系や、古くから伝わる火、水、風、地の四大元素といったものだ。それ以外にも、たとえば、カバラや占星術にもとづいて作成されたデッキが存在するのだが、その手のデッキは秘伝的分野の信奉者のために特別にあつらえられたものだ。デッキをひとつだけ選ぶ場合は、製作者がカードの図柄に反映させた象徴体系に親しんでおくと役に立つ。

俗説5：カトリック教会は、異端の一形態、危険な黒魔術という理由でタロットを禁じている。

事実5：オリジナルのタロット・デッキは、1400年代、北イタリアでカードゲームに使われていた。同じころ、教会では、運任せのゲーム（遊戯用カード、さいころゲーム、ボードゲームなど）を賭博や不謹慎な活動とみなし、熱心な信徒を救済へ至る道から遠ざけていると非難する説教を行っていた。現代では、ローマ教皇フランシスコ（在位2013年-）がこう語っている。「大勢の人々が、問題を解決するために占い師やタロット・カードを頼っている。だが、救ってくれるのはイエスだけであり、われわれはその証人とならなくてはならない！ イエスだけが救いとなるのだ」。[6]興味深いことに、タロットを自己分析のツールとする現代のやり方は、伝統的なカトリック教義よりも宗教改革を行ったプロテスタントの教義とのほうが一致する面が多い。タロットでは、階層化された宗教団体の仲介がなくても、一人ひとりが独力で真実を発見できると考えられているからだ。

俗説6：リーディングには霊能力が必要だ。

事実6：オックスフォード大辞典では、「霊能力」を、「自然の法則では明らかに説明のつかない力や現象、とくにテレパシーや予知能力を伴うものに共鳴したり、表示したりすること」と定義している。[7]私の見解では、タロットとは自分の直観と接触する機会をつくってくれるツールであり、提示された結果は、「自然の法則では説明のつかない」もののように見えるこ

とが多い。というのも、人は年齢を重ねるにつれて虫の知らせを無視するようになるからだ。タロットは、理論的分析と感性に耳を貸すこととのバランスをとり戻すのに一役買ってくれる。リーディングをつづけていると、カードをめくるたびに、予想していなかったことが思い浮かび、それが正しかったとわかって驚くこともあるだろう。

俗説7：タロットは常に正しく（運命）、カードで明らかにされた未来を変える手立て（自由意志）はない。

事実7：100％確かなことなどなにもない。タロットには明確化と導きをもたらす力があるが、自分の人生を決めるのはあなた自身だ。著名なオカルト主義者ダイアン・フォーチュン（1890-1946年）は、タロットを直観のコンパスととらえていた。「占い(ディヴィネーション)は、目に見えない力の風向きを知る風向計とみなされるべきだが、風向計は船の針路を決定する道具ではないことを常に念頭に置いておくべきだ。帆を調整する際の最適の角度を示してくれるだけなのだから」[※8]

俗説8：死神のカードは、あなたや、あなたの近親者に死が訪れると告げている。

事実8：ハリウッド映画では、死神のカードが登場人物に死が迫りつつあることを暗示するというのがお約束の展開だ。だが、現実の世界では、死神のカードが示しているのは大きな転換であり、ひとつの章の終わりと新しい章の始まりを教えてくれている。肉体の死を意味するのはごく希なことだ。たとえば、ある友人からリーディングを頼まれたことがあるのだが、そのときのレイアウトの中心にあらわれたのが死神のカードだった。彼は、仕事を早期退職して人生の次の段階へ進むべきかどうか決めかねていたので、そのカードは納得のいくものだった。あれから何年も経ったが、本人はいまだに健在で、リタイア後の生活を満喫している。

俗説9：カードの入手、取り扱い、保管については、特定の規則に従い、儀式を執り行わなければならない。この表題については実にさまざまな通説があり、次のような勧告も含まれる。

- ただで手に入れよう：カードを自分で買ってはいけない／贈り物として受けとらなければならない。
- シルクでくるもう：カードは常にシルクの布でくるみ、水晶やアメジストといった天然石と一緒にオークの箱に保管しておくこと。
- 強迫性障害、もしくは、感染恐怖症：あなたのカードに触ることができるのはあなただけだ。他の人間が触れたら、カードが悪い波動で汚染されてしまう。
- 眠るときもカードと一緒：正確に同調できるよう、新しいカードは枕の下に置いて眠らなくてはならない。
- 悪意に満ちたカード：所有できるタロット・デッキは一組だけで、それを使ってリーディ

ングを行う。他のデッキを家に置いておくと、お気に入りのデッキが嫉妬して意地悪を企み、質の高いリーディングができなくなってしまう。
- 分離脳：カードをカットするときは左手だけを使おう。左半身のほうが、無意識の領域である右脳に同調しやすくなるからだ。
- 猫は邪悪：猫をカードから遠ざけておくこと。猫科の動物は、霊能力を枯渇させる役目を果たすからだ。
- 悪い波動：カードを燻して（白いセージやラベンダーといった植物を燃やして、カードを1枚ずつ煙にさらす）、負のエネルギーを浄化させなくてはならない
- 月のエネルギー：超自然的な月の波動を吸収できるよう、カードには一晩中月の光を当てておかなくてはならない。
- 呪文：リーディングをはじめる前には、特別な祈りを捧げたり、呪文を唱えたりしなくてはならない。

事実9：タロット・デッキとは、人が美しいものに対してそうするように、取り扱いに注意して大切にすべきものだ。ジャムでべたつくカードではシャッフルするのも一苦労。カードを贈り物として受けとるのは素晴らしいことではあるが、ほとんどのリーダーたちは自分でデッキを買い求め、複数のデッキを所有している。ここで紹介した通説のなかで心に響くものがあったらぜひとも実践してもらいたいが、義務感に駆られてそうする必要はない。このテーマについては、キャサリン・チャップマンの『タロット・カードの取り扱いについて（*Caring for your tarot cards*）』[※9]という記事中のやりとりが役に立つだろう。

俗説10：リーディングを行う際に従わなければならないルールがある。いくつかを紹介すると——
- 自分のためにリーディングを行ってはならない。ただし……
- 自分のためにリーディングを行う場合は、年2回までにとどめること。
- 他人のために有料でリーディングをすると悪運を招く。ただし……
- 無料でリーディングを行うのは、タロットの真価に敬意を払っていない証拠である。
- 本物のリーダーになるには、"正規の"タロット団体に証明書を発行してもらわなければならない（私が知る限り、タロットの世界では、いまだに教皇も女教皇も選出されていない）。
- タロットは常に正しい答えを教えてくれるので、リーディングに誤りがあるとすれば、カードが伝えようとしていることをリーダーが正確に読みとれなかったことが原因だ。ただし……
- カードがクライアントの関心事にはっきりと触れない場合は、占いは断念するべきだ。
- 一枚一枚のカードに、具体的で、時代を超越した元型的(アーキタイプ)な意味がある。ただし……

- カードの意味は、リーダーの直観と感受性に応じてがらりと変わってしまう。
- リーディングについてはすでに正しい方法が定着しているので、正確な解釈を求める場合はルールに従わなければならないが、ぜひとも自分の直観に従ってみてほしい。

事実10：カードの解釈については、どのリーダーも、経験と直観にもとづく自分なりのメソッドを考案している。〈黄金の夜明け団〉では、スプレッドにクライアントの関心事にはっきりと言及するような形でシグニフィケーター（訳注：クライアントを示すカード）があらわれなかった場合は、必ず占いを中止していた。自分や、自分が大切に思っている相手のためにリーディングを行うときは、客観的になるのは難しい。ここで覚えておいてほしいのは、自分を治療する医者は愚かな患者だということだ。疑念が湧いたら、経験豊富なリーダーにセカンドオピニオンを求めるのが賢明だ。腕を磨けば、人が評判のいいコンサルタントにそうするように、あなたのリーディングも他のリーダーたちが喜んでお金を払う貴重な財産となるだろう。

俗説11：タロットのリーダーはペテン師や詐欺師である。

事実11：リーダーの大多数は正直者で、カードを使って個人の成長と自己や精神的なことの理解を求める善意の人々だ。残念ながら、どの世界にも、一般の人々を騙そうとする不正直な人間の小集団が存在する。生き方を教えようとつきまとってくるリーダーは避けること。加えて、あなたを待ち受ける悲惨な運命や邪悪な呪文は自分にしか排除できないと言って法外な額の金銭を求めてくるようなリーダーからは、一目散に逃げ出すこと。そんなお金があったら私に送ってほしい――そのほうがよっぽどあなたのためになるはずだ！

俗説12：優秀なリーダーになるには、タロットの歴史を学んでおかなくてはならない。

事実12：タロットの歴史は魅惑的なテーマだが、知らなくても効果的なリーディングをすることは可能だ。その一方で、アーティストたちがカードの図柄に忍ばせた思想やシンボルの由来を知っておけば、それが西欧文化でなにを意味し、どんな位置を占めているのかをより敏感に感知できる。私自身は思想や歴史の動向を把握することを楽しんでいるので、本書ではタロットの歴史についても多くの頁を割いている。歴史の豆知識を頭に入れておけば、時代を超えて語り継がれてきたでたらめの数々も鵜呑みにしなくてすむはずだ。タロットは空想と想像の世界でくりひろげられるものなので、片足だけでも、地に足をつけておくことをお勧めする。

俗説13：タロット・デッキには、ものすごく"良い"カードと、ものすごく"悪い"カードがある。

事実13：カードそのものに良し悪しはない。

第2章 タロットの由来

どのカードも、人類が体験してきた場面の普遍的な元型(アーキタイプ)イメージをあらわしているにすぎないからだ。"良い"とか"悪い"とかの判断は、そこに表出するエネルギーで私たちがなにをするかによって一変する。陰は陽によってバランスを保つ。つまり、人生の明るい面にも陰の部分があり、その逆もまたしかり、ということだ。外科医が手にしたメスには患者の命を救う力があるが、テロリストが同じメスを振り回して大惨事を引き起こすこともあり得るのだ。中国のある故事にこの考え方がある(「塞翁が馬」のたとえだろう)。ある農夫の家から1頭の馬が逃げ出すと、近隣の人々は「なんという災難」と嘆いた。翌日、その馬が3頭の野生馬をつれて帰ってくると、人々は「なんという幸運」と言い切った。農夫の息子が野生馬たちを手なずけようとして脚を折ると、彼らは「なんという災難」と感想を述べた。その翌日、軍隊がやってきて、農夫の息子を迫り来る戦(いくさ)に駆り出そうとしたのだが、息子が脚を折っていたため徴兵せずに引き揚げていった。結果的に、戦場で戦った兵士たち全員が命を落とし、農夫の息子は折れた脚のおかげで命を長らえる。このときばかりは、村人たちも口を閉ざしたままだった。彼らは、目の前の状況を、黒か白、善か悪という観点から判断することの不毛さを身をもって学んだのだ。

※4／マンリー・P・ホール著『古代の密儀』(大沼忠弘他訳 人文書院刊)、"The Life and Teachings of Thoth Hermes Trismegistus"。サイトは www.sacred-texts.com/eso/sta/sta08.htm (2015年1月20日現在)。
※5／アーサー・E・ウェイト『タロット図解』(魔女の家BOOKS刊)。
※6／『カトリック・ヘラルド』紙 2013年4月5日号「教皇フランシスコは語る――タロットのリーダーや占い師にはあなたを救うことはできない」www.catholicherald.co.uk/news/2013/04/05/tarot-readers-and-fortune-tellers-cannot-save-you-says-pope-francis/ (2015年2月14日現在)。
※7／オックスフォード大辞典「Psychic」www.oxforddictionaries.com/us/definition/american_english/psychic (2015年2月2日現在)。
※8／ダイアン・フォーチュン『日常生活における実践的オカルト主義(Practical Occultism in Daily Life)』(Wellingborough,UK:Aquarian Press, 1935)
※9／キャサリン・チャップマン「タロット・カードの取り扱いについて(Caring for your tarot cards)」(2010年7月3日付)http://tarotelements.com/2010/07/03/caring-for-your-tarot-cards/ (2014年11月12日現在)。

CHAPTER THREE

第3章

WILL THE REAL TAROT PLEASE STAND UP?

タロットの真実

The Structure of the Tarot Deck
タロット・デッキの構成

　前章で述べたとおり、現代のタロット・デッキは5種類のスート——ワンド(もしくは杖)、ソード、カップ、ペンタクル(もしくはコイン、円盤)、切り札(もしくは鍵、大アルカナ)——に分かれた、78枚のカードで構成されている。タロットはゲームをするためのカードだが、占いのツールとしての使い方のほうが一般的だ。現代のタロット・デッキの構成は、元をたどれば、700年ほど前にアラブ人がスペインに持ち込んだ遊戯用カードから派生したものだ。カードでゲームをする習慣は、西暦1375年ごろまでにイベリア半島で定着している。

The Mamluk Deck
マムルーク・カード

　エジプトのマムルーク朝(1250-1517年)は、マムルークと呼ばれる軍人たちが実権を握った王朝で、彼らは自由時間にカードゲームを楽しんでいた。マムルーク愛用の遊戯用カードは、トルコのイスタンブールにあるトプカプ宮殿美術館で美しいままの現物を見ることができる。このデッキは、現代の遊戯用カードと同じように、13枚のカードから成る4種類のスートで構成されている。それぞれのスートは10枚の数札と3枚のコートカード——マリク(王)、ナイーブ・マリク(総督、副王)、サニー・ナイーブ(副総督)——で構成されている。4種類のスートは次のとおり。

- ポロ用スティック:タロットでは、活動的でエネルギッシュなワンドとなった。
- カップ、聖杯:現代タロットの祝典用カップに継承されている。
- 三日月刀(シミター):タロットでは鋭利なソードになった。三日月刀とは刃が湾曲した短剣で、切っ先のほうが幅広い。馬上から敵に斬りつける際にもっとも威力を発揮する。
- ディナール(金貨):現代タロットでは、ペンタクル、円盤、コインと実際的なものになった。

THE STANDARD TAROT DECK

標準的なタロット・デッキ

　マムルーク・カードはスペインを経由してヨーロッパへ伝わり、徐々に諸外国に広まっていく。コートカードに女性がいないことに気づいたヨーロッパの人々がもうひとつ種類を増やそうと決めるまでに、そう時間はかからなかった。男女同権を求める声が、王(キング)、女王(クイーン)、騎士(キャヴァリエ)、召使い(ジャック)の4枚のコートカードという結果に結びつく。ヨーロッパの遊戯用カードにクイーンが加わったのは、女王が権力の頂点に君臨する文化で、実在の世襲権力や支配階級から後押しがあったせいなのかもしれない。

　最初のタロット・デッキの図柄を描いたイタリア人アーティストたちは、4種類のスタンダード・スートに新たなスート（切り札）を加えて、現代のブリッジに似たゲーム用のデッキをつくりあげた。初期のタロット・デッキはカードの総数にばらつきがあったが、デッキが進化をつづけるうちに78枚という総数が定着していく。

　15世紀末に、フランスがイタリアのミラノとピエモンテ州を制圧した。この戦いにおける戦利品のひとつがイタリアのタロット・デッキであり、フランスの軍人たちがそれぞれの故郷に持ち帰る。地中海沿岸の都市マルセイユはタロット・カードの生産拠点となり、ここで誕生したマルセイユ版タロットは、その後につくられるすべてのタロット・デッキの標準パターンとなったのだ。その結果、現代版タロット・デッキの構成は次のようになった。

- 無番号の愚者のカードと番号つきの21枚のカードで構成される22枚の切り札のスート。大アルカナ（"大きな秘密"）と呼ばれることが多い。

- 4種類のスタンダード・スートは、ワンド、カップ、ソード、ペンタクルと呼ばれるのが一般的で、それぞれのスートは10枚の数札から成っている。オカルト主義者は、切り札以外のカードを小アルカナ（"小さな秘密"）と呼んでいる。

- それぞれのスートには4枚のコートカードがあり、キング、クイーン、ナイト、ペイジという、ヨーロッパの宮殿(コート)にちなんだ構成になっている。

The Main Types of Tarot Decks

タロット・デッキの主なタイプ

　現在、タロットの世界を席巻するデッキは以下の3タイプに分類される。
- マルセイユ系タロット。1650年ごろ、パリのジャン・ノブレが製作したデッキが最古のものとされている。
- ライダー・ウェイト゠スミス版タロット。1909年に発表されたもので、前世紀でもっとも人気を博したデッキであることに疑いの余地はない。この版をモデルにしたデッキがいまに至るまでくりかえし製作されている。
- クロウリー゠ハリス・トート版タロット。製作は1938年から1943年だが、タロット・デッキとして世に出たのは1969年である。

　この3つのタロット・デッキを、タロットの歴史で重要な役割を果たしてきた他の重要なデッキとともに、さらにくわしく検証してみよう。

ヴィスコンティ゠スフォルザ版デッキ
Visconti-Sforza Decks

　ごく初期のイタリアのタロット・デッキは、カードの札数や順番にばらつきがあった。ヴィスコンティ・スフォルザ版という総称で知られる複数のタロット・デッキには、豪華な衣装に身を包んだミラノの資産家ヴィスコンティ家やスフォルザ家の人々を描いたカードが含まれている。カードそのものが一級の芸術作品であり、世界各地のさまざまな美術館、図書館、個人のコレクションで、1ダースを超える数のデッキを目にすることができる。ゲームのトリオンフィで駆け引きを楽しむために使われていたのだろうか。

　残念ながら、こういった初期のタロット・デッキについては、カードが完全に揃ったものは残っていない。1451年に製作されたピアポント゠モルガン・ベルガモ・デッキは、もともとは78枚のカードで構成されていた。現存する最古のタロット・デッキと言われるキャリー゠イェール・デッキの場合は、カードの総数が86枚だったと考えられている。どこかの時点で、カードの製作者たちが、"標準的な"タロット・デッキの枚数を22枚の切り札、40枚の数札、16枚のコートカードから成る78

枚に制限することに定め、それが現在までつづいている。

ソーラ=ブスカ版デッキ
The Sola-Busca Deck

　この優美なデッキは、ヴェニスのヴェニエル家が所有していたものだ。1491年ごろに画家のニコラ・ディ・マエストロ・アントニオが製作したという説がもっとも有力で、カードの総数は78枚、それぞれのカードに古代のギリシア人やローマ人をモデルにした人物が描かれている点が特徴だ。このデッキの象徴体系は、卑金属を黄金に変成させる錬金術の理論から派生したものと考える研究者もいる。78枚のカードの一枚一枚に異なる場面や人物を描く手法が継承されることはなく、1909年に現在ライダー・ウェイト=スミス版として知られるパメラ・コールマン・スミス作画のデッキが登場するまで用いられることはなかった。

マルセイユ系タロット
The Tarot of Marseille

　1499年、フランスがイタリアのミラノとピエモンテ州を制圧した際、兵士たちがイタリアのトリオンフィというゲームを南フランスに持ち帰った。タロット人気に沸いたマルセイユは、ヨーロッパにおける遊戯用カードの一大生産拠点に成長する。マルセイユで製造されたタロット・デッキは、地名に倣ってマルセイユ版タロットとして知られるようになった。78枚のカードの様式や配列は、その後に製作されたデッキと比較されながら、標準パターンとして定着していく。結果的に、非英語圏ではもっとも広い範囲で使用されるデッキとなった。

　マルセイユ版タロットは、22枚の切り札、40枚の数札、16枚のコートカードで構成される。切り札の順番は現代のほとんどのタロット・デッキに引き継がれているが、もともとは、正義（ラ・ジュスティース）が8番、力（ラ・フォルス）が11番だった。愚者（ル・マ）は無番号。現代版の魔術師は、奇術師、客寄せ芸人、興行師、お調子者を意味するル・バトゥルと呼ばれていた。2番が女教皇（ラ・パペッス）で、5番が教皇（ル・パップ）。現代版で塔とされる16番のカードには、神の家（ラ・メゾン・ディユ）という呼び名がついていた。さらに、現代版で死神とされる13番のカー

ドは、名前のない切り札（ラッキャン・ソン・ヌン L'Arcane sans nom）と呼ばれていた。

　マルセイユ版タロットの数札には、ライダー・ウェイト＝スミス版のような情景は描かれていない。それぞれのスートの象徴が、カードの番号と同じ数だけあらわれる。つまり、カップの5には5個のカップが、ソードの6には6本の剣が描かれている。コートカードは、キング（ロワ）、クイーン（レーヌ）、ナイト（シュヴァリエ）、ペイジ（ヴァレ）で構成される。

　マルセイユ版タロットは、近年になってじわじわと人気を高めている。マルセイユ版の伝統を継ぐ年代物のタロットを美しく蘇らせた、アレハンドロ・ホドロフスキーやヨアヴ・ベン・ドヴといった作家たちの著述に後押しされる格好だ。タロット講師として大きな影響力を持つケイトリン・マシューズはマルセイユ版の使用を勧めており、タロット伝承についての記事にもこんな一節がある（太字は著者による）。

「……**占い用カードの意味は時の流れとともに変わり、その時代の文化や愛好家たちの求めに応じて形づくられてきた**。それも、この手のデッキが素人目には不可解に見える原因のひとつだ。なにしろ、ほとんどのデッキで参照されているのは、何世紀も前の人々が慣れ親しんだ寓意や出来事なのだ。トランプ占いやカードを使った占いの講座で講師を務めるケイトリン・マシューズによれば、18世紀以前には、いまよりもはるかに幅広い層の人々がカードの比喩的描写を容易に理解していた。マシューズ自身は、古い歴史を持ったデッキよりもほとんどの現代版デッキのほうがとっつきにくいと感じている」※10

秘教的タロット・デッキ
Esoteric Decks

　占い（ディヴィネーション）は常に人類の歴史とともにあったのだから、占いを目的としたタロットが支持を得たとしても不思議はない。16世紀になると、人々は神託ふうの言葉を集めた本からカードを使って自分のための一節を選ぶようになるのだが、その姿を想像すると、中華料理店でフォーチュンクッキーの予言の言葉に目を走らせる現代人の姿が目に浮かんでくる。18世紀はじめには、基本的な占いの意味やカードの並べ方の仕組みをくわしく記した手書き原稿がヨーロッパで登場している。

　18世紀後半に古代エジプトへの関心が急速に高まってくると、フランスのオカルト主義者たちが、エジプト神話がタロットの発展に与えた影響についての大胆な推論を次々と発表しはじめた。

1781年には、フランス人の学者アントワーヌ・クール・ド・ジェブランが、エジプトの神官たちが『トートの書』を符号化してタロットの図柄に封じ込めたと（豊かな想像力の他には一片の証拠もなしに）主張した。神秘主義者たちはこの突拍子もない説を真に受けて、なんの裏づけもない推測を証拠にもとづく史実であるかのように扱ったのだ。

　ド・ジェブランが古代エジプトを舞台にした夢物語の創作にいそしんでいるあいだに、ファミリーネームのアリエッテ（Alliette）を逆読みしたエテイヤ（Etteilla）というペンネームで知られるジャン゠バプティスト・アリエッテが、遊戯用カードを使った占いについての原稿を書きはじめた。エテイヤの『タロットと呼ばれる遊戯用カードの楽しみ方（Enjoying the Playing Cards called Tarot）』（1785年）という本は、発表と同時に大評判となり、フランスを超えたヨーロッパの大半の地にタロット占いを広めるのに貢献した。残念なことに、エテイヤがド・ジェブランの夢物語を鵜呑みにしたせいで、彼の本は、古代エジプトがタロット発祥の地だというでたらめを流布させるのに大いに役立ってしまう。※11 だとしても、タロット占いはヨーロッパでしっかりと地固めをして、そのまま今世紀まで生き延びることになった。

〈黄金の夜明け団〉
The Hermetic Order of the Golden Dawn

　19世紀後半のイングランドで、儀式用魔術や秘伝をテーマにした神秘主義者の団体が活動を開始する。〈黄金の夜明け団〉の誕生だ。大勢の団員のなかには、詩人のウィリアム・バトラー・イェイツ、神秘主義者のダイアン・フォーチュン、イスラエル・リガルディー、アレイスター・クロウリー、アーサー・エドワード・ウェイト、パメラ・コールマン・スミスといった面々がいた。

　タロットの研究は、数多くのオカルト学上の伝説を象徴化して理路整然とした哲学体系をつくり出す試みとして〈黄金の夜明け団〉の中核的な活動となったが、それは、科学者たちが統一場理論を現代物理学に発展させようと奮闘する姿を連想させる。〈黄金の夜明け団〉の要となるのが、ユダヤ神秘主義の一流派であるカバラには宇宙の意味と目的を理解する鍵が潜んでいるという考え方だ。〈黄金の夜明け団〉では、ヘブライ・アルファベット、カバラ、占星術のデカン（十分角。黄道十二宮のサインを10度で分割したもの）といった秘伝的領域との関連性にもとづいて、タロットのカードに意味を割り当てていた。

　〈黄金の夜明け団〉が20世紀のタロットの発展に与えた影響を軽んじることはできない。何人

かの現代作家が、〈黄金の夜明け団〉のノートや記録を起源とするタロット・デッキを製作している。たとえば、ロバート・ウォンの『黄金の夜明け団タロット』や、ゴッドフリー・ドーソンの『ヘルメティック・タロット』といったものだ。20世紀にもっとも影響力を持ったふたつのタロット・デッキ、ライダー・ウェイト＝スミス版とクロウリー＝ハリス版は、いずれも〈黄金の夜明け団〉の元団員たちの発案によるものだった。

ライダー・ウェイト＝スミス版タロット
Rider-Waite-Smith Tarot

　1909年にライダー社から発売されたウェイト＝スミス版タロットが、英語圏における現代版デッキのなかでもっともよく知られたものであることに疑いの余地はない。アーサー・エドワード・ウェイトは、〈黄金の夜明け団〉を退団してから独自のデッキの製作に乗り出した。ウェイトが、画家のパメラ・コールマン・スミス（愛称は"ピクシー"）との共作で創り上げたデッキは、従来のマルセイユ版タロットとは違って、40枚の数札の一枚一枚に占いとしての意味を持たせた情景を描いたものだった。これは、1491年のソーラ＝ブスカ版を最後に途絶えていた手法だ。それぞれのカードに描かれた情景や人物の存在感のおかげで、ライダー・ウェイト＝スミス版はタロットを学ぶのに最適なデッキのひとつとなり、リーディングという行為を大衆の手に届くものにした。現代版デッキの多くは、本書のイラストに使われているルウェリン社の『クラシック・タロット』も含め、このライダー・ウェイト＝スミス版の複製版といえる。

クロウリー＝ハリス・トート版タロット
Crowley-Harris ThothTarot

　風変わりで才気煥発な神秘主義者の（マスコミからは"世界最低の男"と呼ばれていた）[※12]アレイスター・クロウリーも、〈黄金の夜明け団〉と決別した人物だ。クロウリーは、人生の終わりに向けて、長年の研究成果と秘伝の実践を反映させたタロット・デッキを製作しようと決意すると、アーティストのレディ・フリーダ・ハリスに協力を求め、1938年から1943年にかけて自分のアイデアを現実のものに昇華させていった。さらに、『トートの書』と呼ばれる副読本を書いて、カー

ドの複雑な象徴体系を説明している。クロウリーは神秘学の分野では百科事典も顔負けの知識を持ち、それがレディ・フリーダの絵に織り込まれた。だからこそ、トート版タロットは、この最高傑作の根底にある哲学、神話、神秘主義、形而上学を楽しむ学術的な神秘主義者のあいだで人気を博してきたのだ。

テーマ性のあるタロット・デッキ
Theme-Based Tarot Decks

　私が知っている熱心なタロット愛好家は1000を超える種類のタロット・デッキを集めているし、市場には数え切れないほどのデッキが出回っている。多くのデッキは、特殊なテーマに焦点を当てて特定の顧客に訴えかける内容のものだ。たとえば、薬草(ハーブ)の癒やし効果に興味を持つ人々に向けた『ハーバル・タロット』、SFとファンタジーを融合させた『タロット・オブ・キャット・ピープル』、超自然現象に関心がある人に向けた『ゴースト＆スピリッツ・タロット』、ハロウィンの日の黒猫の冒険を追った『ハロウィン・タロット』などがある。『ユング・タロット』『主婦のタロット』(ハイスワイブズ)『カーマストラ・タロット』(成人指定)、『スチームパンク・タロット』『ゾンビ・タロット』などはよく知られており、現代物理学に関心がある人に向けた『量子(クォンタム)タロット』などというデッキもある。あなたの心をくすぐるテーマがなんであろうと、それを念頭に置いてデザインされたタロット・デッキが見つかるはずだ。

　占いで使用されるすべてのデッキが一括りに「タロット」と呼ばれることもあるが、厳密には、ほとんどの辞書が、22枚の切り札、40枚の数札、16枚のコートカードで構成される78枚のカードを「タロット」と定義している。にもかかわらず、マルセイユ版の古典的な構成を踏襲していないデッキが「タロット」の謳い文句で登場しているので、これらを規格外のタロットとみなすことにする。

　たとえば、1986年にオーストリアで発売された『デーヴァ・タロット』は、従来の78枚ではなく93枚のカードで構成されている。カードは正方形に近く、図柄や象徴体系はクロウリー＝ハリス・トート版のイメージを模範としたものだ。大アルカナには分離(セパレーター)と呼ばれるカードが、小アルカナには天空の精気(エーテル)や精霊(スピリット)を象徴するトライアックスというスートが追加されている。

運勢判断やオラクル・デッキ
Fortune-telling and Oracle Decks

　規格外のタロットの他にも、「タロット」を名乗らない運勢判断や占い専用のデッキがたくさんある。エンジェル・カード、女神の導きのカード、ルーン文字のカード、易経カードといった"オラクル・カード"もこれに含まれる。叡智のカードとも呼ばれるオラクル・カードは、札の枚数がデッキによってさまざまだ。典型的なデッキは、宗教、神話、秘伝的伝統にもとづくテーマを軸としていて、それぞれのカードは、内省や瞑想のための精神的指針を象徴している。オラクル・カードの大手出版社であるヘイ・ハウス社は、自社のウェブサイトで次のように述べている（太字は著者による）。

「**オラクル・カード**は、答えや意味を探し求める人にとっては有益なものだ。オラクル・カードがタロットと異なるのは、伝統的なタロットのスートにしたがっているとは限らない点だ。**叡智のカード**は、力強いメッセージで前向きな思考を促してくれる」[※13]

　運勢判断のカードは、未来を明らかにするという目的に特化している点でオラクル・カードとは異なるものだ。リーディングの際にも、タロットのそれとは別の視点が必要になる。カードの解釈については、それこそハリウッド映画に出てきそうな場面を想像してみればいい。謎めいたリーダーがカードに目を凝らしてから、自分にわからないことはないと言いたげな声音で、「この夏の船旅で背が高くて肌が黒い男と出会うだろうが、その男の関心はもっぱらあんたの金に向けられるから、せいぜい用心するんだね」と告げるのだ。現時点でもっとも人気のある運勢判断のデッキは、36枚のカードで構成される『プチ・ルノルマン・カード』である。

※10／「タロット神話――世界でもっとも誤解されてきたカードの驚くべき起源（Tarot Mythology:The Surprising Origins of the World's Most Misunderstood Cards）」Hunter Oatman-Stanford、2014年6月18日付 www.collectorsweekly.com/articles/the-surprising-origins-of-tarot-most-misunderstood-cards/（2015年4月10日現在）。
※11／タロットは中世のエジプトでつくられたマムルーク・カードが進化したものなので、この説にも一片の真実はある。
※12／「世界最低の男（The Worst Man in the World）」（《サンデー・ディスパッチ》紙、1993年7月2日号）。
※13／ヘイ・ハウス社ウェブサイト「オラクル・カードとはなにか？」より。oracle-cards-hayhouse.tumblr.com/about-oracle-cards（2015年3月17日現在）。

第3章　タロットの真実

CHAPTER FOUR

第4章

DECIDING HOW TO USE THE CARDS

タロットの使い方さまざま

The Many Uses of the Tarot
タロットの使い方さまざま

　タロットはもともとはカードゲームであり、場所によってはいまでもその目的で使用されている。ところが、歳月を重ねるうちに、タロットは宇宙を秘伝的解釈で理解したいと望む神秘主義者たちのツールとなっていった。18世紀になるとリーダーたちがタロットを使って未来の予言をはじめ、とくにフランスで盛り上がりを見せる。過去半世紀のあいだにタロット・デッキを運勢判断に使うやり方は廃れ、代わりにブレーンストーミング、アイデアの明確化、自己発見のためのツールとなった。近年は、タロットを治療に用いる心理カウンセラーや心理療法士もあらわれ、クライアントが衝撃的な出来事に対処したり心理的問題を探ったりできるように導いている。

　現代のごく一般的なタロットの利用方法は、心に抱えている問題を明確化するのに使うというものだ。もっとも関心を集めている分野は、いまのところ、愛とロマンス。他には、転職、学業、旅行、金銭や経済的問題、健康問題が一般的だ。近年の世界的不況や、それに付随する不動産価格の下落のせいで、家屋の売却や転居に関する質問も増えている。

　なかには、瞑想や悟りのためにタロットを定期的に利用するクライアントもいる。クライアントが特定の質問を思いつかない場合はとくに占いたいことを決めず、いまのこと全般をリーディングし、その時点での重要な問題を示唆することで熟考を促すことができる。全般のリーディングでは、探求が必要となるはずの問題に光が当たることも珍しくない。たとえば、戦車のカードが車の売却を示唆したり、教皇のカードが教会での結婚式を予言したりすることも考えられる。正義のカードが裁判や法的問題に言及することもあるだろうし、他にもさまざまな可能性が考えられる。

TAROT AND JOURNALING
タロットと回記(ジャーナル)

　古代ギリシアの哲学者ソクラテスが、「吟味されない人生に、生きる価値はない」という言葉を残している。哲学とは文字通りの"叡智(ソフィア)への愛(フィレーノ)"であり、記録作業とは、ソクラテスを案内役として叡智を探求する過程を書き留めておくことを指す。

　ソクラテスは、彫刻家の父親と助産婦の母親を持ち、いまではソクラテス式問答法と呼ばれているやり方で、生徒たちを叡智に誘う方法を考え出した。情報を与えるのではなく、生徒たちを挑発して独自の回答を思いつかせるために洞察力に富んだ質問を投げかけた。母親に倣って自身を心の助産婦とみなし、人間の魂に内在する知識を日の光のもとへ送り出すための通路を開いていったのだ。ソクラテスの導きにしたがって叡智を追い求める際には、自分の思いつきや考察を日記に記録しておくと役に立つ。

　ソクラテスの弟子のなかでもっとも有名なプラトンは、対話篇『パイドロス』で、自分の師のことを、もっとも賢く、もっとも正しく、いままで会ったなかで最高の人物と称している。タロット研究家のロバート・プレイス（1947年-）によれば、ルネサンス期に戦車のカードをデザインしたアーティストたちは、人間の魂を暴れ馬の食欲や願望を制御する理性的な御者になぞらえたプラトンの隠喩から着想を得たという。この隠喩は、真の人間らしさとは「本能と欲望を超越して、自覚の伴う倫理的な選択をする能力」[※14]を意味するという、ソクラテスの考えを代弁している。

　中世には、神学者のトマス・アクィナスが、プラトンの御者の隠喩を用いて枢要徳のひとつである「賢明(プルーデース)」について述べている。マルセイユ版タロットの大アルカナには、枢要徳（正義、不屈の精神［力］、節制）を題材にしたカードが含まれていたが、どういうわけか賢明のカードはつくられなかった。タロットが誕生したころにはアクィナスの考え方は広く知られていたので、戦車のカードは、もともとは賢明をあらわすものだったのかもしれない。

　いずれにしろ、タロットを使って日記をつける作業には多くの利点がある。たとえば、次のようなものだ。

- 叡智を求める過程で自分の人生を吟味できる
- 自分のことをより深く知ることができる
- ペースを落として人生についてじっくり考えるようになる
- ストレスとうまくつき合えるようになる

- 免疫力を高めて、健康状態を改善できる
- 自分が内心ではどう感じているのかを理解できる
- 人間関係や状況への理解を明確化できる
- 心の傷を癒やせる
- 不安を軽減できる
- 心の平静と自己受容の感覚を高められる
- 個人の成長を記録できる
- 人生の進路を再検討できる
- 創造力に刺激を与えられる

　この過程で、タロットはどう役に立つのだろう？　カードには、人間の状態に共通する元型(アーキタイプ)的イメージが描かれているので、その日に引いたドローカードを自省と熟考の開始点として利用することができる。たとえば、1枚のカードがもっと探ってみたくなる記憶を呼び覚ますかもしれない。カードの図柄から、もっと理解を深めたいと思う関係を連想することもあるだろう。心的外傷(トラウマ)に苦しんだ経験があるのなら（人生のどこかの時点で誰もが経験することではないだろうか）、心理学者ジェームズ・W・ペネベーカーの研究が示唆するとおり、1日20分の記録作業を2、3日つづけるだけで驚くほど心が癒やされる可能性がある。この場合の癒やしは、抑制されることのない安全な環境で、情緒面への大打撃について心の奥底に眠っていた感情を探ってみた結果のようだ。[15]

※14／サイモン・ロングスタッフ「吟味されない人生に生きる価値はない（The Unexamined Life Is Not Worth Living）」2013年6月2日 www.newphilosopher.com/articles/being-fully-human/
※15／ジェームズ・W・ペネベーカー「治療の一環としての感情体験についてのライティング（Writing about Emotional Experience as a Therapeutic Process）」『サイコロジカル・サイエンス 8.3』（1997年5月号）。

Tarot and Creativity
タロットと創造力

　よく言われるように、1枚の絵には千の言葉の価値がある。現代版タロットに描かれている図柄は、人間が直面する元型(アーキタイプ)的な難題、複雑な感情、日常の生活状況を呼び起こすものだ。タロットは私たちの直観を実に効果的に刺激してくれるので、ブレーンストーミングをしたり、物の見方を変えたり、新規のアイデアを思いついたり、創造的な解決策を練ったりするための素晴らしいツールになる。創造力を高めるツールとしてタロットを利用したいと考え

ているのなら、次に紹介する3冊の本を強くお薦めする。
・『21世紀のための戦略的直観力——ビジネスのためのタロット（Strategic Intuition for the 21st Century : Tarot for Business）』ジェームス・ワンレス著
・『ライターのためのタロット（Tarot for Writers）』コリーン・ケナー著
・『カードはあなたになにをもたらすのか？（What's in the Cards for You ?）』マーク・マッケルロイ著

Tarot as a Spiritual Practice

精神修行としてのタロット
（スピリチュアル・プラクティス）

　子供のころから占星術に興味を持っていたことがきっかけで、〈黄金の夜明け団〉が用いた属性やタロットとの関連性を研究して、出生時のホロスコープに関する理解を深めようと考えた。出生時ホロスコープとは、出生地を軸に、その人がひとりの人間として母親の子宮から出てきた瞬間のものとして算出された天体の配置図のことだ。

　ホロスコープ上のそれぞれの惑星や重要な要素は、タロットの異なるタイプのカード——大アルカナ、コートカード（もしくは、人物札）、数札の3種類——と関連づけることができる。多くのタロット愛好家たちは、大アルカナは、人が学ぶべき重要な精神的教訓をあらわすと考えている。コートカードは、ときとして、人生の通過点でクライアントを助けたり足を引っ張ったりする人格的特徴や態度を象徴している。数札に描かれているのは、クライアントが遭遇するはずの日常的な場面や細々とした出来事だ。

　この考え方を利用すれば、出生時ホロスコープの特定のポイントでの精神的重要性の考察が可能になる。たとえば、バラク・オバマ元大統領の出生時ホロスコープでは、火星が乙女座の22度34分にある。赤い惑星とも呼ばれる火星は、戦いと流血の神だ。ホロスコープにおける火星の位置がわかれば、自分の攻撃本能や、勇気、自己主張、自信をどう行動にあらわすかといったことを理解する助けとなる。オバマ元大統領が出生時の火星についてさらにくわしく知りたいと願った場合、占星術に通じたタロット・リーダーであれば、乙女

座の第3デカン（訳注：デカンとはひとつの星座を3等分した領域。ひとつの星座は30度なのでひとつのデカンは10度ずつとなる）にある火星と関連づけて、こんなカードをレイアウトするかもしれない。

・**大アルカナ：隠者（乙女座）、魔術師（乙女座の第3デカン）**
・**コートカード：ソードのクイーン**
・**数札：ペンタクルの10**

大アルカナの隠者と魔術師のカードは、オバマ元大統領の精神的な学びのひとつとして、熟慮と根拠にもとづく巧みなやり方で敵意に対処する方法の習得を示唆している。ソードのクイーンは冷静な合理性を具現化しており、好戦的な火星と関連づけられる衝突の状況下で威力を発揮する。ペンタクルの10は、元大統領が、世俗的な状況や彼の遺産（レガシー）を次の世代へ伝える取り組みにおいて、この教訓を学ぶ公算が高いことを示唆している。

占星術は好まないという人は、似たような路線で、キャロリン・クッシングが運営する「アート・オブ・チェンジ・タロット」というウェブサイトで公開されている、3枚のカードを使った「小道－修練－心構え」というレイアウトを試してみてはどうだろう。※16 キャロリンは、自身のレイアウトを「魂の修練（ソウル）」もしくは「聖なる修練（セイクレッド）」と呼んでいる。このスプレッドでは、ジョアンナ・パウエル・コルベール作の『ガイアン・タロット』が好んで使われている。

「聖なる修練」のスプレッドは、通常は週に一度、タロット・デッキを大アルカナ、コートカード、数札に分ける方法によって実演される。それぞれのグループから無作為に1枚のカードを選ぶのだ。大アルカナから選ばれたカードは、その週の精神的な"小道"をあらわしている。数札が示すのは、あなたが聖なる小道を歩いていけるように導いてくれる、瞑想的な"修練"だ。最後のコートカードは"心構え"、つまり、精神修行の最中にあなたを支えてくれる態度や行動を示している。この3枚のカードの組み合わせが、これから始まる1週間で熟慮すべき精神的教訓を提示してくれるのだ。

キャロリンのメソッドを出生時ホロスコープに応用してみると、それぞれの惑星や重要な要素と関連づけられる精神的教訓は、あなたの人生全般に影響を及ぼすものとみなすことができる。輪廻転生を信じる人にとっては、このような教訓は、現世や現在の状況下で生まれ変わりを選ぶ精神的理由を意味するのかもしれない。

※16／Carolyn Cushing, artofchangetarot.com/

TAROT AS AN ADJUST TO PSYCHOTHERAPY

心理療法(サイコ・セラピー)の補佐役としてのタロット

　タロットは、心理カウンセラーや心理療法士の診察室で徐々に人気を高めている。サリー・ニコルズが書いた『ユングとタロット――元型の旅』（新思索社刊）や、アーサー・ローゼンガーテンの『タロットと心理学（Tarot and Psychology:Spectrums of Possibility）』は、タロットに見られるユング心理学の元型(アーキタイプ)を現代の心理療法と融合させるのに大いに貢献してきた。他にも、ニューヨークで活動するセラピストのエリノア・グリーンバーグが、タロットを心理療法の投影技法として利用するためのワークショップを開いている。

　イスラエルでは、ドクター・オフラ・アヤロンが、カードの図柄を活用して心的外傷の克服を支援するセラピー・カード・リーディング（TCR）を考案した。TCRは、「カードの図柄を、その人が抱える人生の問題に言及する視覚的隠喩として解釈する。ただし、占い(ディヴィネーション)やタロットのリーディングと違って、TCRの原則は、**カードを手にした人がメッセージを受けとる**というものだ。定着したカードの解釈も、あなたの代わりに解釈をしてくれるプロの"リーダー"も存在しない。代わりに、そばにいる案内役やパートナーが、問題に焦点を定め、カードの図柄があなたにとってなにを意味しているのかを探っていく手助けをしてくれる」。[17] 経験から言うと、もっとも効果的なリーディングは、このTCRに似た方法で行われている。つまり、リーダーが案内役となって、クライアントがカードに反映されている問題に焦点を定め、それが自分の人生でどういう意味を持つのかを理解できるように手助けするということだ。

※17／ヨアヴ・ベンードヴ「セラピー・カード・リーディング」*www.cbdtarot.com/2014/06/30/therapy-cards-reading/*（2015年4月17日現在）。

The Importance of a Tarot Diary or Notebook

タロット・ダイアリー、タロット・ノートの重要性

　タロットの世界では、実質的にすべての指導者が、カードから受けた印象や自分で行ったリーディングを記録するように勧めている。螺旋綴じのノートを使っている人もいれば、あとからページを加えたり並べ替えたりできるようにルーズリーフ・バインダーを使っている人もいる。パソコンで操作するほうがいいというのであれば、エバーノート（Evernote）やスクリブナー（Scrivener）といったアプリを使って情報を記録しておくこともできる。情報の公開を望むなら、タロット関連のブログに記録を投稿するのもいいかもしれない。

　人にはそれぞれに独自の学習スタイルがあり、タロット・ダイアリーに記録をつける方法についても正解はひとつではない。おそらくは、カードごとにページをもうけて、あなたの印象、あなたにとって際立っていたことの詳細、カードにまつわる体験を記録していくのが良いのではないだろうか。リーディングについても、いつ、誰とリーディングを行ったのか、そのときなんと言ったのか、どうやってその結論にたどり着いたのか、最終的にはどのような結果がもたらされたのかを記録しておきたくなるはずだ。このような方法をとっていれば、自分の体験を振り返って、成功はもちろん、失敗からも学ぶことができるだろう。経験こそが最良の教師なのだ。

　54頁で紹介したキャロリン・クッシングの「聖なる修練」が楽しめるようであれば、週に一度、彼女のレイアウトの3つの質問に対する回答を記録してみてはどうだろう。なかには、特定の質問をくりかえすことでカードの図柄に焦点が定まり、その重要性についての記録がより有意義なものになることに気づく人々もいる。また、1枚のカードに思いを巡らせて、全般的な洞察や印象を記録する方法を好む人々もいる。自分の学習スタイルに最適のメソッドを見きわめるには、実験を重ねる必要があるだろう。

　どのような方法を選ぼうと、記録作業は学びのプロセスにおいて計り知れないほど貴重なツールとなる。書いたものを見直せば自分が成し遂げた進歩に感銘を受け、過去のリーディングを振り返る過程では、ほぼ確実に新たな洞察が得られるはずだ。最終的には、タロット・ノートの素材をもとにしてタロット関連の本を執筆するリーダーもいる。

Tarot Ethics
タロットの倫理

　私には医学や心理学の知識があったので、タロットのリーディングにも、診察室で患者を診るときに用いる倫理規範を当てはめてきた。倫理指針としてもっとも有名なのは、紀元前5世紀後半にヒポクラテスが詳細に定めたものではないだろうか。この規範を拠り所にして医療行為が行われてきたのだ。私は、1825年にコープランドがギリシア語から翻訳した「ヒポクラテスの誓い」を脚色した文言を、現代のリーダーたちに適用させている。※18

タロットのリーダーのための、ヒポクラテスの誓い
A Hippocratic Oath for Tarot Readers

　医神アポロン、医術の神アスクレピオス、ヒギエイア、パナケイナをはじめとするすべての神々よ、私はこの制約を、自らの能力と判断力の及ぶ限り順守していくことを誓う。

　私は、タロットという芸術を教えてくれた人々を敬う。さらに、自分が習得した技能、教え、知り得たことを、教え子全員に分け与える。彼らもまた、専門家として誓いを立てて団結と結束を実現させなければならない。

　カードのリーディングに関しては、私の判断力と手法にしたがい、クライアントが最高のコンサルティングを受けられるよう計画を立てて指示を出す。同時に、クライアントが痛みや傷に苦しまないように注意を払う。また、誰に懇願されようと、他人に痛みや傷をもたらすようなリーディングは行わない。他のリーダーたちにそうするように持ちかけることもない。

　さらに、神聖な気持ちで振る舞い、知識を活用する。専門知識を持たない分野については助言を控え、適切な訓練を受けた専門家にすべてを委ねる。

　どのような家を訪れるときも、クライアントの利益と利点だけを目的とし、人を傷つける、悪事を働く、嘘をつく、(特別な形での)色恋にかかわる行為は慎むものとする。相談相手の社会的地位、その家の女主人と使用人の違い、自由人と奴隷の違いは考慮しない。

　リーディングの途中で、なにかを見聞きしたり(先方が望んでいなかった場合はなおのこと)、

偶然になんらかの知識を得てしまったりしても、改めて口にするのにふさわしくない内容だった場合は、神聖な秘密として自分の胸におさめるものとする。

　この誓いを誠実に守りつづける限り、運と仕事において富と成功に恵まれ、後世の人々から尊敬される人生を歩めるだろう。この誓いを破ったときは、その反対の運命を与えたまえ！

より細かな倫理的配慮
Special Ethical Considerations

- **子供のためのリーディング**

　未成年者は特別な法的保護下に置かれており、その点に敬意を払う必要がある。家族の文化的背景や宗教的信念が原因で、タロットに懐疑的な目が向けられる可能性もある。子供のためにリーディングを行うときには、特別な注意を払って法律や親の権利を尊重しなくてはならない。リーディングで、苛めや虐待といったデリケートな問題が浮かび上がることもある。つまり、コンサルタントには適切な措置で子供を守るための心構えが必要だということだ。タロット・デッキの選び方も重要だ。現代版デッキのなかには、全裸や暴力表現を含め、子供にふさわしくないものや、保護者を不快にさせかねない成人向けの図柄のものもある。ロンとジャネットのボワイエ夫妻作の『スノーランド・デッキ』や、カリン・リーとキプリング・ウェスト作の『ハロウィーン・タロット』のように、子供向けの商品として製作された変わり種のデッキを利用するのもいいだろう（訳注：『はじめてのタロット』（鏡リュウジ著、荒井良二画、ホーム社）もおすすめである）。

- **第三者のためのリーディング**

　クライアントから、そこにいない人間のためにカードを読んでほしいと頼まれることもある。ほとんどのリーダーが、リーディングはクライアントのために行うものであり、許可を得ていない第三者についての情報を集めてカードを読むのはスパイ行為に等しいので避けるべきだと考えている。タロットは監視カメラではない。ヒポクラテスの誓いにあるように、「偶然になんらかの知識を得てしまったりしても、改めて口にするのにふさわしくない内容だった場合は、神聖な秘密として自分の胸におさめる」べきだ。

・専門家としての助言
　クライアントが思考を明確化して、充分に情報を得た上で決定を下せるように力を与える――それが、リーダーがこだわるべきリーディングである。タロットのコンサルタントは、医療措置、法的事項、資産運用、投資相談、心理療法といった、専門知識が必要な問題については助言をしてはならない。そういった問題は、適切な訓練を受けた専門家に任せなくてはならない。タロットのリーダーがたまたま医師や法律家だった場合でも、リーダーは倫理面に配慮した解釈にこだわるべきだ。専門家として助言を与えると、クライアントが医師の患者や弁護士の依頼人となって両者の関係が変貌する。そうなると、リーダーは自分の職業の倫理規範にしたがってしまうものなのだ。

・リーディングの料金
　タロットのリーダーはサービスを提供し、当然の対価として、首尾よく遂行された仕事にふさわしい報酬を受けとる。サービスの性質についてはあらかじめ明確にしておき、リーディングでできることとできないことをクライアントに伝えておくことが重要だ。タロットを利用して、"呪いを解く"なり"呪文をかける"なりして人生を変えてあげようと約束して高額の料金を支払わせるように仕向けるのは倫理に反する行為だ。リーダーの仕事とは、自分で決断を下して人生を変えていく力をクライアントに与えること。リーダーとしての言動は、個人的利益よりもクライアントの利益を最優先にしたものでなければならない。

・リーディング中の布教活動
　私たちは多様な社会で生きている。タロットに助言を求める人々には、宗教、文化、哲学においてさまざまな背景がある。リーダーは、自分の信念をクライアントに押しつけようとしてはならない。たとえ、クライアントの世界観が受け入れられなかったとしても、彼らに敬意を払うのは絶対に必要なことだ。タロットには、クライアントが抱える問題や関心事に光を当てる力があるが、信じるべきものやするべきことをクライアントに告げたりはしない。カードのなかに見えたものを伝えることに徹して、クライアントが自分で決断を下し、自分自身の人生を歩んでいくように求めることだ。

※18／ジェイムズ・コープランド『ヒポクラテスの誓い』（*The London Medical Repository*、1825年）。

CHAPTER FIVE

第 5 章

ASSOCIATIONS
AND
CORRESPONDENCE

連想と照応

JOSEPH AND THE DREAM OF THE PHARAOH

ヨセフとファラオの夢

　タロットの起源はルネサンス期のイタリアでカードゲームとして誕生したが、結果的には、占い（divination）のツールとしてヨーロッパ中に広まった。「占い」の語源はラテン語の「divinus」で、「予見する」「神の力で霊感を授かる」という意味がある。行為としての占いは、人類の歴史のどの時代にも登場する。古いところでは、旧約聖書の『創世記』に、ヘブライ人のヨセフがエジプトのファラオが見た夢を神からの伝言と解釈する場面が記されている。

　ヨセフはファラオに言った。「ファラオの夢は、どちらも同じ意味でございます。神がこれからなさろうとしていることを、ファラオにお告げになったのです。七頭のよく育った雌牛は七年のことです。七つのよく実った穂も七年のことです。どちらの夢も同じ意味でございます。その後から上がって来た七頭のやせた、醜い雌牛も七年のことです。また、やせて、東風で干からびた七つの穂も同じで、これらは七年の飢饉のことです。これは、先般ファラオに申し上げましたように、神がこれからなさろうとしていることを、ファラオにお示しになったのです」（『創世記』41章25-28節　新共同訳）

　人類の歩みが始まって以来、どの文化でも、日常の予測不能な出来事に聖なるものからの伝言を探し求めてきた。どうやら神々は、日常生活における偶発的な出来事や場当たり的な行動を介して、人間たちと意思の疎通を図るらしい。ヨセフがファラオの夢に神の意思を読みとったように、カードを使った占いの行為も古くからの伝統の一部であり、その起源は、少なくとも聖書が記された昔まで遡る。

　次につづく項では、タロットのリーダーたちが、大衆的な占いの手法とカードを結びつけてきた例をいくつか見ていこう。

TAROT AND NUMBER SYMBOLISM

タロットと数の象徴体系

第5章　連想と照応

　数の象徴体系はさまざまな形式の占い(ディヴィネーション)で重要な役割を果たしており、タロットもその例に漏れない。西洋哲学では、遅くとも古代ギリシア時代には数に精神的意味を見いだす考え方が始まっており、ピタゴラスが活躍した時代にはその傾向が顕著だった。"サモスの賢人"と呼ばれたピタゴラス（紀元前582-500年ごろ）は、しばしば人類初の純粋な数学者と呼ばれ、数学の授業で習うピタゴラスの定理の功労者とされている。ピタゴラスは、数の象徴的意味を唱える人々の急先鋒に立っていた。イアンブリコス（3世紀ごろ）が書いた評伝によれば、ピタゴラスは、数が外形や思想、神や悪魔の目的を統べると教えていたそうだ。

タロットのバース・カード（メアリー・K・グリーア方式）
Tarot Birth Cards (Mary K. Greer's Method)

　タロットで数の象徴体系を利用する方法としては、その人の生年月日を数秘術で還元して、その数に呼応するカードを大アルカナから選ぶやり方がある。これは、メアリー・K・グリーアが著書の『タロットワークブック　あなたの運命を変える12の方法』（朝日新聞出版刊）[19]で勧めているメソッドで、生まれた日、月、年の数を合算して、算出された数を桁ごとに足していく。具体例を見るとわかりやすいだろう。

　マザー・テレサ（1910年8月26日生まれ）の例を見てみよう——

生まれた年 ＝1910
生まれた月 ＝　　8
生まれた日 ＝　 26

年、月、日の数を合算する：1910 ＋ 8 ＋ 26 ＝ 1944
算出された数を桁ごとに足していく：1 ＋ 9 ＋ 4 ＋ 4 ＝ 18　18は大アルカナの月（XVIII）に呼応する
18はさらに還元できる：1 ＋ 8 ＝ 9　9は大アルカナの隠者（IX）に呼応する

　このように、この日に生まれた人にとっては、月と隠者のカードが生涯にわたって象徴的に重要な意味を持つと考えられている。月のカードは無私の奉仕を象徴する魚座宮と、隠者のカードは精神的真理を探し求める人物と関連づけられると考えれば、この2枚のカードはマザー・テレサの人生を示唆しているように思える。
　グリーアの方式では、月のカードはマザー・テレサの"パーソナリティカード"と呼ばれ、そこからさらに還元された9は、彼女の"ソウルカード"と呼ばれる。合算された数が1〜9に収まることがあれば、パーソナリティカードとソウルカードは同じものになる。
　生年月日の合計が22を超える場合は、その数が1〜22に収まるまで還元していく。それぞれの数は大アルカナと呼応しており、合計数が0になることはないため、22が愚者をあらわすことになる。

イヤー・カード（メアリー・K・グリーア方式）
Tarot Year Cards (Mary K. Greer's Method)

　人生の特定の年（誕生日から次の年の誕生日までを1年とみなす）に重要な意味を持つカードを明らかにすることもできる。具体例を見てみよう。
　アメリカ合衆国第42代大統領のビル・クリントンは、1946年8月19日に生まれた。1946 ＋ 8 ＋ 19 ＝ 1973、1 ＋ 9 ＋ 7 ＋ 3 ＝ 20　なので、クリントン元大統領のパーソナリティカードは審判（XX）、ソウルカードは20を還元（2 ＋ 0 ＝ 2）して導かれた女教皇（II）になる。
　クリントン元大統領が弾劾された年（1998年）のカードを算出するには、問題の年の1998と生まれた月日とを合算する。つまり、1998 ＋ 8 ＋ 19 ＝ 2025。それから2025を桁ごとに足して還元すると、2 ＋ 0 ＋ 2 ＋ 5 ＝ 9　で隠者（IX）と呼応する。この計算によると、クリントン元大統領にとっての1998年の誕生日から翌年の誕生日までの1年は、隠遁生活を送りながら精神的な叡智を探し求める時期だったことになる。内省と個人の完全性が、隠者の年が象徴するものだ。

バース・カードのその他の算出方法
An Alternate Method for Calculating Birth Year Cards

　バース・カードの算出方法については、関連書籍で別の方法も紹介されている。グリーア方式のように誕生年と月日を合算するのではなく、この方法では、生年月日のすべての数を一桁の数として合算していく。

　マザー・テレサの場合は、次のような手順で計算する。

　1910年8月26日　→　1＋9＋1＋0＋8＋2＋6＝27　この数字を還元して（2＋7＝9）隠者（Ⅸ）を導く。この方式では、マザー・テレサのパーソナリティカードとソウルカードは揃って隠者となる。

　ビル・クリントンの場合。

　1946年8月19日　→　1＋9＋4＋6＋8＋1＋9＝38→ 3＋8＝11で、力か正義がバース・カードになる。11という数字をさらに還元すると（1＋1＝2）女教皇（Ⅱ）がソウルカードとして導かれる。注意してほしいのはⅪのカードで、伝統的なマルセイユ版タロットでは力（クロウリー版では欲望）、ライダー・ウェイト＝スミス版では正義になる。力と欲望と正義がクリントン元大統領の人生や人格を特徴づけてきた、という見方もできるかもしれない。

数の象徴体系
Table of Number Symbolism

　他にも、数が持つ象徴的な特性とその数字に呼応するカードをリンクさせる方法で、数はタロットの象徴体系にとり込まれている。タロットに慣れ親しんだら、このリストに自分独自の意味を持たせたくなるかもしれない。

数字	象徴的意味
0	形のない純粋な可能性
1	最初の火花、意志、創造、ひらめき、始まり、新たな命、誕生、可能性の最初の兆候
2	二重性、協調、結びつき、選択、決断、バランス、立案、ふたつ以上の選択肢、ふたつのものの中間、中立の立場
3	繁殖力、共同事業の最初の成果、協力的努力、三者の結びつき、新たなものの創造、補足し合うペアを結びつけることによって得られる成果
4	構造、安定性、秩序、論理、基礎、明示、解決すべき問題、耐える力
5	不安定性、分裂、苦闘、争い、衝突、動揺、危機、下降、緊張、不確実性、粛正、不均衡
6	均衡の回復、調和、公正、公平、コミュニケーション、共有、思いやり
7	評価、熟考、再評価、出発点に立つ、強みを探す
8	動き、行動、権力、裁定、終わりの始まり
9	一桁の最後の数字、一桁のサイクルの終わり、最高点、成就、達成
10	一桁の最後よりひとつ大きな数字、ひとつ余分、必要以上のもの、サイクルの完全な終了、前進と再生のための準備

※19／バース・カードの計算方式は次のサイトでも確認できる。The Tarot School:www.tarotschool.com/Calculator.html

PRIMUM NON NOCERE
最優先すべきはクライアントの利益

第5章　連想と照応

　数の象徴体系について警告の声が上がるのは当然のことだ。これは私見だが、数の象徴体系をタロットの解釈に用いるのは、クライアントに自身の進路を選択する力を与えるためでなくてはならない。聖書の「あなたたちは真理を知り、真理はあなたたちを自由にする」(『ヨハネによる福音書』8章32節) という一節を念頭に置くと、最高の解釈とはクライアントに力と自由を与えるものを言う。相手に恐れを抱かせたり、依存を誘発したりするコメントは、クライアントを傷つけてしまうおそれがある。医師たちが「なによりもまず、害を及ぼさないこと」と誓ったように、タロットのリーダーも、クライアントに利益を与えることに焦点を定めて有害な結果をもたらさないようにしなくてはならない。リーディングが迷信的な施術に変貌していくと、そのあとには往々にして心の痛みが待っている。

　まさにそのような事態が1987年に旧ビルマで起こっている。独裁体制を敷いていたネ・ウィンは、数秘術師の助言に頼り切った迷信的な指導者だった。ネ・ウィンは、自身のラッキーナンバーは9だと信じ込まされた。その結果、1987年9月5日に、旧ビルマ政府は9で割り切れない数字は縁起が悪いという理由で25チャット、35チャット、75チャットの紙幣を警告もなしに廃止してなんの補償もしなかった。さらに、9で割り切れるという理由で45チャットと90チャットの紙幣を導入する。この突然の通貨制度の変更は壊滅的な被害を及ぼした。あっという間に国の通貨の75％が紙くずになり、多くの世帯が蓄えを失うことになったのだ。暴動が起こり、翌1988年には軍事クーデターで政権が転覆。すべてが終わってみれば、迷信的な独裁者にとっての9はラッキーナンバーでもなんでもなかったわけだ。

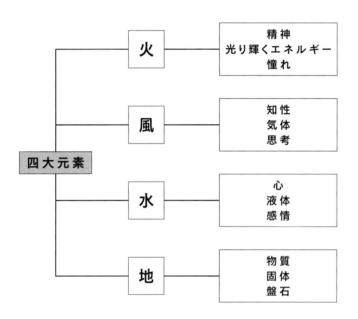

四大元素と対応する性質

Tarot and the Four Elements

タロットと四大元素

　古代ギリシアでは、四大元素の理論を発展させて現実世界の本質を説明していた。自然界のあらゆるものが四大元素の原理の観点で説明がつくという考え方は、2000年以上にわたって権威を振るい、哲学、医学、芸術、科学、占い(ディヴィネーション)に多大な影響を及ぼしてきた。たとえば、現代物理学とは自然界の4つの基本的な力について語ったものだ。心理学の分野では、カール・ユングが四大元素の理論から人間の心の機能に関する持論を展開させている。適性検査のマイヤーズ・ブリッグズ・タイプ指標も、四大元素という古い理論にもとづいてつくられたものだ。

　現代占星術やタロットの象徴体系の大半も、古代ギリシアの四大元素――火、風、水、地――から派生している。まずは、四大元素は物質社会における具体的対象というよりも抽象的な哲学的原理であることを心に留めておいてもらいたい。隠喩的に、エネルギーの種類、意識のタイプ、世界と接する複数の方法とみなす人もいるかもしれない。

　四大元素についてすぐに気づくのは、火と風のふたつがどちらかといえば地表から上に昇っていくものであるのに対して、水と地は地表の下に沈んでいくものであることだ。したがって、火と風はどちらかといえば男性器を連想させ、遠心力があり（中心から外へ突き出す）、外側に向かうものとみなされ、水と地はどちらかといえば受容的、求心的（中心に進んでいく）で、内側に向かうものとみなされている。

　風はガスを含むと上昇する。火の元素も、地の環境から逃れられる光り輝くエネルギーを象徴するので、上昇する。太陽から放出される光（火）は、宇宙空間を旅して地球に届く。上昇と外向性を象徴する火と風の元素は、活発な男らしさという性質を持つ。タロットでは、ワンドのスートは火と、ソードのスートは風と関連づけられるのが一般的だ。ワンドとソードの数札は、通常は、上や外への動き（興奮、冒険、争い、旅、拡張、移住、出発など）を伴う、環境や感情の状態をあらわしている。

　水は大地に染み込み、四大元素のなかでもっとも重量のある地でつくった容器に蓄えられる。したがって、水と地は下に向かう傾向にあって、内向性を持つ受容的な女らしさを備えているとみなされる。タロットでは通常、カップのスートは水と、コイン（もしくはペンタクル）のスートは地と関連づけられる。カップとペンタクルの数札は、一般的には、下や内への動き（熟考、瞑想、喜び、悲しみ、癒やし、祝祭、家族の幸福、到着など）を伴う、環境や感情の状態をあらわしている。

四大元素のキーワード
Keywords for the Four Elements

　現代のタロット・デッキのほとんどが四大元素に重きを置いているので、本書でも全編にわたってこの象徴体系に言及していく。次のリストは、それぞれの元素の主要な意味と関連する性質をまとめたものだ。

火：エネルギー、衝動、熱中、主導権、権力、行動、率直さ、ひらめき、自発性、活力、拡大、冒険、探検、生殖力、自給自足、自由。ワンドのスート。火のサインは、牡羊座、獅子座、射手座。

地：物質、資源、金銭、作品、肉体の喜び、建造物、具体的な成果、安全、安定性、明確な目標設定、現実的、分析的、組織的、忍耐強さ、確かな基盤、計画的、豊かな資源。ペンタクル（コイン）のスート。地のサインは、牡牛座、乙女座、山羊座。

風：コミュニケーション、アイデアの共有、知的好奇心、機敏な判断力、相互関係、橋渡し役、論理、機知、冷静で客観的な視点、機敏さ、狡猾さ、説得力、戦略、思考、言葉、知性。ソードのスート。風のサインは、双子座、天秤座、水瓶座。

水：感情、気分、感覚、感受性、直感、受容力、共感、面倒見がいい、親密さ、思いやり、神秘的状況、隠れた深み、全体性、精神性。カップのスート。水のサインは、蟹座、蠍座、魚座。

第5章　連想と照応

TAROT AND ASTROLOGY
タロットと占星術

　19世紀末、〈黄金の夜明け団〉は、自分たちの解釈によるタロットの象徴体系に占星術を組み込んでいる。団員のアーサー・エドワード・ウェイトから指示を受けた画家のパメラ・コールマン・スミス（通称"ピクシー"）は、黄道十二宮のサインが4種類のスートに与える影響を自分なりに理解した上で、数札の図柄を描いた。したがって、ライダー・ウェイト＝スミス版タロットの愛用者は占星術の象徴体系に頼っていることになるのだが、その事実を自覚していない人々がしばしば見受けられる。ライダー・ウェイト＝スミス版は、1909年の発表以来、英語圏ではもっとも人気の高いタロット・デッキになった。〈黄金の夜明け団〉の活動が広範囲に影響を及ぼしたために、占星術は現代版タロットのカードの意味を定義するにあたって大きな役割を果たしてきたのだ。

THE ZODIAC : A DOZEN PARTS OF A CIRCLE
黄道十二宮：12分割された円

　黄道十二宮は30度の角度で分割された12のサインで構成されている。定義によれば、占星術のサインとは360度の円形を12のパーツに等分に分割したものだ。無知なサイエンスライターが、13番目の星座に言及した天文学者の発言を受けて、13番目のサインが発見されたという内容の記事を書くことがある。円形を12分割したものがひとつのシンボルと定義されている以上、シンボルが13あるという主張は意味を成さない。12分割のなかに13番目のパーツがあるなどという主張は、知識のないテーマについてももったいぶった記事が書けてしまうサイエンスライターの世界でしか通用しないものなのだ。

　黄道十二宮のサインには、古代の十二宮の星座（星のグループ）に由来する名前がつい

ている。〈黄金の夜明け団〉はそれぞれのサインを12枚の大アルカナに割り当てた。本書で紹介するサインの日付は近接のものであることをお断りしておく。特徴のリストについては、該当する太陽星座(サンサイン)のもとで生まれた知り合いのことを思い浮かべながら読んでもらいたい。サインが示す特徴は、その人にどの程度あてはまっているだろう。

火の牡羊座（3月20日〜4月19日）――皇帝

　十二宮の先頭に登場する牡羊座は、戦の神である火星(マルス)に支配されている。牡羊座は積極的な活動サインに属しており、その時期に春を迎える北半球の多くの文化圏で1年の始まりを告げる節目とされている。1年のサイクルの最初のサインである牡羊座は、大アルカナの4番にあたる皇帝と関連づけられている。このカードは、炎を思わせる赤い色調で描かれることが多い。ワンドのクイーンに大きな支配領域を占める牡羊座は、そのもとで生まれた者が次のような性質で特徴づけられるサインである。

- 断定的
- 自立
- 好勝負を楽しむ
- 激情
- 活動的
- なにかをはじめることを好む
- 大胆
- エネルギッシュ
- 独自のアイデンティティを確立しようと模索する
- 先駆者
- 外交的
- 最後までやり抜くことは必ずしも得意ではない
- 直接的
- 競争好き
- 行動を起こしたがる
- 率直
- 闘争的
- 指導力を備えている
- 勇敢
- 野心的
- アイデアを売り込むのが得意
- 単純明快
- せっかち
- 依存を嫌う
- カリスマ性
- 衝動的
- 一番になりたがる
- 進取的
- 挑戦を好む
- 争いを解決するためには妥協よりも戦いを好む
- 自信
- 石頭（相手に突っかかりたがる）
- 勝つことはすべてではなく唯一の道だ
- 肉体を使うことを好む

2　地の牡牛座（4月20日〜5月20日）——教皇

　愛の女神金星(ヴィーナス)に支配される牡牛座は、十二宮の2番目に登場する。牡牛座は、粘り強く、なかなか変化しない固定サインで、大アルカナ5番の大祭司(ハイエロファント)（司祭長、法王(ハイプリースト)）と関連づけられている。ペンタクルのキングに大きな支配領域を占める牡牛座は、そのもとで生まれた者が次のような性質で特徴づけられるサインである。

- 官能的
- 安全重視
- 美食と肉体的快適さを好む
- 確かな基盤
- 強い決意
- 築くことを好む
- 堅実
- 安定
- 自然を愛する
- 信頼性が高い
- 頼りになる
- 平和と平静を楽しむ
- 堅固
- 誠実
- よく発達した触感の持ち主
- 実際的
- 頑固（石頭）
- 快適な生活を好む
- 現実的
- 勤勉
- 急かされるのを嫌う
- 不動
- 思慮深い
- 価値を求める
- 平穏
- 家庭的
- 予測可能
- 挑発されない限りは平静を保つ
- 穏やか
- 派手な装飾よりもシンプルで機能的なものを好む
- 持続性
- やりたい放題
- 独占欲
- 実用主義

3　風の双子座（5月21日〜6月20日）──恋人たち

　神々の使者を務める俊足の水星(マーキュリー)に支配される双子座は、十二宮の3番目に登場する。双子座は順応性を持つ柔軟サインであり、大アルカナ6番の恋人たちのカードと関連づけられる。ギリシア神話では、双子座はゼウスの双子の息子たちだった。ゼウスはふたりを深く愛していたので、神の血を引いたほうの息子が人間である兄弟と一緒にいるために不死の命を捨てる選択をした際に、ふたりを一緒に十二宮の双子座として星にした。ソードのナイトに大きな支配領域を占める双子座は、そのもとで生まれた者が次のような性質で特徴づけられるサインである。

- 探求的
- 観念的
- 常に動きまわっている
- おしゃべり
- 話し好き
- 多様性を好む
- 言語能力
- 順応性
- 独学で学ぶことが多い
- 鋭い知覚
- 器用
- 情報収集と共有を好む
- 休み知らず
- 独創的
- 広い見識の持ち主を尊重する
- 機敏な判断力
- 若々しさ
- アイデアを楽しんで表現する
- 多芸多才
- 機知に富んだ
- 読書を愛し、常に学びつづける
- 知的
- 散漫
- 退屈を嫌う
- 話し上手
- 俊足
- 忙しくしていることを好む
- 口が達者
- 常に動いている
- 細部に夢中になれる
- 社交的
- 注意散漫になりやすい
- 移り気だったり、表面的だったりする可能性がある
- 友好的
- きまぐれ
- 移り気
- 好奇心旺盛
- 飽きっぽい
- 仕事を抱えすぎる
- 規則厳守
- 巧みな話術

4　水の蟹座（6月21日〜7月21日）——戦車

月(ムーン)に支配される蟹座は、十二宮の4番目に登場する。蟹座は最初にはじめる性質を持つ活動サインであり、大アルカナ7番の戦車のカードと関連づけられている。北イタリアでタロット・デッキが誕生したころに人気を集めていたトマス・アクイナスの哲学では、戦車とその駆者は、枢要徳のひとつとされる賢明のシンボルだった。他の3つの枢要徳——正義、力、節制——については、その名にちなんだカードが存在する。カップのクイーンに大きな支配領域を占める蟹座は、そのもとで生まれた者が次のような性質で特徴づけられるサインである。

- 繊細
- 防衛的
- 記憶力が良い
- 共感的
- 用心深い
- 家や家族を大切にする
- 直感的
- 間接的
- 楽しみながら指導にあたる
- 感情的
- 物静か
- 誰かに必要とされていることを実感したがる
- 気分屋
- 内気
- 歴史や伝統の学習を楽しむ
- 優しい
- 臆病
- 他者との感情的な触れ合いを生きがいにする
- 保護的
- 自分と他人を守ろうとする
- 他人の気分を容易に察知して対応する
- 面倒見がいい
- 傷つきやすい
- やるべきことを指示されるのを嫌う
- 親切
- 安全意識が高い
- 直接的な対立を避ける傾向にある
- 寛大
- 家庭的
- ポーカーフェイス
- 母性
- 同族的
- 外剛内柔
- 癒やし
- 介護者
- 感傷的

5 火の獅子座（7月22日〜8月22日）——力

太陽(サン)に支配される獅子座は、十二宮の5番目に登場する。獅子座は統合を行う固定サインであり、大アルカナ8番の力と関連づけられている（力はもともと11番だったが、〈黄金の夜明け団〉が占星術のサインの順番と一致させるために番号を変更した）。ワンドのキングに大きな支配領域を占める獅子座は、そのもとで生まれた者が次のような性質で特徴づけられるサインである。

- 指揮権
- 光輝
- 注目を浴びたがる
- 自信
- 快活
- 正当に評価されていると実感する必要がある
- ドラマチック
- 誇り高い
- 生まれながらのエンターテイナー
- 表情豊か
- 傲慢
- 脚光を浴びることを楽しむ
- 創造的
- 威厳
- 賞賛と社会的評価を切望する
- 観客の前でのパフォーマンスを好む
- 忠誠心
- 勝ち犬（もしくはライオン）になることを好む
- 権威
- 寛大
- 指導者の地位を満喫する
- 動的
- 隠し事がない
- 完全性を求める
- カリスマ性
- 野心的
- 狭量を嫌う
- 芝居がかっている
- 心が温かい
- 子供相手の仕事を楽しめる
- 横柄で強引なときがある
- 生殖力
- 創造的な自己表現に関して賞賛を切望する
- 活動的
- 即座に飛び込む
- 批判されると腹を立てる可能性がある
- エネルギッシュ
- 責任を負うことを好む
- 進んでリスクを負う
- 情熱的

6　地の乙女座（8月23日〜9月22日）——隠者

　神々の使者を務める水星(マーキュリー)に支配される乙女座は、十二宮の6番目に登場する。乙女座は順応性を持つ柔軟サインであり、大アルカナ9番の隠者と関連づけられている。ペンタクルのナイトが大きな支配領域を占める乙女座は、そのもとで生まれた者が次のような性質で特徴づけられるサインである。

- きちょうめん
- 内気
- 健康意識が高い
- 分析的
- 内向的
- 心配性
- 審美眼
- 謙虚
- 動物好き
- 良心的
- 慎重
- 言葉の扱いに長けている
- 識別力
- 良識的
- 他人に尽くすことを楽しむ
- 規則厳守
- 組織的
- 仕事に意義を求める
- 完璧主義
- 順応性
- （隠者のように）時間だけに価値を置く
- 常に自己改善を求める
- 頼りになる
- 非生産的な時間の使い方を嫌う
- 勤勉
- 人への気遣い
- 自己犠牲を厭わない
- 知的
- 批判的
- 脚光を浴びることを楽しめない
- 懐疑的
- 秩序正しい
- 裏方に回るほうを好むことが多い
- 慎重
- 細部重視
- 自分の才能を隠す
- 控えめ
- 綿密
- 常に正しくありたいと望む
- 好奇心旺盛
- 細部にとらわれて大局を見失うきらいがある
- 質素
- 倹約的
- 「用心するに越したことはない」

7　風の天秤座（9月23日〜10月22日）――正義

　愛の女神金星(ヴィーナス)に支配される天秤座は、十二宮の7番目に登場する。活発な活動サインの天秤座は、大アルカナ11番の正義と関連づけられている（もともとは8番だったが、〈黄金の夜明け団〉が黄道十二宮の順番と一致させるために番号を変更した）。ソードのクイーンに大きな支配領域を占める天秤座は、そのもとで生まれた者が次のような性質で特徴づけられるサインである。

- 優雅
- 公明正大
- 対立する意見とも折り合いをつけようとする
- 上品
- 礼儀正しい
- 美と比率の感覚が優れている
- 外交的
- 協調的
- 均衡と調和を求める
- 温和
- 当世風
- 常にバランスを保つ行為に携わっている
- 洗練
- 芸術的
- 他人から好かれたがる
- 審美的繊細さ
- 優柔不断
- 一対一の関係に価値を置く
- 思慮深い
- 知性重視
- 魂の伴侶に完成を求める
- 客観的
- 中立を保つ傾向にある
- 平和のためにはどんな犠牲も厭わない
- バランスがとれている
- 物事をあらゆる側面から見ることができる
- 正義と人権に関心を抱いている
- 魅力的
- 決断を下す前にあらゆる選択肢を秤にかける
- 他人と分かち合う
- 社交的
- アイデアの交流を楽しむ
- 争いの解決には闘いよりも交渉を好む
- 公正

8　水の蠍座（10月23日〜11月21日）——死神

　好戦的な火星、現代占星術では冥王星に支配される蠍座は、十二宮の8番目のサインだ。蠍座は濃縮されたエネルギーを示す固定サインであり、大アルカナ13番の死神と関連づけられている。カップのキングが大きな支配領域を占める蠍座は、そのもとで生まれた者が次のような性質で特徴づけられるサインである。

- 熱心
- 徹底的
- 優秀な心理学者や精神分析医になる
- 強い決意
- 催眠術にかかりやすい
- 変容をもたらそうと努力する
- 知的
- 神秘的
- 深層を理解したいと望む
- 鋭い知覚
- 透徹
- 核心を突いた議論ができる
- 分析的
- 狡猾
- 他人を癒やす力を持っている可能性がある
- 洞察力
- 清浄化
- 無意識の動機に関心を持っている
- 毅然とした
- 調査好き
- 人間の性的能力を讃える
- 情熱的
- 個人的
- 隠れているものや神秘的なものを明らかにすることを好む
- 誘引力
- 内省的
- 蠍のように刺してくるおそれがある
- 影響力がある
- 気分屋
- 優秀な調査員や探偵になる
- 直観的
- 陰気
- 真相を解明したがる
- 愛嬌
- 人生を懸命に生きることを望む
- 恨みを抱いている可能性がある
- 忠誠心
- 真実を追い求めたいと願っている
- 激しく噴出しかねない強い感情の持ち主
- 知恵者
- 他人の感情に同調できる

9　火の射手座（11月22日〜12月20日）──節制

　十二宮の9番目に登場する射手座は、開放的な木星（ジュピター）に支配されている。適応力がある柔軟サインの射手座は、大アルカナ14番の節制と関連づけられている。ワンドのナイトが大きな支配領域を占める射手座は、そのもとで生まれた者が次のような性質で特徴づけられるサインである。

- 冒険好き
- 群集性
- 真実と叡智を探し求める
- 開放的
- 楽しいことが大好き
- 常に新しいことを学んでいる
- 真摯
- 熱狂的
- アイデアを伝えることを楽しむ
- エネルギッシュ
- 衝動的
- 理想家
- 理想主義
- ひらめきを与える
- 権利を守るために闘う
- 楽観的
- 上機嫌
- 進んで危険を冒す
- 自立
- 人と深く関わりたがらない可能性がある
- 自分と異なる考えや哲学を探求するのが大好き
- 未来志向
- 制約を嫌う
- 旅に出たがる
- 生真面目
- リスクを楽しむ
- 常に領域を拡大しようとしている
- 落ち着きがない
- 旅や外国文化を好む
- 批判を嫌う
- 順応性がある
- 野外を好む
- 「僕は気ままに」（訳注：コール・ポーターの曲名）
- スポーツや身体活動を楽しむ
- 個人の自由を尊重する
- 率直

10　地の山羊座（12月21日〜1月19日）——悪魔

　十二宮の10番目に登場する山羊座は、作業の監督を行う土星（サターン）に支配されている。動きが活発化する活動サインの山羊座は、大アルカナ15番の悪魔と関連づけられている。ペンタクルのクイーンが大きな支配領域を占める山羊座は、そのもとで生まれた者が次のような性質で特徴づけられるサインである。

- 野心的
- 足元の確かな
- 働き者
- 目標達成を重視する
- 勤勉
- ゆっくりだが確実に
- 実際的
- 戦略的
- 頂点に登りつめたいと望んでいる
- 自制心
- 知恵者
- 専門家としての評価と承認を求める
- 慎重
- 強い決意
- 長期的視野で計画を立てる
- 懐疑的
- 忍耐強い
- 実証可能な目標の達成に尽力する
- 思慮深い
- 自己充足的
- 経験と叡智に敬意を払う
- 効率的
- 伝統的
- 他者からの尊敬を求める
- 良識的
- 保守的
- 音楽を好む
- 責任能力
- 社会的地位にこだわる
- （ギリシア神話に登場する好色な牧羊神のように）性的欲求が強い
- 高圧的
- 内向的
- きまぐれな一面がある
- 確かな基盤
- 愚行には容赦しない

11　風の水瓶座（1月20日〜2月17日）——星

　十二宮の11番目のサインである水瓶座は、作業の監督を行う土星（サターン）に、現代占星術では天王星（ウラヌス）に支配されている。水瓶座は統合を行う固定サインであり、大アルカナ17番の星と関連づけられている。ソードのキングに大きな支配領域を占める水瓶座は、そのもとで生まれた者が次のような性質で特徴づけられるサインである。

- 型破り
- 独断的
- 突飛だったり、因習を打破したりする可能性がある
- 個人主義
- 自己主張が強い
- 新たな手法で実験することを好む
- 時代の先取り
- 革新的
- 人権擁護者
- 独創的
- 反抗的
- 知人たちとは楽しく過ごすが、親しい友人はわずかしかいない
- 創造的
- 先進的
- 現代的なテクノロジーを好む
- 創意に富む
- 自由主義
- 討論や知的な話し合いを好む
- 知的
- 刷新的
- 進んで大義を支持する
- 好奇心旺盛
- 先進的
- 因習に縛られまいとする
- 独立独歩
- 傷つきやすい
- 自身の個性を強く意識している
- 友好的
- 繊細
- 自分の物の見方に自信を持っている
- 個性的
- クールな合理的思考
- 理想通りに生きられなかった人に安易に不満を示す
- 経済的
- 客観的
- 指示されることを嫌う
- 自立
- 知性優先（心よりも頭）
- 他人の失敗を責める傾向がある
- 非協調的
- 人道主義者
- 同じ考えを持つ人間とは足並みを揃える
- 頑固
- 夢想家
- 「己に忠実なれ」（シェークスピア『ハムレット』より。福田恆存訳　新潮社刊）
- 勝手気まま
- 理想家
- 感情を交えない態度
- 妥協しない

12 水の魚座（2月18日〜3月19日）——月

　十二宮の最後を飾る神秘的な魚座は、開放的な木星（ジュピター）、現代占星術では海王星に支配されている。魚座は順応性がある柔軟サインで、大アルカナ18番の月と関連づけられている。カップのナイトに大きな支配領域を占める魚座は、そのもとで生まれた者が次のような性質で特徴づけられるサインである。

- 繊細
- 創造的
- 人間の苦悩に心を動かされる
- 親切
- 芸術的
- 他人の気持ちを容易に汲みとれる
- 共感的
- 霊的
- 人助けを楽しみ、運に恵まれない人の支援にはとくに力を入れる
- 順応性がある
- 直観的
- 生きとし生けるものとのつながりを感じている
- 想像力豊か
- 神秘的
- 無意識の世界に関心を抱いている
- 優しい
- 世界観の創造に幻想が果たす役割を理解している
- 思いやりのある
- 瞑想的
- 平和と静けさに価値を置いている
- 頼りになる
- だまされやすい
- 宇宙の神秘に魅了されている
- 受容力
- 傷つきやすい
- あらゆる創造物の全体性を理解しようとする
- 夢追い人
- 宗教や精神性に関心を持っている
- ひとりで、あるいは、静かな場所で過ごすことを好む
- 穏やか
- 大きな自己犠牲を厭わない
- 殉教者の役割を演じる可能性がある
- 詩的
- 音楽やダンスを好む
- 地球規模、あるいは、普遍原理の観点からの思考に魅力を感じる
- ロマンティック
- 判官贔屓

The Planets

古代の七惑星

　古代の占星術では、肉眼で確認できる7つの惑星（"さまようもの"）を扱っていた。この、7つのさまよえる"星々"から7日を1週間とする考え方が生まれ、それぞれの曜日に惑星にちなんだ名前がつけられた。つまり、日曜日（太陽の日）、月曜日（月の日）、火曜日（火星の日）、水曜日（水星の日）、木曜日（木星の日）、金曜日（金星の日）、土曜日（土星の日）の7日だ。古代の人々は、天空を動き回っているという理由で、太陽と月も惑星に含めていた。〈黄金の夜明け団〉では、肉眼で確認できる太古からの七つの"惑星"に、7枚の大アルカナを割り当てている。

- 太陽（生命の中心）
　太陽系の中心であり、生命の与え手である太陽は、大アルカナ19番の太陽に割り当てられている。太陽は、輝き、明晰さ、生命力、音楽、運動競技の惑星である。

- 月（感情と内面生活）
　月は太陽の光を反射させる夜の女王で、大アルカナ2番の女教皇（もしくは、女の法王）に割り当てられている。月は、気分、感情、母性、無意識、内面生活、周期、水（潮流）、旅の惑星である。

- 水星（コミュニケーションと機敏性）
　水星は神々のメッセンジャーであり、大アルカナ1番の魔術師に割り当てられている。水星は、コミュニケーション、旅、交易、機敏性、手品、取引、執筆、窃盗、魔術の惑星である。

- 金星（愛と融和）
　金星は、愛、喜び、美の女神であり、大アルカナ3番の女帝に割り当てられている。金星は、

色香、愛、好意、和解、平和、調和の惑星である。

- **火星（衝突と争い）**
赤い惑星と呼ばれる火星(マルス)は、戦い、流血、力強い男らしさを備えた神であり、大アルカナ16番の塔と関連づけられている。火星は、自己主張、衝突、争い、攻撃、力、武力衝突、支配の惑星である。

- **木星（拡大と幸運）**
木星(ジュピター)は幸運を授けてくれる神々の王であり、大アルカナ10番の運命の輪と関連づけられている。木星は、拡張、豊穣、拡大する領域、幸運の惑星である。

- **土星（収縮と苦境）**
土星(サターン)は時(とき)の翁であり、肉眼で見える惑星のなかで地球からもっとも遠いところにある。義務と現実・原則を象徴していて、大アルカナの最後を飾る21番の世界と関連づけられている。土星は、義務、収縮、構造、限界、境界、障害、重荷、憂鬱の惑星である。

〈黄金の夜明け団〉では、いわゆる現代の惑星――天王星(ウラヌス)、海王星(ネプチューン)、冥王星(プルート)――は用いられていない。代わりに、割り当てられなかった3枚のカード（愚者、吊された男、審判）を、古典的な四大元素と関連づけている。

The Four Elements and the Major Arcana
四大元素と大アルカナ

- **風：愚者**
風のエレメントは、無番号の（現代版デッキには"0"がつけられたものもある）愚者のカードと関連づけられている。現代の占星術師は、天王星(ウラヌス)を水瓶座や愚者のカードに割り当てることが多い。

- 水：吊された男

  水のエレメントは、大アルカナ12番の吊された男と関連づけられている。現代の占星術師は、海王星(ネプチューン)を魚座や吊された男のカードに割り当てることが多い。

- 火：審判

  火のエレメントは20番の審判と関連づけられているが、これはおそらく、最後の審判の際に、天国の門に入る者と地獄の業火で永遠に焼かれる者が神によって選別されることから来ているのだろう。現代の占星術師は、冥王星(プルート)を蠍座や審判のカードに割り当てることが多い。

- 地

  地のエレメントには大アルカナのカードは割り当てられていないが、これはおそらく、地が、大アルカナの教訓を学ぶ場となる物質世界全体を象徴しているためだろう。

The Golden Dawn, the Decans, and Number Symbolism
〈黄金の夜明け団〉、デカン、数の象徴体系

〈黄金の夜明け団〉は、数との関連づけを利用して、さまざまな方法でカードに意味を割り当てている。彼らの基本的な考え方のひとつが、各スート2〜10の計36の数札を黄道十二宮の36のデカンとペアにするというものだ。では、デカンとはなんだろう？

デカンとは、360度の円を描く黄道十二宮のサインを10度ずつに等分したものだ。それぞれのサインは3つのデカンで成り立っている。サインの数は12なので、12×3＝36のデカンが存在することになる。占星術師は、数千年にわたって、肉眼で確認できる惑星にこのデカンを割り当ててきた。したがって、2〜10の番号がついたそれぞれの数札は、デカンを支配する惑星はもちろん、デカンそのものとも関連づけられている。ポール・ヒューソンは著書の『タロットの神秘的起源（*Mystical Origins of the Tarot*）』で、〈黄金の夜明け団〉のカードの解釈が、デカンの秘教的意味から大きな影響を受けていたことを指摘している。

〈黄金の夜明け団〉の考え方はシンプルだ。西洋占星術では、黄道十二宮は1年のそれぞ

れの季節にもとづいている。〈黄金の夜明け団〉では、各スートの2〜10の番号がついたカードと連携させながら、次のような割り当てを行っていた。

・2、3、4 ─ ひとつの季節の1カ月目
　　　　　（最初の月）
・5、6、7 ─ ひとつの季節の2カ月目
・8、9、10─ひとつの季節の3カ月目
　　　　　（最後の月）

この体系をもう少しくわしく見てみよう。

春：ワンド──ペンタクル──ソード
　・1カ月目：牡羊座（火）──ワンドの2、3、4
　・2カ月目：牡牛座（地）──ペンタクルの5、6、7
　・3カ月目：双子座（風）──ソードの8、9、10

夏：カップ──ワンド──ペンタクル
　・1カ月目：蟹座（水）──カップの2、3、4
　・2カ月目：獅子座（火）──ワンドの5、6、7
　・3カ月目：乙女座（地）──ペンタクルの8、9、10

秋：ソード──カップ──ワンド
　・1カ月目：天秤座（風）──ソードの2、3、4
　・2カ月目：蠍座（水）──カップの5、6、7
　・3カ月目：射手座（火）──ワンドの8、9、10

冬：ペンタクル──ソード──カップ
　・1カ月目：山羊座（地）──ペンタクルの2、3、4
　・2カ月目：水瓶座（風）──ソードの5、6、7
　・3カ月目：魚座（水）──カップの8、9、10

〈黄金の夜明け団〉による、惑星と数札との関連づけ

GOLDEN DAWN ASSIGNMENT OF PLANETS TO TAROT PIPS

次の表には、〈黄金の夜明け団〉が策定した、黄道十二宮のサインと数札を支配する惑星が示されている。リーダーのなかには、それぞれのカードに割り当てられた期間を利用して、スプレッドで示された出来事がどのタイミングで起こるのかを判断する人もいる。（W＝ワンド、P＝ペンタクル、S＝ソード、C＝カップ）

サイン	支配星	デカンの支配星	数札	トロピカル方式による太陽宮の期間（概略の日付）	コートカード
獅子座 （力） 固定サイン	太陽 （太陽）	土星 木星 火星	W5 W6 W7	7月22日－8月1日 8月2日－8月11日 8月12日－8月22日	Wキング Wキング Pナイト
乙女座 （隠者） 柔軟サイン	水星 （魔術師）	太陽 金星 水星	P8 P9 P10	8月23日－9月1日 9月2日－9月11日 9月12日－9月22日	Pナイト Pナイト Sクイーン
天秤座 （正義） 活動サイン	金星 （女帝）	月 土星 木星	S2 S3 S4	9月23日－10月2日 10月3日－10月12日 10月13日－10月22日	Sクイーン Sクイーン Cキング
蠍座 （死） 固定サイン	火星 （塔）	火星 太陽 金星	C5 C6 C7	10月23日－11月1日 11月2日－11月11日 11月12日－11月21日	Cキング Cキング Wナイト
射手座 （節制） 柔軟サイン	木星 （運命の輪）	水星 月 土星	W8 W9 W10	11月22日－12月1日 12月2日－12月11日 12月12日－12月20日	Wナイト Wナイト Pクイーン
山羊座 （悪魔） 活動サイン	土星 （世界）	木星 火星 太陽	P2 P3 P4	12月21日－12月30日 12月31日－1月9日 1月10日－1月19日	Pクイーン Pクイーン Sキング

第5章　連想と照応

サイン	支配星	デカンの支配星	数札	トロピカル方式による太陽宮の期間（概略の日付）	コートカード
水瓶座 （星） 固定サイン	土星 （世界）	金星 水星 月	S5 S6 S7	1月20日－1月29日 1月30日－2月8日 2月9日－2月17日	Sキング Sキング Cナイト
魚座 （月） 柔軟サイン	木星 （運命の輪）	土星 木星 火星	C8 C9 C10	2月18日－2月27日 2月28日－3月9日 3月10日－3月19日	Cナイト Cナイト Wクイーン
牡羊座 （皇帝） 活動サイン	火星 （塔）	火星 太陽 金星	W2 W3 W4	3月20日－3月29日 3月30日－4月8日 4月9日－4月19日	Wクイーン Wクイーン Pキング
牡牛座 （教皇） 固定サイン	金星 （女帝）	水星 月 土星	P5 P6 P7	4月20日－4月29日 4月30日－5月9日 5月10日－5月20日	Pキング Pキング Sナイト
双子座 （恋人たち） 柔軟サイン	水星 （魔術師）	木星 火星 太陽	S8 S9 S10	5月21日－5月30日 5月31日－6月9日 6月10日－6月20日	Sナイト Sナイト Cクイーン
蟹座 （戦車） 活動サイン	月 （女教皇）	金星 水星 月	C2 C3 C4	6月21日－6月30日 7月1日－7月11日 7月12日－7月21日	Cクイーン Cクイーン Wキング
愚者 吊された男 審判	風（天王星） 水（海王星） 火（冥王星）	上記はカルディアン・オーダーに準ずる		上記の日付は太陽の位置のみで求めたもの	W＝ワンド P＝ペンタクル S＝ソード C＝カップ

The Kabbalah and the Tree of Life

カバラと生命の樹

〈黄金の夜明け団〉は、カードの解釈に占星術を用いただけでなく、カバラを用いてタロットの象徴体系を解明しようとした。数札の解釈には、生命の樹に付与された番号の意味と同じものが反映されている。タロットをヘブライ・アルファベットやカバラと結びつける考え方は、ドイツ人イエズス会士の学者として幅広い分野に関心を抱いたアタナシウス・キルヒャーにまで遡ることができる。1601年頃に誕生したキルヒャーは、はじめは、科学、医学、哲学、古代文化に関心を寄せた。宗教的指導者からヘブライ語を学んだあとは古代エジプト文化に魅了され、最終的には、エジプトにこそさまざまな古代の神秘の起源があると考えるようになる。生命の樹をタロットに配当させる方法は、現代の儀式的魔術師やタロットの専門家たちに踏襲されている。

すでに述べたように、〈黄金の夜明け団〉の神秘主義者たちは、カバラを使ってタロットのカードに意味を割り当てた。とくに注目すべきは、生命の樹の番号つきのセフィラー(放射物)と同じ番号のカードを組み合わせたことだ。生命の樹は、吊された男のように空中に浮かび、逆さまに成長していく。最上部にあたるセフィラー1番のケテル(王冠)で、創造の火花が誕生。樹の根は天国に広がり、セフィラー10番のマルクト(地上の王国)に最終的な果実が実る。生命の樹のキーワードには次のようなものがある。

1. ケテル(王冠)

王冠——創造の最初の火花。ケテルは古代の占星術理論である原動天(プライム・モーバイル)と関連づけられており、現代の占星術師のなかには冥王星と関連づける者もいる。1番にかかわるタロットのカードは、大アルカナの魔術師(Ⅰ)、運命の輪(Ⅹ、1 + 0 = 1)、太陽(XIX、1 + 9 = 10 → 1 + 0 = 1)、全スートのエースで、純粋な可能性と、四大元素の最初の火花をあらわしている。

2. コクマー(叡智)

叡智——大いなる父(グレートファーザー)。コクマーは黄道十二宮全体と関連づけられており、現代の占星術師の

第5章 連想と照応

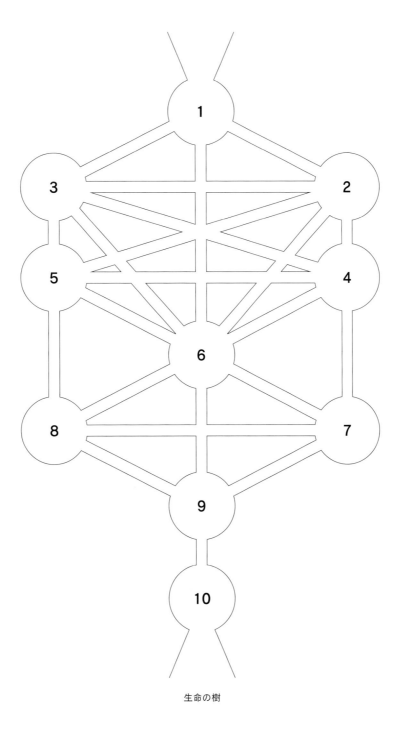

生命の樹

なかには海王星と関連づける者もいる。2番に関連するタロットのカードは、大アルカナの女教皇（Ⅱ）、力もしくは正義（ⅩⅠ、1＋1＝2）、審判（ⅩⅩ、2＋0＝2）、全スートの数札の2。コクマーはもっとも純粋な形をとった四大元素をあらわしている。

3．ビナー（理解）

理解——大いなる母（グレートマザー）。ビナーは土星と関連づけられている。3番に関連するタロットのカードは、大アルカナの女帝（Ⅲ）、吊された男（Ⅻ、1＋2＝3）、世界（ⅩⅩⅠ、2＋1＝3）、全スートの数札の3。

4．ケセド（慈悲）

慈悲／平和——ケセドは、寛容、意識拡大の旅、幸運の惑星である木星と関連づけられている。4番に関連するタロットのカードは、大アルカナの皇帝（Ⅳ）、死神（ⅩⅢ、1＋3＝4）、愚者（0もしくはⅩⅫ、2＋2＝4）、全スートの数札の4。

5．ゲブラー（峻厳）

峻厳／力／正義——必然的浄化。ゲブラーは無用になったものを取り除く破壊力と関係があり、争いと衝突の惑星である火星と関連づけられている。5番に関連するタロットのカードは、大アルカナの教皇（Ⅴ）、節制（ⅩⅣ、1＋4＝5）、全スートの数札の5。

6．ティファレト（調和）

調和／美——「息子」。ティファレトは、生命を育み、日没に"死を迎えて"は日の出とともに生き返る太陽と関連づけられている。6番に関連するタロットのカードは、大アルカナの恋人たち（Ⅵ）、悪魔（ⅩⅤ、1＋5＝6）、全スートの数札の6。

7．ネツァク（勝利）

勝利／永遠——ネツァクは、愛、美、創造的直観、芸術、優しさの惑星である金星と関連づけられている。7番に関連するタロットのカードは、大アルカナの戦車（Ⅶ）、塔（ⅩⅥ、1＋6＝7）、全スートの数札の7。

8．ホド（光輝）

栄光／光輝――ホドは水星と関連づけられているので、合理的思考、宇宙の秩序と結びつけられる。8番に関連するタロットのカードは、大アルカナの力もしくは正義（Ⅷ）、星（ⅩⅦ、1＋7＝8）、全スートの数札の8。

9．イェソド（基礎）

基礎――イェソドは月と関連づけられているので、夢、想像力、内省、自然のサイクル、繁殖力とかかわっている。9番に関連するタロットのカードは、大アルカナの隠者（Ⅸ）、月（ⅩⅧ、1＋8＝9）、全スートの数札の9。

10．マルクト（明示）

明示――王国――地球――「娘」。マルクトは地球と関連づけられており、実体のある現実、生きとし生けるものとかかわっている。10番に関連するタロットのカードは、大アルカナの運命の輪（Ⅹ）、魔術師（Ⅰ、1＝1＋0）、太陽（ⅩⅨ、1＋9＝10）、全スートの数札の10。

RUNES AND TAROT
ルーン文字とタロット

多くのリーダーたちは、占い（ディヴィネーション）に使用できる北欧のルーン文字（もしくはフサルク）に精通している。歴史家のなかには、ルーン文字は古代エトルリアを起源とし、交易路を経由して北ヨーロッパに広がっていったと考える者もいる。ルーン文字の知識がタロットの発展に一役買っているという説もあるが、確証に乏しく推測の域を出ない。ルーン文字とタロットの占い体系は明確に異なるものであり、両者のあいだに一対一の照応関係はない。にもかかわらず、ルーン文字とタロットには共通するいくつかの元型的イメージ（アーキタイプ）があり、もっとも説得力を持つのが、タロットの吊された男だ。逆さ吊りになった姿が、世界樹（ユグドラシル）に吊られてルーン文字の秘密を学んだとされる北欧神話の最高神オーディンの姿を彷彿とさせるのだ。

CHAPTER SIX

第6章

Reversals and Dignities

逆位置とディグニティ

Tarot Inversions

逆さまのカード

　シャッフルをしてカードを無作為に混ぜると、スプレッドにしたがって並べたときに上下が逆の状態であらわれるカードがある。逆位置、もしくは、逆向きのカードの解釈については、どの本でも取り上げられている。資料として際立っているのは、メアリー・K・グリア著『タロットの逆位置全書（Complete Book of Tarot Reversals）』だろう。カードの向きには頓着せず、すべてを正位置のものとして解釈するリーダーもいるが、逆さまの状態は無視できないと考えるリーダーもいる。この章では、逆位置のカードについての見解をいくつか紹介するので、その解釈を採り入れるかどうかは自ら検証を行ったうえで決めてもらいたい。

　基本的な原則を言えば、逆さまになっただけではカードの本質的な意味は変わらない。変わるのはその人の認識の仕方で、本来のものとは反対の意味でそれを受けとっていると考えるべきだ。部屋のなかで逆立ちしたからといって、その部屋自体が変わるわけではない。ただし、逆立ちをする過程で周囲の認知の仕方には変化が起こる。言い換えれば、部屋そのものは同じでも、あなたはそれまでとは違う感覚でその部屋を体感しているということだ。

逆さまの状態はカードの格式を損なうか？
Is it Undignified for a Tarot Card to stand on its head?

　私は自著の『*Tarot Beyond the Basics*（基礎を習得した人のためのタロット）』で、冗談半分に、逆位置のカードを逆向きのトイレットペーパーになぞらえた。ロールの上部から紙が垂れている状態が好きな人もいれば、ロールの下から紙を引っ張るほうが好きな人もいるからだ。[20] ロールの向きがどうであろうと、トイレットペーパーとしての機能に変わりはない。ただし、タロットの場合はカードが逆さまだと現状を見きわめるのがより難しくなるので、カードの意味をよりくわしく評価するために位置を調整する必要があるかもしれない。同様に、逆位置のカードは、そのとき起こっていることを評価するには状況に応じた調整や余分な労力が必要になると示唆しているとも考えられる。

　試しにカードを見てみよう。タロット・デッキのなかから16番の塔のカードを探し出してほしい。

ルウェリン社の『クラシック・タロット』の場合は、落雷で打ち砕かれた塔が描かれている。塔で暮らすふたりの住人は、眼下に広がる岩山に真っ逆さまに落ちていく。神話の世界では、雷というのは神々が好んで使う武器であり、下界で暮らす人間たちに不快感を示すために稲妻をお見舞いする。ギリシア人の哲学者ヘラクレイトス（紀元前540-470年ごろ）は、天空神であるゼウスは宇宙の摂理をあらわし、ゼウスの雷（いかずち）は万物の流れを操る天与の力を象徴すると考えていた。

この神話を前提にすれば、塔のカードが逆位置であらわれた意味の構築が可能になる。ふたりの住人は、精神的原則や神の掟に配慮せずに巨大な建造物をつくった。その結果、神（ギリシア神話の場合はゼウス）は、塔を破壊することによって教訓を学ばせ、ふたりが自分たちの精神的生活を見つめなおして新たな道を歩むように促そうと考えた。

塔のカードを逆さまにすると、同じ状況を異なる視点で眺められる。逆さまの図柄では、岩山はふたりの頭上に広がり、稲妻はふたりの足元にあたるカードの左下から飛び出している。ふたりはカードのてっぺんに広がる岩棚を見上げているので、この危険な稲光は目に入っていない。雷が象徴する神の不快感にも気づいていない。つまり、ふたりは重要な精神的メッセージを見逃していて、困難な状況から得られる教訓も学びそこねている。

以上は、このカードに描かれている正位置と逆位置の塔から私が受ける印象だ。試しに、塔のカードを正位置で見てから逆さまにしてみてほしい。向きを変えただけでカードに対する認識がどう変わったか、ノートに記録しておこう。時間をかけて、一枚一枚のカードに対して同じ実験をして、感じたことをタロット・ノートに記録してみてほしい。リーディングで逆位置のカードがあらわれたときは、逆位置のカードの意味がクライアントの人生でどう展開していったかを記録しておこう。最終的には、それぞれのカードの正位置と逆位置の意味が蓄積された有益な実録集ができあがるはずだ。

第6章　逆位置とディグニティ

※20／米国で1891年12月22日に出願された特許番号465、588によれば、トイレットペーパーの考案者は"下から"よりは"上から"の使用を意図していた（使用目的の略図は次を参照。www.today.com/home/toilet-paper-over-or-under-debate-resolved-1891-patent-t9776）

逆位置の塔

　タロットの関連書籍には、逆位置のカードが意味するものについての見解があふれている。多くの研究家たちは、リーディングを行う前に、逆位置のカードにどんな意味を持たせたいかを決めておくよう勧めている。そうしておけば、スプレッドに逆位置のカードがあらわれても混乱せずにすむだろう。逆位置のカードが意味するものについて一般的に言われていることをいくつか紹介しておこう。

- 正位置のときのものと正反対の内容を意味している
- 遅延、阻害、妨害
- いま起こっていることの評価にてこずっている
- 現状と折り合いをつけるために調整を行う必要がある
- 正位置のカードのエネルギーの激しさや有効性が弱まる
- 正位置のカードの影響力から解放される
- その前に読んだカードの教訓に戻る必要がある（オーストラリアの心霊科学協会会長ポール・フェントン-スミスの意見）
- 正位置のカードの明白な意味や意識された意味に反するものとして、秘密の要素や無意識の要素が潜んでいる
- たとえば、エテイヤやアーサー・エドワード・ウェイトといった重鎮たちが書き残しているとおり、逆位置には特別な意味がある（容易に参照できるよう、本書ではそれぞれの

第6章　逆位置とディグニティ

カードをくわしく解説した頁で、古典的な解釈も紹介している）

私は長年にわたって逆位置を採用してきたが、ここ最近はすべてのカードを正位置の状態にするのを好むようになった。その際には、肯定的なものも否定的なものも、可能性があるすべての意味を考慮に入れるようにしている。カードの種類にかかわらず、象徴されるエネルギーは建設的な方法でも有害な方法でも利用することが可能なのだ。否定的なものになりかねない正位置のカードの使い方も含め、カードに込められた意味を余すところなく言及していくことで、自分の人生で起こっていることに責任を持つ力をクライアントに与えることが可能になる。

Caveat about Reserved Card Meaning

逆位置のカードの意味についての警告

カードの意味について解説した章では、それぞれのカードの正位置と逆位置についての解釈を可能な限り記しておいた。ただし、そこに書かれた内容を鵜呑みにしないでほしい。これは、私が逆位置を採用しなくなった理由のひとつでもあるのだが、逆位置のカードの意味として認識されている内容が正位置のカードにも備わっていることは珍しくなく、その逆もまたしかりである。本書の説明を読むときは、カードの向きにかかわらず、正位置と逆位置のどちらかの"意味"が当てはまる可能性があることを念頭に置いておいてほしい。

On Tarot Dignity

カードのディグニティ

　タロットのカードに"格式(ディグニティ)"があるという考え方は、〈黄金の夜明け団〉に由来するものであり、その根拠とされているのが四大元素の哲学だ。ディグニティにまつわる話題で引き合いに出されるのは、スプレッドにあらわれた他のカードとの関係における順位や相対的な重要性だ。この話題は少々複雑なものになるきらいがあり、タロットになじみのない読者は、この項をもう少しカードの知識を得てから再読したいと考えるかもしれない。

　これまで見てきたとおり、タロットのカードは一枚一枚を古代の四大元素のひとつに割り当てることができる。このあとくわしく説明していくが、元素の組み合わせによって、問題のカードがそれぞれのディグニティにどのような影響を及ぼすか決まってくる。改めて次を確認してほしい。

- 火　＝　ワンド
- 水　＝　カップ
- 風　＝　ソード
- 地　＝　ペンタクル

　大アルカナの場合は、それぞれのカードが四大元素のいずれかに割り当てられている。この割り当てについては、10章の大アルカナのカード解説で確認できる。〈黄金の夜明け団〉では、スプレッドの解釈のために、カードのカウンティングと四大元素の相互作用を評価する手法とを組み合わせて、スプレッドにあらわれたそれぞれのカードのディグニティや相対的な重要性を判断していた。はじめに、カード・カウンティングに目を通してみよう。

カード・カウンティング
Card Counting

　逆位置や複雑なスプレッドを採用する現代のリーダーたちと違って、〈黄金の夜明け団〉では、すべてのカードを正位置の状態で一列にレイアウトしていた。彼らは、クライアントのシグニフィ

ケーターを起点としてカードを読んでおり、その際に、シグニフィケーターが向いている方向にカードを数えるカード・カウンティングと呼ばれる手法を用いていた。このやり方では、それぞれのカードに次の数値を割り当てる。

・エースは5として数える（クロウリーはエースを11として数えていた）

・キング、クイーン、ナイトは4として数える

・ペイジは7として数える

・数札はそれぞれの番号を数える

・大アルカナの場合、黄道十二宮のサインに割り当てられているカードは12、惑星に割り当てられているカードは9、四大元素に割り当てられているカードは3として数える

・起点となるカードが1番目のカードとしてカウントされる

　カード・カウンティングの具体例を見てみよう。まず、クライアントのシグニフィケーターがワンドのナイトだと仮定する。ルウェリン社の『クラシック・タロット』では、ワンドのナイトは左を向いているので、カウントは左方向に行われる。カードがナイト（4として数える）で左を向いているので、ワンドのナイトを1番として左に向かって4番まで数えることになる。
　次の7枚並びのカードを例にして考えてみよう。

カップの9	カップの2	ソードの5	塔	ワンドのナイト	ペンタクルのエース	ソードの3
（水）	（水）	（風）	（火）	（火）	（地）	（風）
	4	3	2	1		

←

　シグニフィケーターであるワンドのナイトを1番として左に4つ数えていくと、4番目はカップの2になる。このカードは、クライアントが恋愛関係や親密なパートナーシップを気にかけていることを示唆している。

四大元素のディグニティ
Elemental Dignities

〈黄金の夜明け団〉では、隣り合った2枚のカードがどのような相互作用を起こすのか、さらには、3カード・スプレッドで、両脇のカードがどのような相互作用で中央のカードのディグニティに影響を及ぼすのかを決定するのに、四大元素のディグニティの仕組みを利用していた。基本的な原則は次のとおり。

・2枚のカードが同じ元素だった場合は、互いの影響力を著しく高める

・火(ワンド)と水(カップ)は反発し合い、互いの影響力を著しく弱める(ギリシアの哲学では、火は熱くて乾燥しているのに対し、水は冷たくて湿っている。したがって、火と水には共通の属性がなく、互いに相容れない元素である)

・地(ペンタクル)と風(ソード)は反発し合い、互いの影響力を著しく衰退させる(ギリシアの哲学では、地は冷たくて乾燥しているのに対し、風は熱くて湿っている。したがって、地と風には共通の属性がなく、互いに相容れない元素である)

・反発し合うことのない元素の組み合わせは、基本的な属性(熱、冷、湿、乾)のいずれかが共通しているため、互いの影響力をゆっくりと高める

四大元素の属性
Qualities of the Elements

・火 ＝ 熱 ＋ 乾
・水 ＝ 冷 ＋ 湿(流体)
・風 ＝ 熱 ＋ 湿(流体)
・地 ＝ 冷 ＋ 乾

次の表は、それぞれの元素の関係性を図にしたものだ。

- 「熱」は「冷」と対立する
- 「湿」は「乾」と対立する
- 火（ワンド）は水（カップ）と相容れない
- 風（ソード）と地（ペンタクル）は相容れない
- 風（ソード）と火（ワンド）は「熱」の属性が共通している
- 風（ソード）と水（カップ）は「湿」の属性が共通している
- 地（ペンタクル）と火（ワンド）は「乾」の属性が共通している
- 地（ペンタクル）と水（カップ）は「冷」の属性が共通している

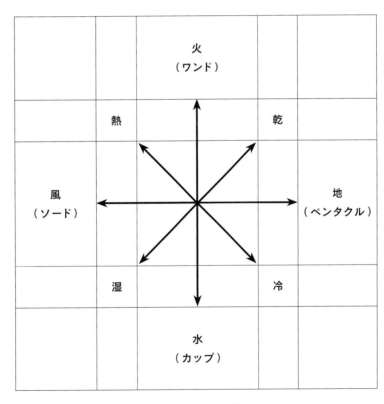

四大元素の基本属性

〈黄金の夜明け団〉の手法では、それぞれのカードは両隣のカードによって性質が改められる。したがって、同じスートのカードに挟まれた場合は、中央のカード本来の力が良くも悪くも著しく強くなる。相容れないスートのカードに挟まれた場合は、カード本来の力が良くも悪くも著しく弱まることになる。それ以外のスートの組み合わせでは、それぞれの元素の基本的特質のひとつが共有されることで、媒介の効果が生じる。その効果は、強調されたものを受けとるほうの属性に反映される。次を参照してほしい。

- 「熱」は上昇し、拡大し、速度を増し、刺激を与え、活気づけ、上方や外側に動く
- 「冷」は沈み、収縮し、速度を落とし、遅延をもたらし、沈静化し、冷やし、下方や内側に動く
- 「湿」は流れ、融合し、順応し、結びつき、柔軟で、不明確で透過性の境界を持つ
- 「乾」は硬化し、変化に抗い、区別をつけ、本質に還元し、硬直し、固定して、明確に定められた境界を持つ

ディグニティの決定：例1
Determining Dignity : An Example

カップの9 ── カップの2 ── ソードの5 ── 塔 ── ワンドのナイト ── ペンタクルのエース ── ソードの3
（水）　　　　（水）　　　　（風）　　　（火）　　（火）　　　　　　（地）　　　　　　　（風）

　前述の7枚並びのレイアウトを例にすると、リーディングで、塔（火）のカードがどのような影響をもたらすか知りたくなるかもしれない。塔（火、熱＋乾）はソード（風、熱＋湿）とワンド（火、熱＋乾）に挟まれているので力が高められているが、両側が火のカードだったらその影響力は圧倒的なまでに増強されていただろう。塔の左側にある風のカードの「湿」が、右側にある火のカードの「乾」を打ち消す一方で、風のカードにある程度備わる「熱」が塔に備わる火の要素を増強する。このリーディングでは、クライアントの身にささやかな破壊をもたらす想定外の出来事が起こることが予想されるが、それは、わずかに強化された（あるいは、"より熱くなった"）塔のカードによって象徴されている。

ディグニティの決定：例2
Determining Dignity : A Second Example

カップの9	カップの2	ソードの5	塔	ワンドのナイト	ペンタクルのエース	ソードの3
（水）	（水）	（風）	（火）	（火）	（地）	（風）
	4	3	2	1		

　2番目の例として、カップの2について考えてみよう。カード・カウンティングの手法では、このカードはクライアントのシグニィフィケーター（ワンドのナイト）から導かれた最初のカードだった。このスプレッドでは、カップの2（水、冷＋湿）は、カップ（水、冷＋湿）とソード（風、熱＋湿）に挟まれている。左側のカップの「冷」は右側のソードの「熱」を打ち消し、残った分の「湿」の属性が、カップの2に備わる「湿」の属性を高めている。したがって、ワンドのナイトが"湿った"流れと同調して、"より湿った"カップの2に示唆される関係で自身の属性を失うと予想できるかもしれない。

〈黄金の夜明け団〉によるディグニティ決定の事例
An Example of Dignity from the Golden Dawn

　最後に、〈黄金の夜明け団〉の年史に残されている例を見てみよう。ここでは、通常は好ましいカードとされるカップの10が、3カード・スプレッド――ワンドの10、カップの10、ソードの5――であらわれたときに否定的な影響力を持つものとみなされている。このスプレッドでカップの10を挟んでいる2枚のカードには、カップの10が意味する喜びを、それを手に入れるまでの痛みや困難に見合わないものに転換させる効果がある。では、〈黄金の夜明け団〉は、どのようにしてこの結論に至ったのだろう？

ワンドの10	カップの10	ソードの5
（熱＋乾）	（冷＋湿）	（熱＋湿）

　カップの10（水、冷＋湿）は、左側のワンド（火、熱＋乾）と、右側のソード（風、熱＋湿）に挟まれている。ワンドの「乾」はソードの「湿」を打ち消し、ふたつの「熱」が過剰な状態で残っている。このふたつの過剰な「熱」が、カップの10の「冷」を打ち消し、スプレッドの中央に「熱」

と「湿」が残る。そうなると、カップの10がソードの10（熱＋湿）のような働きをすることになり、カップの10が意味する普通の喜びが、痛みを伴わなければ達成できないもの（ソードの10）になってしまう。言い換えると、カップの10は幸福という本質的な意味を持ちつづけているのに、ソード（熱＋湿）が意味する痛みと苦しみがその幸福に修正を加えている格好だ。

　四大元素のディグニティを利用するかどうかは、リーダーの性格によって変わってくる。カードを読むときに、数学的なこの手の分類法を楽しめるリーダーもいれば、負担に感じて、もっと直観的なリーディングを行いたいと感じるリーダーもいる。これは趣向と好みの問題だ。

　四大元素のディグニティを考慮しない、つまりは、〈黄金の夜明け団〉の知的訓練ともいうべきアプローチを回避して、同様の解釈に行きつくことは可能である。まったく同じ3カード・スプレッドを目にした場合、直観的なリーダーだったら、ワンドの10は耐えがたい重荷を、ソードの5は痛々しいまでに屈辱的な状況を示しているという結論を下すかもしれない。カップの10はこの2枚の厳しいカードに挟まれているので、カップが約束してくれる喜びは、緊張感を漂わせる両脇のカードに損なわれてしまうおそれがある。

第6章 逆位置とディグニティ

CHAPTER SEVEN

第 7 章

HOW TO ASK A QUESTION OF TAROT

タロットへの問いかけ方

GARBAGE IN, GARBAGE OUT
ごみを入れればごみしか出てこない

　コンピュータ・サイエンスの分野でおなじみの言い回しがある——「ごみを入れれば、ごみしか出てこない」だ。タロットに質問を投げかける方法についても同じことがいえる。よく考えられた、答えを制限されない質問は、リーディングで有益な答えを得るための必要条件だ。この章では、尋ねたいことを言葉で表現するためのさまざまな方法を見ていくが、そのなかには、生産的なものもあれば、曖昧で、役に立ったとは言い難いリーディングに行きついてしまいそうなものもある。

THE ORACLE AT DELPHI
デルフォイの神託

　まだタロットが誕生していない遙かな昔、古代の地中海地方の人々はデルフォイの神託に助言を求めていた。軍の将軍や国の指導者たちは、重要な決定を下す前に必ずアポロン神の地上での代理人にお伺いを立てた。古代ギリシアでは、アポロン神には未来を予言する力があり、デルフォイ神殿の巫女に特別な能力を授けると考えられていたのだ。

　名のある者も市井の民も、デルフォイ神殿という聖域に群がり、アポロン神の巫女に拝謁するために多額の金銭を支払った。巫女は金銭を徴収すると、神殿の奥の部屋に入っていって祭壇に座り、地面の亀裂から立ち上る薬物の蒸気を深々と吸い込んだ。巫女はすぐにトランス状態に陥り（現代だったら、トリップ状態と表現するだろう）、人心には理解できないことを口から発しはじめる。このとき口にされたものが、アポロン神の心から直接伝送された未来の光景だと推定された。幸いなことに、同席していた神官たちには巫女の発語を日常の言語に翻訳する能力があったが、そのやり方は常に問題をはらんでいた。

第7章　タロットへの問いかけ方

　神意は人知を超えた方法であらわれる。人間から言わせれば、デルフォイの神託にはどうとでもとれる曖昧さがあり、二重の意味が溢れ、矛盾する解釈が可能なように思えた。にもかかわらず、デルフォイの神託は100％正しいという評判を得ていた。たとえば、軍の将軍が迫り来る戦いについて質問したときに、神託がこんなふうに答えたとしよう──「偉大な将軍が勝利者となるだろう」それを聞いた軍の指揮官は出陣し、兵力をかき集め、戦略を練り、偉大な将軍には勝利が約束されていると確信して戦場に身を投じるだろう。ところが、この神託では、戦いに勝つのがどの将軍なのか特定されていないのだ。

　懐疑論者は、デルフォイ神殿の神官は単なる詐欺師で、ほとんど価値のないものと引き換えにだまされやすいクライアントから金銭を搾りとっていたと結論づけるかもしれない。もう少し洗練された視点から批判する人は、この物語をアポロン神の叡智の証拠とみなすかもしれない。アポロン神は、明確な未来の光景を示してしまうと信奉者が自分の行動に責任を負わなくなり、結果的に、自らの手で運命を選びとるだけの精神的な成長を遂げられなくなることを知っているからだ。

The Wisdom of Modern Physics
現代物理学の叡智

　デルフォイの神託の時代とくらべると、現実(リアリティ)の本質についての見識は劇的な変化を遂げた。現代物理学では、素粒子の領域や多元宇宙が論じられている。科学的な方法では、現実(リアリティ)にまつわる理論は仮説にすぎないことが暗示されている。つまり、人類が経験値を上げて新たな知識を蓄えれば正しいとされる理論そのものが変化していく可能性が高いということだ。

　高名な物理学者のヴェルナー・ハイゼンベルク（1901-1976）がこんなことを言っていた（太字は著者による）。「**われわれが観察しているのは自然そのものではなく、われわれの質問の手法でつまびらかにされた自然である**……われわれが知っている言語で質問を投げかけ、われわれが自由に使える手段で実施される実験を通じて答えを得ようとしている」[21] ハイゼンベルクの言葉をタロットに当てはめてみると、

カードのリーディングとは私たちの質問の手法であり、受けとる答えは、私たちが知っている言語や、私たちが自由に使える手段に応じて変わってくる。ハイゼンベルクの表現を借りて、質問を構成する3つの要素を見てみよう。

① 質問の手法
The Method of Questioning

　私たちの質問の手法には、現実的な要素と漠然とした要素が入り交じっている。当然ながら、カードをシャッフルしたあとで一連のカードを無作為に選ぶためにはタロット・デッキが必要だ。デッキをカットして、何枚かのカードを決まった型にしたがって並べていく。次に私たちが試みるのは、それぞれのカードとカード同士の関係を解釈して、占いとしての洞察にたどり着くことだ。目には見えないことではあるが、ここで絶対に欠かせないのは、カードは答えてくれると心の底から信じて質問を口にすることだ。クライアントやリーダーが有益な回答を得るという目的に真剣に取り組まないと、タロットによる占いは単なるお茶会の余興で終わってしまう。真摯な姿勢が肝心だ。ごみを入れればごみしか出てこない。母なる自然をもてあそぶのは得策ではない。

② 私たちが知っている言語
The language we possess

　タロットのリーダーが使用するのは、シンボリズムという言語だ。タロットの言語は、神話のシンボル、夢、聖書の物語、宗教、詩、文学、音楽、深層心理学、個人的体験、集合的無意識、さまざまな秘教的伝統（占星術、カバラ、数秘術、錬金術、儀式用魔術など）に根差している。ライダー・ウェイト＝スミス版タロット・デッキの知性の父であるアーサー・エドワード・ウェイトは、「真のタロットとはシンボリズムだ。したがって、別の言語を話すことも、別のサインを提示することもない」[※22]と書いている。この意味で言うと、タロットという手段を用いた質問は、数学という言語に頼った科学的手段を用いる質問とは異なることになる。本書の内容の大部分は、タロットという象徴的言語の探求にあてられている。

③ 私たちが自由に使える手段
The Means at Our Disposal

　私たちが自由に使える手段とは、真摯な姿勢、タロット・デッキ、瞑想に適した静かな環境、神話、文学、心理学、世界のさまざまな宗教の根底にある元型的(アーキタイプ)シンボリズムに対する理解で成り立っている。象徴を活用して人生に意味を与える人類の能力は、人間という哺乳類がほかの生物と一線を画す理由になっている。端的に言えば、タロットは、私たちを真に人間たらしめている心の部分と私たちを結びつける役目を果たしているのだ。

※21／ヴェルナー・ハイゼンベルク『現代物理学の思想』（みすず書房刊）www.todayinsci.com/ H/ Heisenberg_Werner/ HeisenbergWerner-Quotations.htm（2015年4月22日現在）。
※22／アーサー・E・ウェイト『タロット図解』（魔女の家BOOKS刊）。

WHAT KINDS OF QUESTION ARE BEST AND LEAST SUITED TO TAROT?

ふさわしい質問とふさわしくない質問

　そう昔のことではないが、レイチェル・ポラックが主催する週末のワークショップに参加したことがある。ポラックが1980年に発表した『タロットの書　叡智の78の段階』（伊泉龍一訳 フォーテュナ刊）は、英語圏で慣習化していたタロットの手法を変えてしまうほどの影響力を持つ本だった。レイチェルはカンファレンスの最中に、自分とメアリー・K・グリーアは1980年代に「タロットを吉凶判断の道具の座から救い出した」と発言している。それ以前のタロットの利用方法は、もっぱら、運勢占い(テリング・ザ・フューチャー)に重点を置いたものだった。

　タロットが吉凶判断に使われていた時代のクライアントといえば、イエスかノーかで答えられる質問をして（「試験に合格するでしょうか？」）、自分の代わりにカードに決断を下してもらい（「貧乏くじを引きそうな仕事を受けるべきでしょうか？」）、特定の出来事が起こる正確なタイミングを尋ね（「いつ結婚できるでしょう？」）、他人の行動を探り（「私の恋人は浮気してますか？」)」、自分の身に起こることを具体的に調べ（「私の未来の伴侶はなん

という名前でしょう？」）、医療、法律、投資にかかわる助言を求めていた（「アップルの株は買う価値があるでしょうか？」）。現代では、その類の質問は、『プチ・ルノルマン』のような吉凶判断（フォーチューン・テリング）に特化したデッキに尋ねるほうがいいだろう。

　その一方でタロット・デッキは進化を遂げ、人の直観に働きかけ、人の動機を理解し、洞察を得て、自由な発想を促すためのツールとなった。タロットを利用をする際の焦点も、全体像をつかみ、問題を明確化し、自分の人生に責任を持つためのものに変化した。かつての吉凶判断としての側面は、クライアントに力を付与し、詳細な情報を与えた上で決断してもらうという現代のアプローチにはそぐわない。それどころか、現代のリーダーの大半は占い師（フォーチューン・テラー）として扱われたくないと思っている。

　現代的な視点に立ってみると、もっとも有益な質問とは、クライアントが現状を具体化して、決断を下すにあたって関連する問題への新たな洞察を得られるような、答えを制限されない質問である。タロットは、私たち（リーダーとクライアント）が自分の直観に働きかけ、内なる叡智にアクセスすることを可能にするツールとして活躍する。答えを教えてくれるのは、カードではなく私たちなのだ。第35代アメリカ大統領のジョン・F・ケネディふうに言えば、吉凶判断の問いかけが「私の未来はどうなるのでしょう？」に焦点を置いていたのに対し、励ましを目的とした現代のタロットでは、「未来を動かすために、私になにができるだろう？」という問いかけに焦点が置かれている。

　より益の大きい質問を考えるとすれば、たとえば、次のようなものではないだろうか。

・いまの状況について賢明な決断を下すには、どんなことを知っておく必要があるでしょう？

・特別に注意を払っておくべき問題はあるでしょうか？
　私が見て見ぬふりをしているのはどんなことでしょう？

・この状況下で少しでも好ましい結果を出すために、私になにができるでしょう？

・どのような行動が、自分自身の最大利益を損なうことにつながるでしょう？

・いま起こっていることについて、私はどんな役割を果たしているのでしょう？

- 私が「これこれしかじかのこと」を成し遂げたいと望んだ場合、最善の戦略とはどんなものでしょう？　絶対に避けたほうがいいことは？

- この状況下で、どうすれば自分の可能性を高めることができるでしょう？
  次に打つべき有効な一手とは？

- 目標達成のために正面から向き合う必要がある障害とはなんでしょう？

- いまの状況について真っ先に知っておくべきこととはなんでしょう？
  私にはっきり見えていないことは？

- いまの状況や過去の過ちから、なにを学ぶことができるでしょう？

- 自分の道がもっとはっきり見えるように、自分の動機を理解するための力を貸してください

- この道を進んでいったら、いまの状況はどんなふうに展開していくでしょう？

- 全般のリーディングの場合：
  人生のこの時期に、私が意識を集中させるべき問題とはなんでしょう？

CHAPTER EIGHT

第8章

HOW TO READ WHAT IS WRITTEN IN THE CARDS

タロット「読み」方

TAROT AS AN ART

術（アート）としてのタロット

　タロットは医術と同じで、ひとつの術（アート）である。どんな技能であろうと、生徒は基礎となる科学的知識とその分野に必須のスキルを学び、学んだことを実践しなくてはならない。本質的に、タロットのカードは、リーダーが解釈して物語を語っていける一連の図柄をあらわしている。私たちが自らを語る物語が自己像を形づくり、人生の歩み方に影響を及ぼしていくというのが基本的な前提だ。タロットのリーダーは、カードに描かれた図柄に声を与えることで、クライアントが思いを巡らせることができる物語を提供する。一連の図柄を言葉で表現することの重要性については、言語学者のフェルディナン・ド・ソシュール（1857-1913年）が日常生活における言葉の役割に関して記した文章でも確認できる。

「言葉とは、単なる音声のラベルでも、すでに決定している物事の秩序につけ足されたコミュニケーション用の付属物でもない。言葉とは、社会的交流から生まれた集合体の産物であり、人類が自分たちの世界を構成したり統合したりするのに必要不可欠な道具である」[23]

※23／ロイ・ハリス『言語、ソシュールとウィトゲンシュタイン（Language, Saussure and Wittgenstein）』（1988年）。

GOD LOVES A GOOD STORY

神が愛するのは面白い物語

　遠い昔、東ヨーロッパの辺鄙な村で小さなコミュニティを築いていたユダヤ人たちが、厄介な問題を解決してもらおうと、宗教的指導者に助けを求めた。ラビは誠実な人間だったので、森のなかの聖なる場所へ赴くと、聖なる火を焚いて、特別な祈りを捧げた。それから、神に村の窮状を語って聞かせた。その直後、ラビには、問題を解決する方法がはっきりと見え

たのだった。

　世代交代がくりかえされたあと、村は再び困難な状況に置かれてしまう。村人たちは慣習にならってラビを頼ったが、特別な祈りを捧げるために森へ行ったラビは、すぐに、聖なる火を焚くための伝統的な手法が歴史のなかで失われてしまったことに気づく。それでもなお、ラビは村の物語を神に語って聞かせ、問題を解決するための助言を授かったのだった。

　数百年が過ぎ、村は再びラビに救いを求めた。新任のラビは森へ行ったものの、もはや、聖なる場所も聖なる火の焚き方も覚えていなかった。特別な祈りの文句さえ忘れてしまっていた。それでも、村の物語を神に語って聞かせた。すると、すぐに状況を改善する方法についての叡智で満たされた。聖なる導きが得られると心の底から信じて物語を語って聞かせるという行為そのものが、この癒やしの儀式になくてはならない要素だったのだ。

　こういったユダヤ教超正統派の伝承にくわしい作家のラミ・M・シャピロは、こう説明する。

「人間とは物語を語る生き物だ……口にする物語が私たちを精錬し、指導し、創りあげる。物語なしには、私たちは存在しない……私たちの物語は私たち自身であり……あなたが語る物語が、人生で起こるさまざまな出来事からあなたが抽出していく意義を決定する」[※24] タロットもまた物語を語る儀式であり、語り直したり、ときには自身の癒やしとなる方法で内容に変更を加えたりすることさえ容認されている。ジェーン・スターンが著書の『あるタロット・リーダーの告白（*Confessions of a Tarot Reader*）』で、物語を語るときの取り組み方について解説している。スターンは、大アルカナのそれぞれのカードが持つ元型的(アーキタイプ)な意味を説明するために、大勢のクライアントに自分の実体験を語って聞かせているそうだ。

※24／ラミ・M・シャピロ『ユダヤ教超正統派の伝承（*Hasidic Tales*）』（2003年）。

THE SECRET TO READING CARDS

リーディングの秘訣とは

　カードに書き込まれた内容を読みとる行為は、充分な研究と実践の両方があって習得できる技能だ。タロットを用いる占い(ディヴィネーション)では、カードに描かれた図柄を利用して、クライアントと関連性を持つ物語を語っていく。リーディングとは本質的に神話を創作するひとつの形態であり、それが古代の物語のように機能することで、自分の体験を理解して人生に意味を持たせることを可能にしてくれる思想、感情、表象にアクセスできるのだ。そういった元型的な表象(アーキタイプ)へのアクセスを容易にすることこそが、リーディングという行為の要である。

　批判的な人はこう反論するかもしれない――「リーダーは物語をでっちあげ、それがたまたまクライアントの関心事と結びついただけではないか」。これはある程度まではもっともな主張だが、ほとんどのリーダーが体験するとおり、深い関連性を持つカードは往々にして神秘の力を感じさせる形であらわれるものなのだ。

　タロットの力とは、それぞれのカードが、私たち全員が人生のどこかの時点で体験したかもしれない元型的(アーキタイプ)な状況をあらわしているという事実にある。リーダーとクライアントが共働してこういった元型(アーキタイプ)に想いを馳せることができる場をつくりあげれば、優れたリーディングはほぼ必ずと言っていいほど本人にとって大きな意義を持つ問題に言及するものとなり、ユダヤ教のラビの物語がそうだったように、癒やしの可能性を秘めたものになる。

　批判的な人々からはこれに対しても、「元型(アーキタイプ)の理論とは科学的な裏づけがないに等しい空想的な憶測にすぎない」という反論が返ってくるかもしれない。興味深いことに、ジョージア州のエモリー大学で最近行われた研究では、私たちが祖先と共有する体験の記憶はDNAを介して伝達された可能性があることが明示されている。たとえば、ある特定の匂いを恐れるように訓練されたマウスはその恐怖心を世代を超えて伝えていくため、このマウスの子孫たちは似たような状況に備えてより周到な準備ができるようになると推測されるのだ。エモリー大学のブライアン・ディアス教授はこう説明する。「この実験結果から、子供を宿す前のものだったとしても、親の体験がどのようにして後の世代の神経系の構造と機能の両方に際立った影響を及ぼすのかを評価できるようになるのです」※25

　それでは、タロットを使って物語を語る技能はどうやって習得すればいいのだろう？　タ

ロットの歴史の第一人者として知られるポール・ヒューソンは、リーディングの秘訣はカードそのものではなく**占いを行う人間に宿る**と考えている。「私が見るところ、トランプ占いのルールや規定はさまざまな起源のものの寄せ集めであり、個人的には、成功の秘訣は占い師本人に内在しているという見解を持っている。実のところ、カードを読みたいと思うのなら、ただ自由に行えばいいというわけではなく、独自のメソッドを考案すべきだと考えている……」[26]

[25]／《ギャラクティック・フリー・プレス》（2015年4月5日号）「祖先から受け継がれた記憶があることが科学的に証明されようとしている」より *soundofheart.org/ galacticfreepress/ content/ science-proving-some-memories-are-passed-down-our-ancestors*（2015年5月5日現在）。
[26]／ポール・ヒューソン本人のウェブサイトより引用 *www.paulhuson.com/*

第8章　タロット「読み」方

A Storytelling Example

具体例

物語を語るテクニックを説明するために、次のリーディングを検討してみよう。これは、「専攻学科の心理学を極めるために大学院に進むべきでしょうか」と質問してきた女子学生のために行ったものだ。彼女は、ある助言者から心理学の分野では年々競争が激化していると警告され、博士号を取得してもほとんど需要がないのではないかと悩んでいた。私たちは3カード・スプレッドを選び、彼女が引いたのは、ワンドの5、ペンタクルの7、ソードのペイジだった。

左から、ワンドの5、ペンタクルの7、ソードのペイジ

最初のワンドの5には、夢中になって競い合う5人の若者の姿が描かれており、女子学生がリーディングを依頼する気になった状況がきわめて密接に反映されている。2枚目のペンタクルの7に描かれている若い農夫は、作業を中断して作物（7つのペンタクル）の状態を調べ、今後はどんな目標に労力を費やそうかと計画を練っている。3枚目のソードのペイジは、往々にして、クライアントが聞きたくない知らせや助言を予期したり受けとったりしたときにあらわれるカードだ。このペイジは高い知能の持ち主で、賢く、才能にあふれている。ど

うやらタロットは、女子学生は実際に厳しい競争に直面しており、今後の戦略については、知性や心的資源を活用して慎重に計画を立てる必要があると言っているようだ。女子学生はこの解釈をじっくり噛みしめると、もう1枚カードを引いてソードのペイジが暗示するものを明確にしたいと言って、ペンタクルの3を引いた。

　ペンタクルの3に描かれているのは、芸術作品をつくりあげようと精を出す若い職人で、自分の作品に敬意を払って、その熟練の技に充分な謝礼を払うつもりでいるふたりの人間と協力しながら作業を進めている。タロットは、まずは技能を習得してから、「勤勉でその道のプロ」という評判を確立しなさいと助言しているようだ。

ペンタクルの3

The Cards as Living Entities
命あるものとしてのカード

　悪名高きオカルト主義者アレイスター・クロウリーは、タロットの習得を新しい友人のグループをつくることにたとえていた。クロウリーは、カードを生きた人間とみなすことで、学習者がタロットという実在物と個人的な関係を築くことができる手法を提案している。個々のカードを命ある存在とみなすのはいささか奇異に思えるかもしれないが、タロットは集合的無意識の普遍的元型（アーキタイプ）をあらわすというユング派の見解とそれほど大きな違いはない。

　クロウリーは、タロットが威力を発揮する様子を充分な時間をかけて注意深く観察していれば、初心者でもカードを正しく評価できると信じていた。言い換えれば、カードに関する経験が豊富で、カードを知覚力を持った存在であるかのよう扱えば、タロットに対する理解は

深まるということだ。カーネギー・ホールにたどり着くにはどうすればいいのだろう？ 練習、練習、練習あるのみだ！

クロウリーは、カードを単なる物体とみなしている限りはいくら熱心に研究しても充分ではないと戒めている。学習者はカードとともに生き、カードのほうも学習者とともに生きなければならない。タロット初心者と命を持ったカードは、じっくり時間をかけて互いを知る必要がある。それ以外に、関係を築いて深めていく方法があるだろうか？

クロウリーの言葉を引用してみよう。「どのカードも、他のカードから孤立しているのではない。カードの反応、および各カード間の相互作用が、学ぶ者の生活そのもののなかに形成されねばならない。……（中略）……どうやってカードの生活を自分の生活と混ぜ合わせられるのか。理想的なやり方は瞑想である。……（中略）……実際的な、毎日行なえる平凡なやり方は、占いである。」[27]

神秘主義者のダイアン・フォーチュンは、クロウリーが唱えた"命あるものとしてのカード"という隠喩のさらに先を行って、カードと添い寝をして、身体をまさぐり合う若い恋人同士のように夜を過ごしてほしいと勧めている。

[27]／アレイスター・クロウリー『トートの書』（榊原宗秀訳　国書刊行会刊）。

Shuffling and Selecting the Cards

シャッフルをしてカードを選ぶ

タロットのリーディングに、筋の通った物語を語るためにカードで直観を刺激することが含まれるのであれば、タロット占いの技能を習得するには物語の語り手としての訓練が必要になる。よく言われるように、1枚の絵には千の言葉の価値がある。タロットの技能のひとつとして、カードの図柄を読み取って、クライアントに恩恵を施す可能性がある神話的な物語を紡ぎだす力が求められる。誰かのためにカードを読むときは、本人と協力しながら、その人の人生のある局面を有意義な全体像に置き換えるような物語を創作する。この過程でリーダーとクライアントの着想の源となるのが、カードに描かれた図柄なのだ。

初心者がこのスキルに磨きをかけるためには、次のような提案が役に立つかもしれない。

- 自分の直観を信じて、カードを見たときに最初に頭に浮かんできた思いや印象に特別な注意を払おう。

- それぞれのカードについての物語をつくる練習をして、声に出して語ってみよう。そのカードは感情的にはどのような分野に分類されるだろう？ カードの色を見てあなたはなにを連想しただろう？ そのカードはどんな状況をあらわしている可能性があるだろう？ カードに描かれた人物はなにを考え、なにを感じているのだろう？ その人物は、カードに描かれた場面に至るまでどこでなにをしていたのだろう？ その場面が自然の経過をたどったあとはどこへ向かうのだろう？ 彼らのたたずまいや表情はなにを示唆しているのだろう？ 彼らが話せるとしたら、どんなことを語ってくれるだろう？ あなたが彼らの立場に置かれていたらどんなことを感じるだろう？ あなたならどんな行動に出るだろう？

- 2枚以上のカードのグループをつくり、同様のエクササイズをしてみよう。それぞれのカードは他のカードとどのように結びついているだろう？ 共通点は？ それぞれのカードは他のカードとどのような対比を見せているだろう？ 1枚のカードの状況が次のカードの場面に発展していくには、どんなことが起こる必要があるだろう？ 見つめ合っている人物たちは？ 互いに目を逸らしている人物たちは？ 異なるカードの人物たちはどのような形で交流する可能性があるだろう？

- このエクササイズは、タロットのレイアウト（もしくはスプレッド）のそれぞれの位置(ポジション)にあらわれた一枚一枚のカードについて行うこと。通常のスプレッドの位置には、過去、現在、未来、障害、支援、助言、プラス面、マイナス面、隠れた問題、生活環境、希望、不安、想定される結果といったものが含まれる。このエクササイズの詳細な事例が、キャスリーン・マコーマック著『タロット・デコーダー（Tarot Decoder）』で紹介されている。マコーマックはケルティッククロス・スプレッドを例に挙げて、10の位置のそれぞれのカードの意味についての印象を記している。

- 特定のスートのすべてのカードを順番に並べて、それぞれのカードが次のカードにつながる物語をつくってみよう。想像力の翼を思いっきり羽ばたかせて。

- 時間をかけて忍耐強く。ローマは一日にして成らず。

Reading over the Internet
インターネットを使ったリーディング

　かつては、タロットのリーダーに直接会って相談を持ちかけるのが当たり前だった。重鎮たちのなかにはデッキを扱うのはリーダーだけ（クライアントではなく）にするべきだと感じている人々もいるが、ほとんどのリーダーは、カードを選ぶ作業の一環として、デッキのシャッフルやカットはクライアントにとって大切な行為だと考えている。そうやってクライアント自身がかかわることによって、デッキが質問者の関心事により効果的に共鳴するのだ。

　インターネット時代の到来により、遠く離れたところにいるクライアントを相手にオンラインでリーディングを行うことが可能になったが、その場合、クライアントが物理的にカードに触れることはできない。私は、クライアントの積極的な関与を可能にするために、次のようなオンライン・リーディングの手法を考案した。まず、クライアントの関心事やそれにふさわしいリーディングの種類について話し合ってから、カードをシャッフルするあいだに質問のことをじっくり考えてほしいとクライアントに伝える。クライアントに、ここぞというタイミングでストップの声をかけるように指示を出す。それからカードをカットして、一番下のカット分を一番上に載せる形でカードを集める。

　次に、クライアントに1〜10のなかから数字をひとつ選んでほしいと頼み、一番上のカードからその数字の分だけカードを数える。この、シャッフル、カット、1〜10の数字に該当するカードを選ぶという一連の動作を、クライアントと連携しながら、スプレッドに必要なカードが揃うまでくりかえす。この方法では、クライアントが私を代理人の立場に置いた上で、リーディングのためのシャッフル、カット、カードの選定に積極的に関与している。たいていのクライアントは、数字を伝えることで"無作為に"選んだカードが自分の関心事の本質にうまく適合していることに気づいて感銘を受ける。ここで無作為という言葉に引用符をつけたのは、カードを選ぶ際にユング心理学でいうシンクロニシティが起こっている可能性が高いからだ。

Telling Time with the Tarot

時間の特定

時間の特定は可能か？
Is Telling Time Possible ?

　タロットで物事の発生のタイミングを予言できるかという問題については、意見が分かれるところだ。私の経験から言うと、ある出来事が起こる正確な時刻をカードが特定してくれることはない。この目的に関しては占星術のほうが適している。その代わり、私はタロットを、状況を明確化して、未来を左右する決定を効果的に下すことができる力をクライアントに与える技法とみなしている。未来に起こることは、いまというこのときに、私たちがどう考え、どう感じ、どう振る舞い、どんな決断を下すかによって変わってくる。思考パターンや信念体系を変えれば、未来もそれに伴って変わっていくはずだ。タロットの関連書籍で紹介されているタイミング・テクニックをいくつか見てみよう。

もっともシンプルなタイミング・テクニック
The most simple timing technique

　もっともシンプルで効果的な技法は、特定の時間枠を含めた質問をすることだ。たとえば、新しい人間関係について知りたかったら、一般的な質問の代わりに次のような言い回しを使えばいい。「この新しい関係は**今後3カ月で**どのように進展していくでしょう？」時間枠を定めた質問の例としては、ほかにも「**今日は**あなたからどんなことを学べばいいのでしょう？」「**今週は（今月は／来年は）**どんなことに意識を集中させる必要がありますか？」といったものがある。要するに、質問そのものに具体的な時間枠を含めればいいということだ。

季節との対応
Seasons of the Year Correspondences

　タロットには4種類のスートがあり、一年には4種類の季節がある。したがって、それぞれのスートと季節をペアにすることが可能になる。この対応関係を参考にすれば、物事が発生しそうなタイミングを直観的に判断できるようになるだろう。一般的に利用されている関連づけは占星術に由来するものだ。

- ワンド ── 火 ── 春
- カップ ── 水 ── 夏
- ソード ── 風 ── 秋
- ペンタクル ── 地 ── 冬

　占星術的なもの以外で好みの関連体系がある場合は、ぜひともそれを利用してほしい。
　次に紹介する手法は、「これこれしかじかのことは、いつ（一年のどの季節に）起こるでしょう？」という質問に対するシンプルな回答方法だ。まずは、答えを教えてもらえると心の底から信じて自分の関心事に意識を集中させながら、カードをシャッフルする。ここだと感じたところでカードをカットして再び集める。次に、カードを上から1枚ずつめくっていく。最初にあらわれたエースのカードがスートに応じた答えを示してくれる。たとえば、最初にあらわれたエースのスートがペンタクルだった場合、答えは「冬」である。

物事が展開していく速さは？
How fast will matters evolve?

　この手法では、特定の時間枠ではなく、物事がどの程度の速さで展開していくかが、「結果」のカードやスプレッドで大半を占めるソードに応じて示唆される。「熱」と「火」のワンドは、迅速な動きを示唆している。「熱」と「風」のソードも速いが、ワンドほど速くはない。「冷」と「水」のカップは、少しばかり時間がかかる。最後のペンタクルは「冷」と「地」の属性を持ち、4つのスートのなかで一番時間がかかる。まとめると、次のようになる。

- ワンド ── 熱と火 ── 非常に速い（数時間から数日）
- ソード ── 熱と風 ── 適度に速い（数日から数週間）
- カップ ── 冷と水 ── 適度に遅い（数週間から数カ月）
- ペンタクル ── 冷と地 ── 非常に遅い（数カ月から数年）

　最後に、〈黄金の夜明け団〉が一枚一枚のカードと特定の期間を関連づけていたことに言及しておかなくてはならない。この関連づけについては、10章以降で紹介する個々のカードの解説でも触れている。個人的にはこの章で紹介した手法による実験をお勧めするが、インターネットで「タロットのタイミング・テクニック」を検索して、そこで提案されている手法が自分の訓練に利用できるか試してみるのもいいだろう。

CHAPTER NINE

第 9 章

Laying Out the Cards to Do a Reading

タロットのスプレッド

WHAT IS A TAROT SPREAD?

スプレッドとはなにか？

　タロットのリーダーは、一般的には、スプレッドと呼ばれる既定の型にしたがってカードを配置していく。スプレッドのそれぞれの位置(ポジション)には特定の意味が割り当てられており、カードはその位置の属性とされる意味に照らして解釈される。たとえば、「現在」「過去」「未来」を示す3カード・スプレッドでは、左端のカード1が「過去」、中央のカード2が「現在」、右端のカード3が「未来」の傾向を示す。

　タロットの関連書籍では、あらゆる事例に向けたスプレッドが豊富に紹介されている。カードをスプレッドする方法を多種多様な例で詳細に説明した書籍も入手可能だ。20世紀でもっとも人気を博したスプレッドは、おそらくケルティック・クロス・スプレッドだろう。これは、アーサー・エドワード・ウェイトが1910年に発表した書籍で評判を呼んだスプレッドで、〈黄金の夜明け団〉で習得した鍵の解錠(オープニング・オブ・ザ・キー)という、複雑で手間のかかるスプレッドの簡易版としてウェイトが考案したものだ。

　現在では、大勢のリーダーたちが、クライアントが望む具体的な情報が提供できるように、目の前のクライアントからの質問にぴったりのスプレッドを創作する方法を好むようになっている。ルウェリン社では2013年に、スプレッド構築のための"ツールキット"『1000スプレッド作成用デッキ(*The Deck of 1000 Spreads*)』(ティアニー・サドラー著)を出版している。このキットの背表紙にはこう書かれている。「同封されている59枚の名前つきカードと6枚の空白のカードをうまく組み合わせれば、想像し得るあらゆるリーディング用にカスタマイズ可能。それぞれのカードが、色分けされたテーマ、一般的なスプレッドで使用されている位置(ポジション)の名称で特徴づけられている」色分けされたテーマには、質問の焦点、クライアントが注意を払うべき影響、その状況にかかわる人物、時間枠、結果にかかわる問題点(関連性のある助言を含む)、潜在的な解決方法、学ぶべき教訓といったものが含まれる。

THE DAILY DRAW
毎日のドロー

　多くのリーダーは、黙想にふけることを目的に毎日1枚のカードを無作為にドロー（引く）している。1日に1回新しいカードをドローすることにはなんの問題もない。"その日の"カードが特別な意味をはらんでいるように思えたら、次のカードをドローする前に数日かけて考えてもかまわない。それは適切ではないと感じるのなら、その日の分としてもう1枚カードを選ぶのも本人の自由である。私自身は、心の命ずるままにカードをシャッフルしてドローできるよう、デスクの上に常にデッキを置いておくようにしている。次の提案を、毎日のドローに役立ててもらえるかもしれない。

・この瞬間の自分にとって意味のあるカードを引くという真摯な思いを込め、ゆったりした瞑想状態でカードをシャッフルする。

・いまがふさわしいと感じたときに、無作為にカードをドローする。

・友人に語りかけるようなつもりで、声に出してカードの図柄を描写してみよう。神に村の窮状を語って聞かせたラビの物語を思い出してほしい。この段階では、カードの意味を分析しようとは考えないこと。カードを目にしたときに見えることを声に出してみるだけでいい。

・カードについて語っている最中になんらかの洞察が得られたら、それをタロット・ノートに記録しておくこと。

・次に、カードの解釈について考えてみよう。可能性のある意味のなかに、あなたのいまの生活に関連するものはあるだろうか？　ある場合はノートに記録しておくこと。専門家のカード解説を参考にするのは自由だが、真実は誰にも支配されないということは心に留めておいてほしい。

- しばらく時間を置いてから、自分が引いたカードのことをじっくりと考え、同じ質問をくりかえしてみよう。カードの元型的(アーキタイプ)な意味は、どんな形であなたの日常生活に明示されているだろう？　友人との交流、ニュースやテレビ番組といった媒体を介してカードのテーマに気づく人もいるかもしれない。あなたがカードから学んだ教訓はどのようなことだろう？　くりかえすが、そのような洞察や体験はすべてノートに記録しておくこと。

- その日のカードがとくに重要に思えたときは、数日かけてじっくりと考えてから、次のカードをドローしてもかまわない。

- 1日1枚のカードがなにも訴えかけてこない場合は、定期的に複数のカードをドローするようにしてみよう。肝心なのは習慣化だということを忘れないように。

One-Card Reading
ワンカード・リーディング

ソードの10

　1日1枚のドローがそうであるように、無作為に引いた1枚のカードで状況を明確化することが可能だ。いつものとおり、瞑想状態でカードをシャッフルしながら、問題に光を投げかけてくれるカードを引きたいと心の底から念じること。次にワンカード・リーディングの事例を紹介しよう。状況を詳細に読み解く前に、ソードの10の図柄に目を凝らして見えたものを口にしてみてほしい。このカードがあらわしている状況として、どんな可能性が考えられるだろう？

現在の状況
Situation

　ソードの10に充分に目を凝らしたと確信できたら、どのような状況をあらわしている可能性があるか考えてみよう。ここで自分の体験を紹介したい。私は、週に一度オンラインで言語交換を行うグループに所属している。あるとき、グループのリーダーの女性が、夫が急に体調を崩して病院につき添うことになったので今日は参加できないというメッセージを残した。私は彼女の夫の身を案じながら、デッキから1枚のカードをドローした。それがソードの10だったのだ。

　一見すると不吉としか思えないこのカードには、10本の剣に身体を貫かれて地面に横たわる男性が描かれている。リーダーのご主人の容態はかなり深刻だと示唆しているように思えた。その翌週は、グループの誰にもリーダーからの連絡はなく、彼女は次の集まりにも参加しなかった。グループの全員が心配しはじめていた。

　2週目の終わりに彼女がメールを送ってきて、夫は救急車で病院へ搬送されて集中治療室に収容されたと説明してくれた。彼女もつき添いで病院に残ったので、パソコンを使って連絡をとることができなかったそうだ。彼女の生活は根底から覆されてしまっていた。病室には医師や看護師やセラピストが入れ替わり立ち替わり訪ねてくるので、いつグループの活動に戻れるのか確約できず、いまの状態がどのくらいつづくのかもわからないという。ソードの10の図柄には、夫の病という彼女の体験が実に的確にとらえられていた。幸いなことに、彼女の夫は最終的には退院を許可され、おそらくはカードの背景で明るく輝く太陽の光に象徴されているとおり、ゆっくりと快方に向かっていった。

Two-Card Readings
2カード・リーディング

1カード・リーディングの場合、1枚のカードでは物事の流れを感覚的につかめないという理由でリーディングの範囲が限られてしまう。事態がどのように進展していくかを感じとるには、通常は2枚以上のカードを引いてみる必要がある。ここでは、2カード・スプレッドのリーディングの事例を紹介しよう。

クライアントは女性で、彼女の息子は飲酒運転で逮捕されたばかりだった。彼らが住んでいる州では飲酒運転に対して非常に厳格な刑罰が科せられるため、クライアントは息子が投獄されるのではないかと恐れていた。時間が限られていたので、出廷日の結果がどうなりそうかを知りたいという理由で、彼女にカードを2枚だけドローしてもらうことにした。1枚目はソードの6で、2枚目はカップの10だった。

この2枚の順序は、困難な状況から家族の平穏な時間への動きを示唆している。1枚目のソードの6には、女性と子供（クライアントとその息子だろうか？）を危険から遠ざけるために船を漕ぐ渡し守が描かれている。渡し守は今回の案件を担当する弁護士を示している可能性が高い。クライアントと息子は有能な弁護士だと確信していた。結果はどうなったかというと、息子は投獄を免れて執行猶予つきの判決を受け、条件として地域奉仕と断酒会への出席を科せられた。このリーディングの少しあとに、私たちはもう一度同じ状況についてタロットに質問することになるのだが、今度のクライアントはこの女性の夫だった。

左から、ソードの6とカップの10

Three-Card Readings : A Nod to Hegel

3カード・スプレッド
―― ヘーゲルに頭を垂れよ

タロットでは3カード・スプレッドを使ったリーディングの人気が高い。3カード・スプレッドを有効とする考え方は、ヘーゲルの哲学に根差しているのかもしれない。いわゆる、命題、反対命題、統合命題である。テーゼとはアイデアや提案に言及したもので、アンチテーゼはその提案（テーゼ）に対する反応や否定、ジンテーゼは両者の対立を解消する創造的な解決だ。正反対の力の調和から生じる創造的なジンテーゼというヘーゲル哲学のテーマは、大アルカナ14番の節制のカードにもあらわれている。節制は、ケンタウロスの姿をした射手座と関連づけられている。

タロット・デッキの作者としても知られるジェームズ・リックレフは、2004年、全編にわたって3カード・スプレッドを取り上げた著書『タロットは物語を語る（Tarot Tells the Tale）』をルウェリン社から出版している。リックレフは、リーディングの事例を数多く紹介しながら、一見するとシンプルに思えるこのスプレッドの威力を実証してみせている。タロットの関連書籍では3カード・スプレッドのさまざまなバリエーションが紹介されており、なかには次のようなものがある――

- 過去 ── 現在 ── 未来
- 知性 ── 肉体 ── 精神
- 基礎 ── 問題 ── 助言
- 主要な関心事 ── 障害 ── 解決
- 肯定に結びつく条件 ── 否定に結びつく条件 ── 可能性に結びつく条件
- 二者択一のジレンマ ── 選択肢1 ── 選択肢2
- 状況 ── 行動 ── 結果
- 陽のアプローチ ── 陰のアプローチ ── 創造的な統合命題
- クライアント ── 別の人物 ── 関係
- 小道 ── 修練 ── 心構え（ウェブサイト：アート・オブ・チェンジ・タロットより）
- プラス面 ── マイナス面 ── 結果（目の前に多くの選択肢がある場合はそれぞれの選択肢に対してこのスプレッドを試し、一連の行動として最善のものを明確化する助けとする）

質問にうまくあてはまる独自の3カード・スプレッドを考案してみよう。インターネットで検索すれば実例が数多く見つかるだろう。3カード・スプレッドは、リーダーに過度な負担を与えることなく有益な洞察を与えてくれる強力な手法だ。ヘーゲルは今日のタロットに大いに貢献してくれている。

A PERSONAL THREE-CARD READING

3カード・スプレッドによる個人的な体験

このリーディングは、2014年7月29日に行われたものだ。本書の執筆のために下調べをしているときに、偶然ルウェリン社のタロット・リーディングのサイトにたどり着いたのだが、そのサイトではコンピュータ解析によるカードの解説が提供されていた。※28 試しに、「現在─過去─未来」のスプレッドを選んでみた。執筆に取りかかった段階だったので、「この本はどんなふうに仕上がるでしょう?」と尋ねてみた。すると、次のようなカードがあらわれた。「過去」のポジションには逆位置の女教皇。これは納得がいった。執筆の内容とその表現方法を思い描けず、行き詰まりを感じていたからだ。直観へ通じる道が一時的に遮断されてしまったような気分だった。

「現在」にペンタクルの3があらわれたのには勇気づけられた。このカードは、執筆がはかどるように、自分の才能を活用してルウェリン社の編集者と協力しながら作業を進めるよう示唆していた。品質とうまくいった作業に意識を集中させること。大理石の塊を削り落とす作業をつづけ、隠れていた形を露わにする必要があるだろう。

「未来」のポジションにあらわれたワンドの4も歓迎すべき兆候だった。ルウェリン社のサイトでは、「困難のあとの安らぎ」というキーワードと、「長い試練ののちに、バランスのとれた、安らかで、満たされた状態を達成すること」という追記で紹介されていた。3枚のカードが示唆しているのは、長い試練に耐えながら地道に努力をつづけ、常に品質に意識を向けていなさいということだ。最終的には、好ましい結果が得られて満足感がもたらされるはずだ。カードが告げていることが正しければいいのだが。

(左から)逆位置の女教皇、ペンタクルの3、ワンドの4

※28／ルウェリン社のサイト。Llewellyn Worldwide, "Tarot Reading," http://www.llewellyn.com/tarot_reading.php

Theme and Variations Spread

テーマとバリエーションのスプレッド

　このスプレッドは、1枚のカードと、その四隅を囲むように配置された4枚のカードの計5枚のカードから成るもので、ひとつのテーマについてのバリエーションをあらわしている。明確化したい特別な問題がある場合は、カード5が主題を、他の4枚のカードが主題についてのさまざまな特徴を示すことになる。

リーディング事例
Sample Theme and Variations Spread

　クライアントはスペインで学位を取得した若い技術者だったが、経済恐慌が原因で職探しに苦労していた。ようやく見つかった仕事は中国への移住が条件だったため、がっかりした家族から海外へ行ってしまったら淋しいと訴えられていた。彼は全般のリーディングを求め、次のようなカードがあらわれた。

- **カード1**：ソードのペイジ
- **カード2**：吊された男
- **カード3**：教皇（法王、大祭司）
- **カード4**：カップの3
- **カード5【主要テーマ】**：戦車

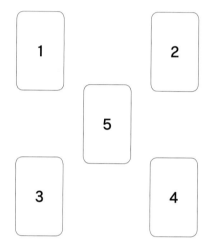

5カード・スプレッド

　主要テーマにあたる戦車は、専門分野の職を得るために中国へ赴く彼の旅を象徴している。クライアントとこのテーマに関するバリエーションについて協議したところ、ソードのペイジは、彼が家族と交わしたばかりの会話と関連づけられることが明らかになった。クライアントは、スペインに戻って自分たちのそばで暮らしてほしい、結婚して自分の家族をつくりなさい〔教皇〕と言われていたのだ。彼の家族にしてみれば、中国で暮らしながら仕事をするという決断は、キャリアを追い求める手段としてはあまりにも突飛な行動〔吊された男〕に思えた。クライアントの望みは、最終的には家族全員が自分の決断に満足して、仕事の獲得を祝福してくれる〔カップの3〕ことだった。

デッキとの対話
Interviewing a New Deck with the Theme and Variations Spread

　タロット愛好家のほとんどが2種類以上のデッキを所有し、目的に合ったデッキを使用している。たとえば、自分のためのリーディング用のデッキと、瞑想用のデッキと、新しい計画に着手する際に独創的なひらめきを得るためのデッキとを使い分けるという具合だ。新しいデッキを熟知する手段として、スプレッドを使ってデッキと"対話する"方法がある。テーマとバリエーションのスプレッドはこの目的に適ったものだ。

　中央のカード5に、そのデッキで行う全般的なリーディング体験を象徴させ、他の4枚のカードにこのテーマのバリエーションを割り当ててみよう。掘り下げたい内容を決めて、スプレッドのそれぞれの位置（ポジション）の意味をリストにする。たとえば、次のようなものだ。

・カード1：このデッキとの関係になにを持ち込めるだろう？

・カード2：このデッキがもたらしてくれるはずの特別な属性や学びの経験はどんなものだろう？

・カード3：このデッキの生産性を最大限まで高める方法は？

・カード4：このデッキを使用するにあたって、どのような制約や障害に直面する可能性があるだろう？

・カード5：このデッキを使ったリーディング体験は、全般的にどのようなものになるだろう？

Horseshoe Spread
ホースシュー・スプレッド

　ホースシュー・スプレッドは、自分にとっての最適の行動がはっきりとわからないときに役に立つ。この呼び名がついたのは、現在の状況の側面を示すカードを並べたときの形が馬蹄(ホースシュー)に似ているからだ。馬蹄は幸運をもたらすと言われており、家を守って幸運を招き寄せるために玄関に飾る人々もいる。空いた部分を上にするか下にするかは意見が分かれるところだが、おそらくは、馬蹄の両端を上に（U字形に）したほうが、良い波動を集めて蓄えておく助けとなるだろう。

　143頁の図は、ホースシュー・スプレッドの典型的な展開図を示したものだ。U字形を逆さまにしたら幸運がこぼれてしまうと思うのなら、図を逆さまにした配置にして、福をひとつ残らず確保しておこう！

　タロットの関連書籍では、ホースシュー・スプレッドの利用法について、さまざまなバリエーションが紹介されている。有益なアプローチとして次の例を紹介するが、リーダーは自分の心の声にしたがって、それぞれのカードの位置(ポジション)に目の前の問題に適した独自の意味を割り当てるべきだ。

- **カード1**：現在の状況に影響を及ぼしている過去の人物や出来事

- **カード2**：問題に関連する現在の課題

- **カード3**：注目しておく必要がありそうな未来の展開

- **カード4**：最善の行動についての助言

- **カード5**：クライアントの周囲の人々（家族、友人、同僚など）による課題へのかかわり方

- **カード6**：問題解決のためにクライアントが考慮しておくべき障害や目に見えない影響力

- **カード7**：提案された行動によって想定される結果

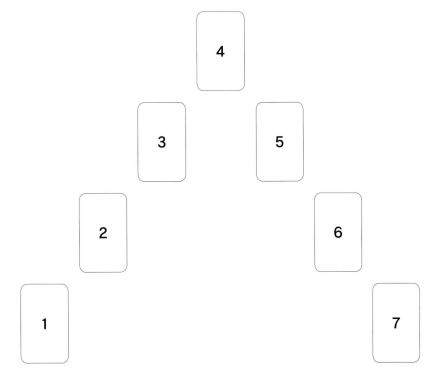

ホースシュー・スプレッド

ホースシュー・スプレッドの事例
A Sample Horseshoe Spread

　では、ホースシュー・スプレッドの事例を紹介しよう。クライアントは男性で、飲酒運転で逮捕されたばかりの成人した息子の身を案じていた。クライアントと彼の妻は息子のために弁護士を雇い、法廷にもつき添った。息子は運転免許の停止と1年間の保護観察を言い渡された。法廷審問から数日のうちに息子は孤立と絶望を深め、両親は息子が自殺を図るのではないかと不安に駆られる。クライアントが口にしたのは、「いまの息子を助けてやるにはどうするのが一番でしょう？」という、制限のない答えを導く質問だった。私たちはホースシュー・スプレッドを使って尋ねてみることにした。

- カード１【過去の人物や出来事】：ワンドのキング
 クライアントは、ワンドのキングが、息子のために弁護士を見つけるという自分の積極的役割に言及していると感じていた。

- カード２【現在の課題】：教皇（大祭司）
 教皇（大祭司）は道徳的行動と伝統的価値観の代弁者なので、息子が飲酒問題を解決するためにカウンセリングを受け、保護観察の必要条件を満たす必要があるということを示唆している可能性がもっとも高い。

- カード３【近い未来】：ペンタクルの３
 ペンタクルの３は、他人と協力しながら創造的な解決方法を探ることに言及している可能性がある。

- カード４【助言】：カップの10
 カップの10は、家族の愛と支えに意識を集中させるよう助言している。たとえば、互いに非難し合うような状況が助けになるとは考えにくい。クライアントの妻も２カード・スプレッドで同じ問題に関する質問をした際に、カップの10を引いていた。

- カード５【クライアントの周囲の人々】：ペンタクルの２
 クライアントとその妻以外の家族は、それぞれが担う複数の役割をこなすのに精一杯のようだった。それどころか、この時期には、クライアントの他の子供たちにも注意を向けてあげる必要があった。

- カード６【障害や目に見えない影響力】：女帝
 クライアントは、女帝が言及しているのは自分の妻だろうと考えていた。彼女は、息子が鬱状態で自ら命を絶つおそれがあることを深く憂えていた。クライアントは、悲嘆に暮れる息子だけでなく、混乱状態にある妻にとっても精神的支えになってあげなければならないと感じていた。

- カード７【想定される結果】：ワンドの４
 ワンドの４は一般的に平和と安全を表現する。このスプレッドは、家族の長としての愛情を示し

ながら息子を支えつづけるようにクライアントに助言しているように見える。息子は罪悪感と抑鬱状態に苦しんではいるが、両親の愛と慈しみの気持ちに気づけば、それを助けに難局を切り抜けられるだろう。

ホースシュー・スプレッドで選択肢を明確化する
Clarifying Choices with the Horseshoe Spread

　ホースシュー・スプレッドは、ふたつの選択肢の明確化にも利用できる。その場合、中央のカード4が、クライアントが質問している時点の状況をあらわす。中央から枝分かれしているカード3、2、1は、それぞれが、プラス面、マイナス面、ひとつ目の選択肢で想定される結果を、カード5、6、7は、プラス面、マイナス面、ふたつ目の選択肢で想定される結果をあらわす。

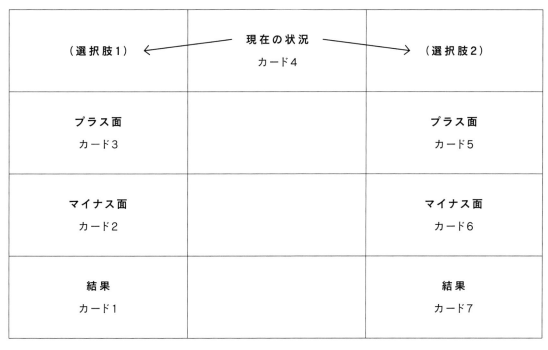

選択肢の明確化

The Celtic Cross Layout
ケルティック・クロス・スプレッド

　ケルティック・クロス・スプレッドは、私が好んで利用するスプレッドだ。これは、1910年に出版されたアーサー・エドワード・ウェイト著の『タロット図解』で世に知られるようになったもので、〈黄金の夜明け団〉で使用されていた、冗長かつ複雑な鍵の解錠(オープニング・オブ・ザ・キー)というスプレッドに代わるものとして提案された。私が踏襲した手法は、ウェイトのオリジナル版に若干の変更を加えたものだ。

　ウェイトのやり方では、まずはじめに、クライアントを示すシグニフィケーター・カードを選ぶ。次に、カードに描かれた人物が顔を向けている方向で、スプレッドのなかでの過去と未来のポジションを決定する。未来はシグニフィケーターの前方にあり、過去はシグニフィケーターの背後にある。私自身は、シグニフィケーター・カードを省いて直接スプレッドを展開していく手法をとっている。

　ケルティック・クロスは、2枚のカードを重ねてつくる小さな十字(クロス)と、それを囲む4枚のカードを加えた大きな十字(クロス)、その右側に4枚のカードを並べてつくる円柱でできている。私は右の図のように配置している。

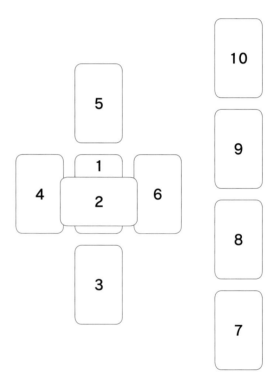

ケルティック・クロス・スプレッド

- **カード1**：シグニフィケーターを使う場合はシグニフィケーターを"覆う"カードとなり、中央のカードとしてリーディングの主要テーマを意味する。

- **カード2**：中央のカードと交差して"クロスをつくり"（訳注：「クロス」には邪魔をするという意味もある）、カード1が示す主要テーマに取り組む際に乗り越えなくてはならない難題や課題をあらわす。カード1と2で中央のクロスが形づくられる。

　カード3、4、5、6は、中央のクロスを囲んでふたつ目のクロスを形成する。

- **カード3**：問題の土台や基礎。

- **カード4**：主要テーマに直接影響を及ぼす近い過去の出来事・感情・アイデア

- **カード5**：潜在的もしくは理想的な結果。つまり、これから起こる可能性のあることや、クライアントが起こってほしいと願っていることを示す。このカードを、クライアントの人生で現在起こっていることに言及するものとみなすリーダーもいる。

- **カード6**：目の前の問題に関連する内容で、近い未来に起こりそうなこと。

　ふたつのクロスの右側に形成される4枚のカードの円柱は、追加情報を与えてくれる。

- **カード7**：主要テーマに関する、クライアントの姿勢や経験。

- **カード8**：主要テーマに関する、クライアントの周囲の人々の姿勢や経験。

- **カード9**：この問題におけるクライアントの希望や不安。

- **カード10**：想定される結果。

ケルティック・クロス・スプレッドの事例
A Sample Celtic Cross Reading

　次に紹介する事例で、リーディングのプロセスが明確になるはずだ。クライアントは専門職に就いた30代はじめの男性。もう何年も女性の恋人と同棲生活を送っている。彼は、現在の生活で重要なものになり得る問題を全般のリーディングで明らかにしてほしいと言ってきた。

・**カード1**：ソードのクイーン
　クライアントの人生で重要な役割を果たす女性あるいは、クライアントがこの時期に育む必要がある人格的特徴をあらわしている。状況に言及している場合、そこにはある程度の悲しみ、嘆き、喪失が含まれる。ソードのクイーンは喪失や剥奪を体験した女性であるという理由で、ときとして"未亡人"と呼ばれる。興味深いのは、このカードの伝統的な意味のひとつに"不妊"があることだ。

・**カード2**：女帝
　女帝は生殖能力に優れた多産な女性であり、往々にして、結婚、妊娠、母性の問題に関心を持つとされる。力強いふたりの女性「ソードのクイーンと女帝」がクロスをつくっているのを目にした私は、恋人にかかわることが頭に浮かんでいたかどうか尋ねてみた。クライアントによると、彼女はその前日に病院で診察を受けて、すぐに妊娠しないとこの先は子供を産むことはできないかもしれないと言われたそうだ。彼女は以前から子供を欲しがっていて、家族をつくれないまま年老いていくのではないかと不安を募らせていた。

・**カード3【基礎】**：ワンドのクイーン
　影響力を持った女性がもうひとりあらわれた。今度のクイーンは精力的で、常に多忙で、責任を負っている状態が好きな女性だ。クライアントの発言に照らしてみると、恋人はすぐに妊娠して家族を持つことを保証してくれるなにかを実行する必要があると感じているのかもしれない。クライアントによれば、彼のガールフレンドはワンドのクイーン同様、精力的なタイプだということだった。

- **カード4【近い過去】**：塔
 突然の崩壊をあらわす塔のカードがあらわれた。恋人にとって、医師の言葉はまさに青天の霹靂だった。母親になることができないのなら、彼女はそれまで思い描いていた人生設計を白紙に戻すことになるだろう。

- **カード5【想定される結果】**：ワンドの5
 ワンドの5には、若い男性のグループが競い合う姿が描かれている。カードによれば、この時点では、親となることについてクライアントと恋人の考えに食い違いが見られるようだ。クライアントはそのとおりだと認め、この段階で家庭を持つと自分のキャリアが台無しになってしまうとつけ加えた。

- **カード6【近い未来】**：ソードの9
 ソードの9はときとして悪夢のカードと呼ばれる。カードに描かれている修道女らしき女性は、不安に苛まれてなにかに心を奪われた状態で、夜間にベッドの上で起き上がっている。クライアントの話では、もう子供を産めないかもしれないという不安が恋人の心に重くのしかかっていた。それに加え、彼女の母親が体調を崩したことも気に病んでいるということだった。

- **カード7【クライアントの経験】**：審判
 審判には、この世の終わりにトランペットを吹き鳴らして死者の魂を目覚めさせ、新たな次元の存在へと誘う天使が描かれている。クライアントは、この時点で子供を持つことを、それまで体験したことのない新たな人生の段階へ踏み出していくように感じていた。彼はさらに、審判のカードに描かれた天使(エンジェル)を見たときに恋人の名前を思い浮かべたと言った。彼女の名前はアンジェラだったのだ！

- **カード8【クライアントの周囲の人々の経験】**：カップの9
 カップの9は往々にして、願望をあらわす"ウィッシュ・カード"と呼ばれる。このカードは、妊娠すれば願いがかなうという恋人の信念に言及している可能性がもっとも高い。

- **カード9【希望や不安】**：カップのペイジ
 ペイジは子供を象徴しているので、カップのペイジは家族を扶養することへの彼の不安はもち

ろん、父親になりたいというクライアントの願望をあらわしている可能性がある。

- **カード10【想定される結果】**：運命の輪
  このスプレッドは、カップルのどちら側をも凌ぐ大きな力が働いていることを示唆しているように思えた。どのような結果になるかは、ある程度までは運命がどう転ぶかにかかっている。運命の輪は、医師の診断どおり、ここでめぐってきた子供を持つチャンスが時の経過とともに失われてしまうことをあらわしているのかもしれない。まだ扉は開かれているものの、このカップルは重大な決断を迫られていた。

懐疑派のためのケルティック・クロス・スプレッドのリーディング
A Celtic Cross Reading for a Skeptical Student

タロットに対して半信半疑のクライアントが、好奇心からリーディングを頼んでくることがある。ここで紹介する事例のクライアントは、翻訳と言語学を専攻する大学生。外国語に興味があるので、カードを読み解く感覚をつかみたいとのことだった。

- **カード1**：ペンタクルのエース
  このカードは、リーディングの主要テーマが世俗的なチャンスや資力とかかわりがあると示唆している。

- **カード2**：カップのキング
  カップのキングは、クライアントを援助してくれそうな専門知識を持った人物であることが多いので、おそらくは、カード1が示す経済面での目標達成を助けてくれる人物だろう。

- **カード3【基礎】**：悪魔
  主要な重要事項を示唆する大アルカナのカードが、基礎のポジションにあらわれた。悪魔のカードは世俗的野心に言及していることが多く、その野心は、より精神的な重要事項を排除するほどの執着心を持って追い求められることがある。

- カード４【近い過去】：戦車
  大アルカナの戦車は、意義深い旅や、この時点の少し前からクライアントが胸に秘めていた重大な野望を意味している可能性がある。

- カード５【想定される結果】：ワンドの５
  ワンドの５には、若い男性のグループが互いに競い合う姿が描かれている。

- カード６【近い未来】：ペンタクルの４
  このカードに描かれた人物は、金貨や資産をしっかりと守っている。クライアントは近い未来、カード１で示された目的のために資金を蓄える必要に迫られることになるだろう。

- カード７【クライアントの経験】：カップの８
  このカードには、おそらくはより満足できる状況を求めて、８個のカップを置いて立ち去る人物が描かれている。

- カード８【クライアントの周囲の人々の経験】：ワンドの10
  このカードには10本の棒を抱えて歩く男性が描かれている。もしかしたら、クライアントの周囲の人々は、少しばかり困惑しているのかもしれない。

- カード９【希望や不安】：ワンドの４
  仕事が成功裏に終わったことを祝う人々が描かれている。

- カード10【想定される結果】：ワンドのエース
  このスプレッドは、クライアントに個人的もしくは職業面での刺激的な野望を追い求めるチャンスが巡ってくることを示しているようだ。

クライアントが外国語を学んでいるという事実を踏まえてカードを見てみると、リーディングの主要テーマは、専門知識の修得〔ペンタクルのエース〕と関連がありそうだ。メンターか助言者〔カップのキング〕の力を借りながら、海外留学という目標を立てて〔戦車〕キャリアの向上を目指す〔ワンドのエース〕のは、現在通っている大学で学べることに満足できない〔カップの８〕

からだ。彼はこの目標に執着しすぎるおそれがあり〔悪魔〕、目標を達成するには、慎重な資産管理〔ペンタクルの４〕や他の学生との競争〔ワンドの５〕も必要になるだろう。

　懐疑的な学生の反応は、「だいたいはあなたのコメントどおりだが、こういったカードがあらわれたのは単なる偶然の一致だろう」というものだった。海外に１年滞在して現地の言葉を学びたいと考えているのは確かで、多額の費用がかかるのでかなり切り詰めた生活を送る必要があることも認めてはいた。タロットが有益ななにかを与えてくれたかどうかは、相変わらず確信が持てない様子だった。

HOUSE OF THE HOROSCOPE SPREAD

ホロスコープ・スプレッド

　占星術に興味を持っている人々にとって、ホロスコープ・スプレッドは、12のハウスに特徴づけられる人生のさまざまな局面について有益な洞察を与えてくれるものだ。12のハウスはそれぞれに異なる分野の人生経験を象徴している。

　このスプレッドを利用するには、円形のホロスコープのそれぞれのハウスに1枚以上のカードをスプレッドして、ハウスの意味と関連させながらカードを解釈する。多くのリーダーは、リーディングの総合的なテーマをあらわす輪の中心に、13枚目のカード（もしくは、残りのカード）を置いている。次に紹介するのは、それぞれのハウスに適用されるキーワードだ。

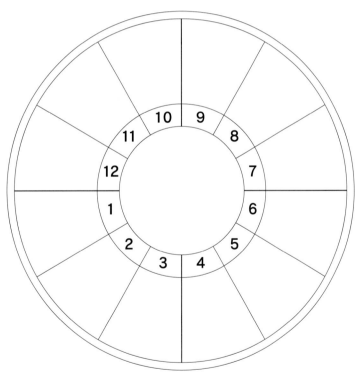

ホロスコープ

- **ハウス1**：肉体、生命力、身体の完全性、性格、人格様式、人生における基本的原動力、物事の始まり

- **ハウス2**：収入、資力、資産、所有物、価値、経済状態、商才、才能、金儲けの才覚、物質的な富

- **ハウス3**：近場の旅行、小旅行、運動技能、実用的思考、演説、言語使用能力、知的能力、コミュニケーション、ニュース、手紙、書類、メッセージ、伝達手段、兄弟姉妹、親族、隣人、地元の環境

- **ハウス4**：家庭、幼少期の環境、居住地、家族、父親、出自、世襲財産、家屋、不動産、所有地、栄枯盛衰、老齢、祖先、伝統、人生の終わりの状態、終了

- **ハウス5**：ロマンス、恋人たち、心の問題、楽しむための行動、快楽、セックス、創造性、子供たち、妊娠、娯楽、ゲーム、レクリエーション、休日、休暇、装飾品、創作活動、趣味、劇場、スポーツ、リスク、ギャンブル、投機的事業

- **ハウス6**：日々の労働、同僚、使用人、部下、従業員、労働環境、扶養家族、奉仕、健康問題、食生活、医療措置、病気、不安、不運、小動物、ペット

- **ハウス7**：伴侶、パートナー、婚姻関係、大切な人、一対一の関係、契約上の合意もしくは拘束力のある合意、外交、訴訟、敵対者、目に見える敵

- **ハウス8**：他人の金銭と資力、税金、遺産、死、死すべき運命、死者の神々、神秘的な事柄、深い理解、変容、透視力、内科的もしくは外科的治療、個人的危機、重大な人生の変化、人生のなんらかの側面の部分喪失

- **ハウス9**：高等教育、抽象的思考、長距離旅行、出版、放送、外国語、外国人への対応、見知らぬ領域への旅、占い（ディヴィネーション）、宗教、聖職者の務め、哲学、叡智、科学、法律、真実と正義の探求、範囲の拡大

- **ハウス10**：キャリア、専門的な事柄、権威者、名誉、成功、正しい評価、世間体、評判、尊厳、野心、出世、世俗的地位、上司、母親

- **ハウス11**：友情、カウンセラー、助言者、後援者、人道的関心事、同好会、憧れ・目的・理想・希望・願望などを共有するグループ

- **ハウス12**：破滅、監禁状態、限界、犠牲、逆境、障害、隔絶、内省、精神性、潜在意識、幻想、幻影、自分の殻に閉じこもる、病院・修道院・監獄などの自由を制限される公共機関、慢性疾患、入院、大型動物、個人的限界、自己破壊、スキャンダル、目に見えない敵、裏工作

ホロスコープ・スプレッドのリーディング
Reading the Houses Spread with the Entire Deck

　ここで紹介するのは、78枚のすべてのカードを6枚ずつの13組（13 × 6 = 78）に分けて行う手法だ。はじめに、クライアントをあらわすシグニフィケーター・カードを選んでおこう。クライアントの人格をコートカードのいずれかに対応させる方法があるが、リーダーとクライアントが適切だと思う方法があるならそれでもかまわない。カードをシャッフルして山にカットしてから、再びひとつにまとめる。ハウス1から番号順にカードを1枚ずつ並べていき、輪の中心にも1枚置く（カードは全部で13枚）。この一連の作業をカードがなくなるまでつづける。それぞれのハウスと輪の中心とで、合計13組のカードの山ができあがる。一山のカードは6枚。

　次に、シグニフィケーターを含む山を見つけよう。カードを表向きに置いていけば、スプレッドする最中に容易に見つけることができる。シグニフィケーターがあらわれたのがどのハウスなのかを書き留めておくこと。そのハウスが、クライアントにとってもっとも重要な問題を示している。ひとつの山の6枚のカードをあらわれた順番にスプレッドして、それぞれをテーマごとに関連づけながら、ハウスが支配する事柄にまつわる物語を語ってみよう。

　さらに、輪の中心に置かれた6枚のカードについても同じことをする。中心の山は、その時点でのクライアントの人生航路についての全般的なコメントをあらわしている。

　それぞれの山について考察している最中に質問を思いついたら、その質問に関連するハウスを見つけて山になった6枚のカードをスプレッドして、人生経験のその側面についての関心事と

いう観点から解釈してみよう。

ホロスコープ・スプレッドの簡易版
A Briefer Twelve Houses Spread

　タロットの伝統を蘇らせたフランス人ポール・マルトーは、世の中に大きな影響を与えた著著『マルセイユ版タロット（*Le Tarot de Marseilles*）』（1949年）で、78枚すべてのカードを利用したホロスコープ・スプレッドを紹介している。このスプレッドの簡易版では、大アルカナから12枚のカードを選んで、ホロスコープの輪のそれぞれのハウスに1枚ずつ並べていく作業が必要だ。次のステップとして、小アルカナを加えた残りの66枚のカードからそれぞれのハウス用のカードをドローして、該当するハウスに1枚ずつ並べていく。1周目に選んだ大アルカナは、ホロスコープのハウスで惑星と黄道十二宮のサインを読むときと同じように解釈される。2周目のカードは、大アルカナか小アルカナのいずれかになるはずで、該当するハウスについての将来の傾向をあらわしている。特定のハウスに関連する事柄について質問がある場合は、関心事を明確化するために3枚目のカードを引いてもかまわない。

　たとえば、海外にかかわることをテーマとするハウス9に女帝（ヴィーナス）があらわれた場合、カードは楽しい海外旅行を示唆している可能性がある。次にあらわれたのがペンタクルの4だった場合、この旅は、クライアントが希望する予算を超えてしまうおそれがある。〈黄金の夜明け団〉では、ペンタクルの4を山羊座に入った太陽と関連づけていたので、クライアントは陽光が降り注ぐ地域「太陽」を旅して、優れた才覚「山羊座」で旅費をやりくりする可能性を示唆している。

Twelve Signs of the Zodiac Layout

ゾディアック・スプレッド

　黄道十二宮を利用したスプレッドは、ホロスコープ・スプレッドと同じやり方で配置する。違うのはカードの解釈の仕方で、**分野ごとの人生経験**を象徴する**ハウス**を背景にする代わりに、**存在のあり方**や世の中での振る舞い方を象徴する黄道十二宮のサインの元型的意味を参照する。このスプレッドにはさらに、黄道十二宮のそれぞれのサインが、解釈の材料となる大アルカナと関連づけられているという特徴がある。

　西洋占星術では、黄道十二宮のひとつのサインが十二宮図の12分の1と定義されている。それぞれのサインの角度は30度で、名称は古代の十二宮星座の名前に由来する。慣例により、黄道十二宮は、春の到来を告げる牡羊座のサインからはじまることになっている。

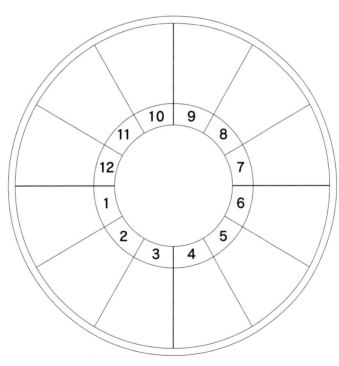

ホロスコープ

ホロスコープ・スプレッドと同じ展開図を利用する場合は、次に紹介する概念や質問例を利用してカードの解釈を構築してみよう。サインの意味や大アルカナとの関連づけについて充分な知識を持っている場合は、ここで提案する質問に代わるものを自由に考えてみてほしい。

ゾディアック・スプレッドの解釈
Interpreting the Zodiacal Signs Layout

- **サイン1**：牡羊座と皇帝
　——あなたは、自分の権力、権限、個人のアイデンティティーを世の中でどんなふうに表現していますか？

- **サイン2**：牡牛座と教皇（法王、大祭司）
　——あなたの価値観や生きる意味の探求を性格づけるために、伝統様式や上位の権威からどうやって導きを得ていますか？

- **サイン3**：双子座と恋人たち
　——あなたが心から愛しているものはなんですか？　それはどのような方法で、あなたが人生を左右する大きな決断に迫られていることを教えてくれますか？

- **サイン4**：蟹座と戦車
　——あなたはどうやって、重要な目標や旅から意識を逸らさないようにしていますか？　自分を守りながら前進していけるような方法で手綱を握っているでしょうか？

- **サイン5**：獅子座と不屈の精神（力、欲望）
　——状況に向き合い、情熱をコントロールし、内なる野獣を手なずけるために、どうやって勇気を奮い起こしていますか？

- **サイン 6：乙女座と隠者**
 ——心を静め、集中力を保ち、内なる叡智を利用するために、どのような方法で自己管理をしていますか？

- **サイン 7：天秤座と正義**
 ——自分や他人を公平、誠実、正義の心で扱うために、どのような方法をとっていますか？

- **サイン 8：蠍座と死神**
 ——人生における変容の必要性をどうやって受け入れていますか？ 前へ進むために手放す必要があるものは、人生のどの分野に属するものでしょう？

- **サイン 9：射手座と節制**
 ——人生の相反する局面を創造的な統合命題(ジンテーゼ)で調和させる際に、どのようにしてバランスと節度を保った行動をとっていますか？

- **サイン 10：山羊座と悪魔**
 ——重要な世俗的野心を追い求めるにあたって、どのようにして精神的な物の見方を維持していますか？ あなたが折り合いをつけようとしている誘惑や自制できない欲望とは？

- **サイン 11：水瓶座と星**
 ——自分や周囲の人々に利益をもたらすやり方で希望を持ちつづけるために、どのような方法をとっていますか？ あなたの心が強く欲していることは？

- **サイン 12：魚座と月**
 ——幻想や希望的観測に惑わされずに直観や先見性のあるアイデアを受け入れつづけるために、どのような方法をとっていますか？ どんなやり方で自分自身を蝕んでしまっているでしょう？

Tree of Life Spread

生命の樹のスプレッド

　カバラに記された生命の樹の形に合わせて、10枚のカード（あるいは、カードのセット）を配置していく方法もある。それぞれのカードは、カードがあらわれたセフィラーの意味に照らして解釈される。ヘブライ語の「セフィロト」（セフィラーの複数形）とは「放射物」を意味する言葉だ。10のセフィラーは、アイン・ソフ（無限の空間）が自らをあらわしてすべての局面が揃った宇宙を創造することによって生まれた、10の放射物もしくは特性とみなすことができる。すでに触れたとおり、生命の樹は逆さまに成長する。つまり、天国に根を張り、この世の地上で実を結ぶのだ。

　次に紹介するキーワードは、それぞれのポジションにあらわれたカードを解釈する際の指針として役立つものだ。このスプレッドに慣れてきたら、本書で提案するものに替わるキーワードや質問を自由に考えてみてほしい。

生命の樹のスプレッドを解釈する
Interpreting the Tree of Life Layout

1. ケテル
　王冠。創造の火花。始まり。明らかでないもの。精神的要因。ひらめき。その人の精神的目標。現在の状況であなたにひらめきを与えてくれる創造の火花とはなんですか？　現時点での精神的目的はなんでしょう？

2. コクマー
　父親。叡智。男性的能力。男性の生殖能力。陽。原始の男性らしさ。責任。もっとも純粋な形での元素。あなたが断固とした態度で積極的に創造しようとしているものはなんですか？　自分の性的能力をどのように表現していますか？

3．ビナー

理解。王座。大いなる母(グレート・マザー)。女性の叡智。原始の女性らしさ。陰。受容力。子宮の内側の暗闇。死と新しい命のサイクル。問題。困難。下すべき決断。土星と関連づけられている。あなたはどのようにして創造的なひらめきを受け入れ、内部で育くんでいますか？　新たな生命の誕生や新たな創造を可能にするために、あなたが死に導かなくてはならないものはなんでしょう？　現実によって強制的に設定された限界にはどうやって対処していますか？

4．ケセド

慈悲。思いやり。威厳。博愛。力添え。保護。好ましい要因（"プラス面"）。木星と関連づけられている。あなたがとる可能性がある行動に有利に働く"プラス面"とはなんでしょう？　どのような種類の力添えや支援が得られそうですか？

5．ゲブラー

峻厳。力。検査。裁定と査定。困難。対立する要因（"マイナス面"）。火星と関連づけられている。あなたがとる可能性がある行動に不利に働く"マイナス面"とはなんですか？　正面から立ち向かう必要がある障害や試練にはどんな種類のものがあるでしょう？　目標を達成するには、どんな闘いに挑む必要があるでしょう？

6．ティファレト

調和。美。死んで再生する神。中心点。照射。より大きな善のための犠牲。太陽と関連づけられている。あなたの一連の行動によってもたらされる、より大きな善とはなんですか？　あなたが選んだ道は、自分が中心に近づいたと感じられるものでしょうか？　あなたが進んで払う犠牲とはどんなものでしょう？

7．ネッアク

勝利。成功。達成。結びつき。愛。欲望。芸術。感情的要因。金星(ヴィーナス)（アフロディーテ）と関連づけられている。現在の状況はあなたの心にどんなふうに響いていますか？　あなたの個人的な人間関係にはどのような影響を及ぼすでしょう？　あなたの成功は芸術作品の誕生につながるものですか？

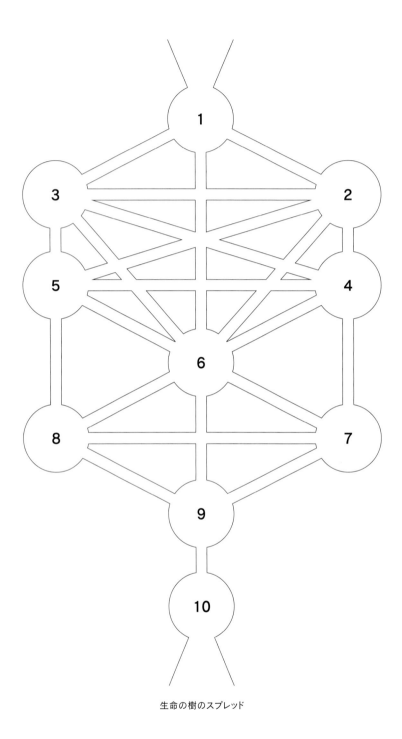

生命の樹のスプレッド

8．ホド

栄光。輝き。知性。キャリア。コミュニケーション。執筆。科学。理性。精神的要因。水星と関連づけられている。最善の行動について、合理的かつ戦略的に考えていますか？ あなたがコミュニケーションをとる必要があるのは誰でしょう？ 事実をすべて確認して、充分な証拠を集めてありますか？ あなたという人間を明確に表現していますか？

9．イェソド

基礎。無意識の要因。集合的無意識。神秘主義。幻影。瞑想。その人の内的世界。月と関連づけられている。あなたはどの程度まで、幻想や希望的観測にもとづく行動をとっていますか？ 自分の内なる声に充分な注意を払っていますか？ 決定を"寝かせて"おいてから行動に移す必要があると感じていますか？

10．マルクト

王国。地球。充足感。完了。外形。明示。安定性。家庭。家族。世界。あなたが求める最終結果とはなんですか？ あなたが目指した構造と安定性は達成されましたか？

The Inverted Cards Spread

逆位置のスプレッド

　この手法は、逆位置のカードを採用しているリーダーには役に立つかもしれない。どのスプレッドでも逆位置は目を引く存在なので、特別なメッセージを伝えようとしているカードとして解釈することが可能である。方法はシンプルで、スプレッドの種類にかかわらず、正位置のカードは無視して逆位置のカードだけを読んでいく。逆位置のカードは、あなたがもっと注意を払う必要がある重要な課題に光を当てていると仮定してみよう。

　たとえば、この章の冒頭で例に挙げた3カード・スプレッドでは、逆位置であらわれたのは女教皇のカードだけだった。

女教皇（逆位置）
ペンタクルの3（正位置）
ワンドの4（正位置）

　逆位置の女教皇がとくに重要なメッセージを伝えようとしていると仮定すると、どんな解釈が考えられるだろう？　おそらく彼女は、この本を書くにあたってもっとも重要な要素は自分の直観と触れ合うことだと助言してくれているのだろう。

第 9 章 タロットのスプレッド

CHAPTER TEN

第10章

THE MAJOR ARCANA

大アルカナ

THE TRIONFI CARDS OF THE RENAISSANCE

ルネサンス期のトリオンフィ・カード

　タロットを考案した15世紀ルネサンス期のアーティストたちは、エジプトのマムルークと呼ばれる軍人たちを介してヨーロッパに伝わった伝統的な遊戯用カードに、5つ目のスート（勝利〈トリオンフィ〉）を加えた。現在は大アルカナ（"大きな秘密"）と呼ばれるこのスートは、ギリシア神話とローマ神話と聖書から着想を得た22枚の寓意的な図柄から成っている。多くのタロット・リーダーは、この一連のカードを、愚者が救済へ至る旅で学ばなければならない数々の教訓とみなしている。オカルト主義者は往々にして22枚のカードを"鍵"と呼ぶが、それは1781年にアントワーヌ・クール・ド・ジェブランが、大アルカナは古代エジプトのトート神の魔術的叡智の鍵をあらわし、それぞれの神秘がカードの象徴体系に符号化されているという推論を発表したことが原因だった。

　フランス人は1499年にイタリアのミラノとピエモンテ州を制圧したあと、戦利品のひとつとして、マルセイユにタロット・ゲームを持ち帰った。タロットは南フランスで人気を博し、マルセイユの遊戯用カード産業は大いに栄える。フランスのカードメーカーは、大量生産に都合がいいように、タロット・デッキの標準的なデザインと枚数とカードの順序を決めたのかもしれない。この様式がマルセイユ版タロットとして知られるようになり、今日タロット・デッキとみなされているものの原型となった。

　カードゲームではランクの高いほうのカードが勝つので、切り札の順序はきわめて重要な問題だ。カードの図柄や、カード同士の相対的な重要性が、カードが考案された時代の文化的、政治的、宗教的な風潮を反映していることに疑いはない。ところが、タロットの関連書籍の多くで、キリスト教の象徴体系や道徳教育がタロットの発展に果たした役割が過小評価されている。

　説明をわかりやすくするために、大アルカナにおける愚者の旅をたどってみよう。愚者は、たとえてみれば、中世の教会の教えを通じて救済に至る方法を学ばなくてはならないキリスト教の入信者だろうか。初期のタロット・デッキでは、愚者には番号がついていなかった。愚者は、理性を失った人、放浪者、物乞いとして描かれることが多い。つまり、大アルカナの一連のカードから完全に距離を置いた存在なのだ。北イタリアで行われていたタロット・ゲームでは、愚者は「エクスキューズ・カード」とみなされ、"愚者を演じる"ことで、そのラウンドでは、前のスートと同じスートを出すルー

ルや、切り札としての役割を免除された。比喩的に、愚者はのぞき見をする部外者の役目を果たし、それが、決められたルールに従わない口実になっている。

キリスト教が大アルカナに与えた影響
The Christian Influence on the Major Arcana

- **1番：魔術師**は大アルカナの最下位のカード。伝統的に、大道芸人、手品師、詐欺師である。コップやボールを使った巧みなごまかしによって、客が苦労して稼いだ金を騙しとってしまう。モーセがファラオと対立したときに杖を蛇に変えた古代エジプトの祭司たちは、こうしたイメージの典型である。エジプトの祭司たちの小細工は、紅海を分けてファラオの軍隊を水に沈めたヤハウェの力には太刀打ちできなかった。詐欺師の魔術師は、切り札のなかでもっとも弱いカードである。

- **2番：女教皇**も、大道芸人より一段階上ではあるが、やはり詐欺師である。伝説的な教皇ヨハンナをモデルにした、才気溢れるこの女性は、男性のふりをして教皇の座に就いた。父権的な時代のヨーロッパにおいては、神が男性なのは考えるまでもないことで、地上における彼の代弁者は、決して卑しい女性であってはならなかった。悲しいことに、教皇ヨハンナは痛ましい最期を迎える。女性であることが露見したあと、敬虔なキリスト教徒の群集によって、馬の尻尾に足をくくられてローマの道を引きずり回され、石を投げつけられて死んだのだ。女性が人々を欺いてローマ教皇になりすますとは、よくもそんなまねができたものだ！

- **3番：女帝**。女教皇と違って、女帝は16世紀のヨーロッパにおいて合法的な女性の権力者であった。といっても、女性であるがゆえに、身分は低く位置づけられていた。その権威のほとんどは、"皇帝の妻"という立場がもたらすものだった。

- **4番：皇帝**は、タロットの世界では現世における最高の権威者だが、大アルカナでは4番目のカードにすぎない。救済へ至る道に、さらなる権威が存在することは明らかである。

- **5番：教皇**〔法王〕が皇帝より上位に置かれているのは、ローマ教皇（もちろん男性）が神と人間をつなぐ架け橋となるからだ。彼はこの世における父権的な神の代弁者であり、神聖ローマ帝国の皇帝となる支配者の任命権を神から授かっている。

- **6番：恋人たち**。教皇の正統な権威よりも上位にあるのが、信仰、希望、愛という教会の神学的三徳のなかでも最高とされる愛の力である。『コリントの信徒への手紙一』13章13節によれば、3つの徳の中でもっとも大いなるものは愛である。さらに、このカードは、ユダヤ教の律法の知識についてイエスを試そうとしたファリサイ派の人々を示唆している。

  「先生、律法の中で、どの掟がもっとも重要でしょうか」イエスは言われた。「『心を尽くし、精神を尽くし、思いを尽くして、あなたの神である主を愛しなさい』これがもっとも重要な第一の掟である。第二も、これと同じように重要である。『隣人を自分のように愛しなさい』律法全体と預言者は、この二つの掟に基づいている」（『マタイによる福音書』22章36-40　新共同訳）

- **7番：戦車**に描かれているのは、白（意志）と黒（欲求）の2頭の馬が競い合う力を制御する冷静な御者の姿だ。13世紀の神学者トマス・アクィナスは、この古い図柄が分別を象徴していると考えた。アクィナスはアリストテレスから、ほかのすべての拠り所となる4つの枢要徳があることを学んでいた。分別、正義、不屈の精神、節制である。マルセイユ版タロットの切り札に描かれている徳は、アクィナスが著作に明記しているとおりの順番になっている。戦車〔分別〕（7番）、正義（8番）、力〔不屈の精神〕（11番）、節制（14番）である。分別（御者）によって特徴づけられる高潔な生き方は、愛の力にさえ勝るのだ。

- **8番：正義**の順番は、現代のデッキでは11番の力と置き換えられることが多い。マルセイユ版タロットは、トマス・アクィナスが著書『神学大全』に記した枢要徳の順序にしたがっている。正義のカードは、誰もが法の支配下にあることを思い起こさせる。

- **9番：隠者**。愛と分別と正義に特徴づけられた人生を送っていても、ときにはそこから逃れ、自分は何者か、どこへ向かっているのか、いかにして人生を広い視野で見るかを、思い巡らす必要がある。祈りと瞑想は、大アルカナの9番にランクする力強い行為である。

- **10番：運命の輪**。どんなに高潔もしくは勤勉であっても、ときとして悪いことは起こるもので、

私たちにはどうすることもできない。

- **11番：力**〔不屈の精神〕（現代版のデッキでは、力と正義の番号が入れ替わっているものが多い）ここでもタロットはトマス・アクィナスの提示した枢要徳の順序にしたがっている。理不尽な運命の嵐（10番の運命の輪）にうまく対処するには、不屈の精神の徳を養わなければならない。

- **12番：吊された男**。どれほど勇ましく努力しても（11番、力／不屈の精神）、生きていれば、打ちのめされ、宙ぶらりんのまま運命に翻弄される気分を味わうことがある。イエスが人類を救うために磔刑の運命を受け入れたように、自分の運命を受け入れながら新たな視点を取り入れるしかない。

- **13番：死神**。死はすべてに勝利すると思われるかもしれないが、タロットでは、ほかのカードを負かす能力において21枚中13番目にすぎない。イエスは、受難から三日目に蘇ることにより、死に打ち勝つことができると立証した。

- **14番：節制**。タロットはここでも、トマス・アクィナスの提示した枢要徳の順にしたがっている。節制の天使は、カトリックの司祭がミサの奉納の際にそうするように、水とワインを混ぜている。奉納のワインはキリストの神性を、水は人性を象徴している。キリスト教の教えでは、イエスは神と人が完全に一体化した存在だ。キリストは死神（13番）に打ち勝つことで、人間に永遠の命を与えた。その成就によって、悪魔（15番）が大いに不幸になったことは確かである。

- **15番：悪魔**。暗黒のプリンスは新約聖書の言葉に憤慨している。「神は、その独り子をお与えになったほどに、世を愛された。独り子を信じる者が一人も滅びないで、永遠の命を得るためである」（『ヨハネによる福音書』3章16節）悪魔は人々を正しい道から引き離すためには手段を選ばず、16番の塔のカードにも見られるように、人の自尊心や野心に訴えかけることが多い。

- **16番：塔**。聖書に出てくるバベルの塔は、天に届く建物を築きたいと願った人間たちの虚栄心と野心から生まれたものだった。こうした塔を建てることによって、神の創りたもうた世界の支

配権を主張しようとしたのだ。悪魔（15番）が人間を駆り立てて、このように傲慢な振る舞いをさせたことは明らかである。旧約聖書の神は、そんな人間の傲慢さがお気に召さなかった。『創世記』で述べられているように、「主がそこで全地の言葉を混乱させ、また、主がそこから彼らを全地に散らされた」（11章9節）のだから。

- **17番：星**。救済への願いは、イエスの誕生が近いことを告げる天体、ベツレヘムの星に具現化されている。星のカードは、悪魔（15番）の陰謀にも、旧約聖書に描かれた人間の傲慢と即座に下った天罰（16番）にも勝る。星は、人類が最初に目にする希望の瞬（またた）きであり、聖霊における永遠の命に至る道を示すキリスト教という新たな信仰である。

- **18番：月**。月の満ち欠けの周期は女性の月経周期と一致しており、深遠なる母性の象徴だ。キリスト教の視点からいうと、月は聖母マリアの無原罪の御宿りと、その胎内にイエスが宿られたことを象徴している。多くの宗教画で、聖母マリアは三日月の上にたたずむ姿で描かれている——三日月は、生殖能力、母性、新生児の保護の象徴である。

- **19番：太陽**。神話の歴史において、イエスは、死後すぐに生き返った太陽神（サン・ゴッド）の系譜に連なっている。キリスト教では、イエスは金曜日に十字架上で息絶え、三日目の日曜日（サンデー）に死から蘇ったと伝えられている。

- **20番：審判**。世界の終わりの日、イエスが地上に戻って、天国（21番）に入るのにふさわしいか、悪魔（15番）と永劫のときを過ごすよう申し渡すか、各人について裁定を下す。この2枚の番号の差は21-15＝6で、恋人たちの番号になる。

- **21番：世界**。この最高位のカードは、最終目的地、すなわち新エルサレム、救済、復楽園、永遠の命、天国の門をあらわしている。愚者はついに約束の地にたどり着いたのだ。

How to Use the Associations for the Seventy-Eight Cards

78枚のカードの照応

　ここからは、大アルカナのそれぞれのカードについて、関連づけを一覧にした形で詳細に論じていく。関連づけの項目は以下の見出しで分類されているが、どのカードにもすべての項目が出てくるとは限らない。

【鍵の番号】現代のタロットを発展させた神秘主義者は、各カード、とくに大アルカナを、秘伝の知識への扉を開く"鍵"とみなした。神秘的な真実が、ほかならぬ古代エジプトのトート神によって、タロットの象徴に符号化されたと信じられていたのだ。

【占星術】タロットは占星術と多くの象徴体系を共有している。たとえば、タロットも占星術も、古代の四大元素（火、風、水、地）を採り入れている。〈黄金の夜明け団〉は大アルカナを惑星と星座に関連させ、さらには、エースから10までの数札を黄道十二宮の36のデカンとペアにした。占星術になじみのあるリーダーにとっては、こうした相互関係がタロットのリーディングに新たな次元をもたらすものになっている。

【タイミング】リーダーのなかには、予言の時期を特定するためにカードを使う人々もいる。占星術に根づいた時間との関連づけは、未来の出来事がいつ起こるかを判断する上で役に立つことがある。

【数秘術と数の象徴体系】それぞれのカードの数字は、それ自体が重要な象徴だ。数字の象徴体系は古代ギリシアのピタゴラスの思想まで遡ることができる。〈黄金の夜明け団〉はカードの数字をカバラによる生命の樹のセフィラーに関連づけており、現在の小アルカナの意味の多くは、この数字との照応を土台としている。

【ヘブライ文字】ヘブライ・アルファベットと、生命の樹をはじめとするオカルト体系との関連づけは、少なくとも16世紀まで遡る。[29] エリファス・レヴィ（1810-1875年）や〈黄金の夜明け団〉のメンバーのようなオカルト主義者たちは、こうした照応を利用してカードの解釈を深めていった。本書で用いるヘブライ文字の意味は、古代ヘブライ語リサーチ・センターの研究によるもので、ヘブライ・アルファベットの象徴体系とそれに対応する大アルカナとの照応をよりはっきりと浮かび上がらせている。[30]

【神話／元型(アーキタイプ)】カール・ユングの説によれば、神話や文学に人間の魂を揺さぶる力があるのは、普遍的な意味を持つ特定の元型的パターン(アーキタイプ)や表象が具現化されているからだ。現代のリーダーの多くが、タロットのカードにこうした説得力を持つ元型(アーキタイプ)が明示されていることに気づいている。

【エテイヤ】この名前は、タロット占いを初めて一般大衆に広めた（1785年）フランス人神秘主義者、ジャン＝バプティスタ・アリエッテ（1738-1791年）のペンネームだ。エテイヤが定めたカードの意味は、18〜19世紀にヨーロッパ全土に及ぶカード解釈の標準的手法となった。※31

【メイザース】マグレガー・メイザースはイングランド出身の神秘主義者で、〈黄金の夜明け団〉の創立メンバーであり、彼によるタロットの概要説明は、19世紀末以降の英語圏における解釈を大きく左右するものだった。1888年にロンドンで初版が出版された著書の『タロット（The Tarot）』は、次世代のタロット・リーダーたちに多大な影響を及ぼしている。本書では、この著書から引用した意味を紹介している。※32

【ウェイト】アーサー・エドワード・ウェイトは、パメラ・コールマン・スミスとともに、ライダー・ウェイト＝スミス版タロット・デッキをつくりあげた。1909年の登場以来、英語圏でもっとも人気が高いタロットである。ウェイトの概要説明は、20世紀におけるタロット解釈の標準となった。英語圏でのタロットの利用方法に圧倒的な影響を及ぼしたため、この項の概要説明は、すでにパブリック・ドメインとなった『タロット図解』から一語一句引用したものだ（ロンドン：W.ライダー、1911年。1959年にニュージャージー州シコーカス、シタデル・プレス複製、ガートルード・モークリーによる序論つき）。※33
（訳注：本書で掲載しているカードの絵柄はルウェリン社の『クラシック・タロット』のもの。『クラシック・タロット』はライダー・ウェイト＝スミス版をベースにしているが、描写が異なる点もある）

【クロウリー／黄金の夜明け団】アレイスター・クロウリーはイングランド出身のオカルト主義者。〈黄金の夜明け団〉を退団して自身の解釈を発展させつづけたが、それは、〈黄金の夜明け団〉の神秘の教えを厳密に守ったものだった。クロウリーがレディ・フリーダ・ハリスとともに出版したトート版タロットは、20世紀後半においてもっとも影響力を持つ秘教的デッキのひとつである。※34

【＋のキーワード】ここで紹介する"ポジティブな"キーワードは、カードによって象徴されるエネルギーを、有益で建設的に利用する方法をあらわしている。

【−のキーワード】ここで紹介する"ネガティブな"キーワードは、カードによって象徴されるエネルギーを、刺激的、場合によっては害を及ぼす形で利用する方法をあらわしている。

【正位置】この項では、正位置のカードの代表的な意味を簡単に述べている。あくまでも、このような意味が考えられるという提案として利用してほしい。練習と経験を重ねるうちに、独自の意味を割り当てて、個人的な理解をさらに深めていくようになる。

【逆位置】この項では、逆さまになってあらわれたカードについて、考えられる解釈を述べている。逆位置のカードの意味は文字どおりに受けとってはならない。各カードには、正位置か逆位置かにかかわりなく、常に有効な、核となる意味があるからだ。リーダーによっては、正位置のカードだけを使うことを好む場合もある。

※29／ヘレン・ファーリー *A Cultural History of Tarot: From Entertainment to Esotericism*(London:I.B.Tauris,2009),114.
※30／このセンターのウェブサイトは、*www.ancient-Hebrew.org/3_al.html*
※31／ここに挙げたキーワードは、エテイヤの *Dictionnaire synonymique du Livre de Thot*(Paris, 1791)のなかの代表サンプルの翻訳である。Guy Trédaniel編集により、Jacques Halbronnの解説つきで再出版（1990, Paris）。
※32／メイザースのパブリック・ドメインのテキストは、キンドルのebookでアマゾン・デジタル・サービス（ASIN:B004IE9Z14）から、また、オンラインでは *sacred-texts.com: http://www.sacred-texts.com/tarot/mathers/* から入手可能。
※33／ウェイトの『タロット図解』はパブリック・ドメインで、アマゾン・デジタル・サービス（ASIN: B00L18UZG4）からキンドルeBookで入手可能。
※34／本書で挙げた解釈は、クロウリーの *The Book of Thoth*(San Francisco: Weiser Books, 2008)とリガルディーの *The Golden Dawn, 6th ed.*(St. Paul, MN: Llewellyn Publications, 1989)の代表的なキーワードの例を引用したものである。

〇

愚者
THE FOOL

夢見がちな、魔法使いの弟子
The Idealistic Sorcerer's Apprentice

【鍵の番号0】愚者（もともとは無番号だったが、現代版タロット・デッキには0の番号がついているものもある）

【占星術】風のエレメント（現代版タロット・デッキのなかには惑星を天王星とするものもある）

【数秘術】4（皇帝）＝1＋3（死神）＝2＋2（愚者）

【ヘブライ文字】※35 *Aleph*（アレフ）（雄牛の頭：力、権力、首長、指導者を意味するヘブライ語／学ぶ、教える、導く／団結する、耕す——雄牛は耕作に使われていた）

【神話／元型（アーキタイプ）】宮廷道化師。パーシヴァル。永遠の少年（プエル・エテルヌス）。幼子。孤児。探究者。理想主義者。放浪者。修道者。魔法使いの弟子

【メイザース（1888）】愚かな男。愚行、贖罪、揺れる心／（逆位置）ためらいや不安定、そこから派生するトラブル

【ウェイト（1911）】愚行、熱狂、無節制、酩酊、錯乱、熱狂、秘密の暴露〔密告〕／（逆位置）怠慢、欠如、ばらまき、不注意、無関心、無効化、虚栄心

【クロウリー／黄金の夜明け団】日常生活の世俗的な場面で愚かな振る舞いをする人間。そこでの愚行、愚考、不安定、奇行は、愚者が高レベルの理想家であることが原因となっている。

【＋のキーワード】新たな可能性を受け入れる、理想主義、盲信、心機一転、成長の機会、無邪気な驚き、信頼、無垢、熱狂、好奇心、未熟、イニシエーション、思いがけない好機、胸躍る旅への出発、実験、探索の自由、精神的探究、心を開いて新たな教えを受け入れる、リスクを冒す、いまを生きる、既成のルールに従わない生き方

【－のキーワード】愚行、狂乱、愚考、非現実的な態度、混乱、未成熟、奇行、不安感、無分別、だまされやすさ、愚かさ、心酔、酩酊、逆上、無用のリスク、無責任、不確実性、早まった行動、支離滅裂、疑わしい助言、無鉄砲、無益な計画、無分別な物の放棄／道化、理性を失った人、放浪者、物乞い／「天使も踏むを恐れるところへ、愚か者は飛びこんでいく」（アレキサンダー・ポープ『批評論』より）

【正位置】正位置の愚者は、盲信や、未知のものを"初心に返って"探究したいという欲求を示唆している。愚者は、物事は最終的には丸く収まるという基本的信頼感を持っているが、日常生活における現実的な問題を巧みに切り抜ける力は身につけていない。彼は新たな胸躍る旅をはじめたところで、その旅で素晴らしい冒険に遭遇して、精神的な成長を遂げようとする。リーディングでこのカードがあらわれたら、リスクを冒して未知のものを探究する際には冷静に行動するように心がける。と同時に、このカードは、愚かな理想主義を避け、現実的な側面に対処できる準備が整うまでは世俗的なプロジェクトを引き受けないように警告してくれている。

【逆位置】ほとんどの子供は、どこかの時点で親からこう諌められる。「友だちみんなが橋から飛び下りたら、自分もそうするの？」逆位置であらわれる愚者は、非現実的な計画、愚直さ、だまされやすさ、無責任、未成熟、早まった行動、愚かなリスク負担に警鐘を鳴らす。逆位置の愚者は、判断力の低下や基本的信頼感の欠如を示している。飛び下りる前に足元を確かめておかないと、準備不足のまま、無意味な活動をはじめることになりかねない。衝動的な言動、リスクのある言動に走る前に、結果をよく考えてみることだ。ドラッグやアルコールの過剰摂取にはとくに気をつけること。

※35／ヘブライ文字の意味は、2014年11月10日現在の、古代ヘブライ語リサーチ・センター（*www.ancient-hebrew.org*）の研究結果に基づく。

1

魔術師
The Magician

下のものは上のものの如く
As above, So Below

【鍵の番号1】魔術師（奇術師）

【占星術】水星、神々の使者（水星は双子座と乙女座を支配する）

【エレメント】風

【数秘術】1（魔術師）＝1＋0（運命の輪）＝1＋9（太陽）

【ヘブライ文字】*Beyt*、*Bet*h（ベート／ベス）（テントの平面図／テント、家、住居、世帯、家族、聖域、寺院、主の家を意味するヘブライ語／英語の前置詞「*in*」「*within*」にあたる言葉でもある）

【神話／元型（アーキタイプ）】トート。ヘルメス・トリスメギストス。マーリン。ファウスト。マギ。奇術師。詐欺師

【メイザース（1888）】奇術師。意志、意志の力、器用さ／（逆位置）意志の悪用、意志の弱さ、狡猾さ、ずるさ

【ウェイト（1911）】スキル、駆け引き、手際よさ、精妙／病気、痛み、喪失、災害、敵の誘惑／自信、意志／クライアントが男性の場合は彼自身／（逆位置）医師、マギ、精神疾

患、恥辱、動揺

【クロウリー／黄金の夜明け団】技能、狡猾さ、スキル、順応性、魔術、神秘の叡智（いずれも、古代ローマのメルクリウス神と、それに類似する古代エジプトのトート神、ギリシアのヘルメス神に由来する）

【＋のキーワード】スキル、熟達、利発、知性、狡猾さ、専門技術、主導権、機動力、自信、決断力、目的、自己主張、絞り込まれた意図、器用さ、奇術の能力、意志の力、権力志向、アイデアの現実化、自然の力の制御、物質界を操る能力／「下のものは上のものの如く、上のものは下のものの如し」

【－のキーワード】策略、幻影、座興、欺き、手品、ためらい、無力、自信の欠如、目的の混乱、スキルの悪用／トリックスター、詐欺師、客寄せ芸人、マジシャン、にせ医者、手品師、ペテン師、泥棒

【正位置】正位置の魔術師は、目標達成に必要な知識とスキルに精通した、大きな意志の力を持った人物を示唆している。ルウェリン社の『クラシック・タロット』に描かれているとおり、魔術師は自分の欲望を明示するために、4つのエレメントを巧みに操りながら頭上の宇宙と足元の大地に接触できる。水星に支配される魔術師は、強度の集中力を備えた優れた伝達者であり、アイデアを効果的な行動に変容させる力を持っている。魔術師にかかわるテーマは、物理的な現実を操るために、人の意志を導いて意識を集中させることと関連する。

【逆位置】逆位置の魔術師は、高潔とは言えない目的で、意志の力、知識、スキルを使うおそれがある。尊大な魔術師は、欺瞞や操作、権力の悪用に手を染めるかもしれない。意志が弱く、自信を失っているせいで、せっかくの伝達能力を生産的な方法で生かすことができない可能性もある。リーディングで逆位置の魔術師があらわれたときは、魔術師のような行動を可能にしてくれる精神集中を妨げているものの正体を探ってみるといい。

2

女教皇
THE HIGH PRIESTESS

秘密の叡智の守護者
Guardian of Secret Wisdom

【鍵の番号2】女教皇（女性の祭司）

【占星術】月（水のサインの蟹座を支配する）

【エレメント】水

【数秘術】2（女教皇）＝1＋1（正義／力）＝2＋0（審判）

【ヘブライ文字】*Gamal*（ガマル）、*Gimel*（ギメル）（足、もしくは駱駝／酒場に集う、水飲み場まで歩く、対処する、償う、といった意味のヘブライ語）

【神話／元型（アーキタイプ）】ペルセポネ。カサンドラ。女教皇ジョアン。聖母ヨハンナ。ソル・フアナ＝イネス・デ・ラ・クルス（訳注：メキシコの劇作家）。霊性な母（マトリクス・スピリチュアーレ）。デルフォイの神託。妊娠

【メイザース（1888）】科学、叡智、知識、教育／（逆位置）うぬぼれ、無知、未熟、表面的な知識

【ウェイト（1911）】秘密、神秘、明らかにされていない未来／クライアントが男性なら、彼の興味を引く女性。クライアントが女性なら彼女自身／沈黙、不屈／神秘、叡智、科学／（逆位置）情熱、道徳、もしくは肉体的な情熱、うぬぼれ、浅い知識

【クロウリー／黄金の夜明け団】移行、変動、修正（いずれも、水の要素が強い月の位相の変化に由来する）

【＋のキーワード】秘密、まだ見ぬ未来、隠された問題の発覚、精神的な叡智、神秘の知識、直観的な気づき、月の意識、人の内なる声、聖域、夢の話を聞く、非凡な知識、ベールを取り払う、水飲み場まで歩く、内面を見る、アイデアの種、神秘、揺らぎ、霊的な直観、無意識のベールを貫く。クライアントの興味を引く女性

【−のキーワード】表面的な知識、幻想への逃避、移り気、白昼夢、不確かな予感、秘密を漏らす、本心を抑える、直観を無視する、内なる声を聞かない

【正位置】正位置の女教皇は、女性の直観と、相手に共感する感受性をあらわす。女教皇は隠された知識（カードに描かれた水に象徴されている）に近づく手立てを与え、直観的な気づきを通じてバランスのとれた判断を促す。いまは、心を静め、内に秘められた叡智に目を向けるときだ。自分の夢や、直観的な予感に特別な注意を払おう。そうすれば、自分の将来の計画について、明らかにされていないことやわからないことに近づく道ができる。アインシュタインのこんな言葉がある。「だが、こうした基本的な法則を発見するための論理的な方法など存在しない。ただ直観によるのみで、直観は見た目の裏にある秩序を感じることによって助けられる。そして、こうした感情移入（アインフュールング）は経験によって育まれる」。※36

【逆位置】逆位置の女教皇は、重要な情報が隠されているか、視界から遮られているという警告だ。もしかすると、直観に近づくことを妨げられているように感じているかもしれない。あるいは、重要な予感をわざと無視しようとしているのかもしれない。水飲み場に行く道をなかなか見つけられずにいるのだ。明らかにされていない未来のなにかが、計画の遅延や変更を引き起こしている可能性もある。

※36／アルバート・アインシュタインが、マックス・プランク著『科学はどこへ行くのか？（*Where is Science Going?*)』に寄せた序文より。ジョージ・マーフィーによる翻訳・編集（*London: George Allen & Unwin, Ltd., 1933*）

第10章　大アルカナ

3

女帝
THE EMPRESS

豊穣をもたらす産道の女神
Fertile Goddess of the Birth Canal

【鍵の番号3】女帝

【占星術】金星。愛と美の女神（金星は牡牛座と天秤座を支配する）

【エレメント】地

【数秘術】3（女帝）＝1＋2（吊された男）＝2＋1（世界）

【ヘブライ文字】$Daleth$（ダレス）（天幕の入り口、小道／動く、垂れ下がる、ぶら下がる、水を汲む、という意味のヘブライ語／玄関、出入り口、前後の動きという意味もある）。ダレスは、産道、すなわち、胎児が母親の世話や保護を必要とする独立した存在としてあらわれるときに通過する出入り口を象徴している

【神話／元型（アーキタイプ）】デメテル。母なる自然。大地の女神。グレートマザー。介護者。ガイア。マグダラのマリア。クイーン・オブ・クイーンズ。エデンの園

【メイザース（1888）】行動、計画、企て、問題の進展、イニシアチブ

【ウェイト（1911）】実りの豊かさ、行動、イニシアチブ、長命／未知のもの、内密／困難、疑い、無知／（逆位置）光、真実、かかわりのある問題の解決、みんなの喜び／別のリーディングによれば動揺を意味する

【クロウリー／黄金の夜明け団】贅沢、美、喜び、幸福、成功／ネガティブなカードと一緒の場合、耽溺、放埓（愛と官能の喜びの女神ヴィーナスに由来する）

【＋のキーワード】受胎能力、妊娠、結婚、母性、子供を持ちたいという願望、物質的な豊かさ、贅沢、官能、魅力、身体的な安楽、子宮、出産、産道、子育て、発育、女性の力、自然への愛、セックスの楽しみ、豊かな想像、生産性、結実、環境保護、アウトドアの楽しみ

【－のキーワード】耽溺、誘惑、愛のないセックス、貪欲、不妊、無精、愛の出し惜しみ、庭を耕すことの拒否、流産、更年期、望まない妊娠、願望成就の遅延、子供を持たない決心、子育ての不履行、天然資源の浪費

【正位置】受胎能力、妊娠、母性、官能、創造的な想像を象徴している。このカードは、結婚が近いことや、子供を持ちたいという願望、子供の誕生を予告している可能性がある。生産性と豊穣の時期に入りつつあり、それは身体か心のいずれかの子孫という形をとることが多い。創造的なアイデアが産道を通るのを支援することで、大いなる生産性を発揮できる。支援と子育ての機会が得られる。この時期は身体の適切なケアが大切だ。

【逆位置】自分に委ねられた天然資源を粗末に扱っているという暗示かもしれない。身体のケアを怠ってきたか、人生の豊かさを浪費してきたのではないだろうか。さもなければ、文字通りにしろ比喩的にしろ、不妊の時期を過ごしているのかもしれない。肉体的あるいは精神的に、子供を産むことが困難に思われる時期である。創造的なアイデアが産道で動かなくなっているのかもしれない。女帝は結婚と結びつけられており、逆位置の場合、結婚式の計画に困難があるか、家族を持つことの遅延を意味する場合がある。

4

皇帝
The Emperor

現世における最高権威者
Ultimate Secular Authority

【鍵の番号4】皇帝

【占星術】牡羊座（火星に支配される火のサイン）

【牡羊座の期間】トロピカル方式：3月20日－4月19日／サイデリアル方式：4月14日－5月13日

【エレメント】火

【数秘術】4（皇帝）＝1＋3（死神）＝2＋2（愚者）

【ヘブライ文字】*He*、*Hey*（腕を突き出した男／ヘブライ語では、見る、明らかにする、すばらしい景色を見る、「驚くなかれ！」といった意味がある）。アレイスター・クロウリーは、皇帝をヘブライ文字の「*Tzaddi*」とペアにしている。黄金の夜明け団が17番の星と関連づけている文字である

【神話／元型(アーキタイプ)】老賢者。統治者。王の王。ゼウス。ヤハウェ。ウラノス。プリアポス。ジョージ・ワシントン。国家元首

【メイザース（1888）】成就、結果、進歩／（逆位置）停止、抑制、幼稚、未熟

【ウェイト（1911）】安定、権力、保護、成就／偉人／援助、理由、信念／権威、意志／（逆位置）博愛、思いやり、信念／敵を混乱させる、障害、幼稚

【クロウリー／黄金の夜明け団】野心、支配、勝ち、征服、衝突、戦争（これらの意味は、軍神マルス［火星］に支配される、先駆者のサインの牡羊座からきている）

【＋のキーワード】権威、光輝、権力、畏怖、野心、リーダーシップ、秩序、制御、支配、論理、理由、客観性、見通し、限界を設ける、効力、力強さ、勇気、自信、鍛練、責任、尊厳、印象度、成熟、保護、実現、意志、決断力、生命力、父性、男性的なパワー、ペニス、安定性、構造、現実、ゆるぎない基盤、責任を負う、物事を成し遂げる才能

【－のキーワード】支配、傲慢、柔軟性の欠如、因習、衝突、弱虫、無気力、自信の欠如、未熟。根拠のなさ、あるいは過剰な合理性。優柔不断、無秩序、喪失、構造の欠如、男性の不妊、権力の乱用、虚栄心、物事を成し遂げる能力の欠如、負うべき責任の不履行

【正位置】万歳！　正位置の皇帝が象徴するのは、権威、意志、計画、組織、分析、戦略的思考、男らしい人間である。そして、驚くなかれ！　皇帝は父親の元型（アーキタイプ）であり、物事を成し遂げる方法を知っている支配者である。強力な指導者として責任を負い、すべてを整え、自分の配下にある者を保護する。心よりも頭で判断する。皇帝がリーディングにあらわれるのは、積極的に行動し、自分の主義を守り、人生を組み立てるために力を注いで、やるべきことを成就するよう促すためである。安定して物事を成すには、明確な目標を定め、断固とした限度を設けなければならない。

【逆位置】あなたが指導者、オーガナイザー、責任者としての務めをある意味で怠ってきた可能性が示唆されている。もしかすると煮え切らない態度をとってきたか、あるいはその反対に独裁的に振る舞ってきたのかもしれない。怖気づくな。そろそろ大人になって、きちんと生きるべきだ。状況を見きわめ、境界と限度を設け、やるべきことを成すための計画を立てよう。トルーマン大統領は自分の机に「責任は私がとる！」という言葉を記していた。大統領は決断を下す最終権限を持つが、その結果に対する最終責任も持つということを忘れないためだった。

5

教 皇
THE HIEROPHANT

人と神との架け橋
Bridge Connecting Humanity with the Divine

【鍵の番号5】教皇（法王、大祭司）

【占星術】牡牛座（金星に支配される地のサイン）

【牡牛座の期間】トロピカル方式：4月20日－5月20日／サイデリアル方式：5月14日－6月14日

【エレメント】地

【数秘術】5（教皇）＝1＋4（節制）

【ヘブライ文字】Vau(ヴァウ)、Vav(ヴァヴ)、Waw(ワウ)（テントの杭／留める、足す、結びつける、滑らないように固定する、といった意味のヘブライ語／幕屋の幕を固定するのに使われたフックや杭、あるいは釘）／教皇はしばしば結婚という形で人々を「結びつける」

【神話／元型(アーキタイプ)】預言者モーゼ。最高神祇官。秘儀の祭司。大祭司。神の代弁者。至聖所（十戒を収めた契約の箱が安置されている場所）。エミリー・ポスト。オズの魔法使い

【メイザース（1888）】慈悲、恩恵、思いやり、善良／（逆位置）過剰な親切、弱さ、愚かな

寛大さ

【ウェイト（1911）】結婚、協力関係、監禁、隷属／別の説明では、慈悲と善良、インスピレーション／クライアントが頼みとする人／（逆位置）社会、充分な理解、一致、過剰な親切、弱さ

【クロウリー／黄金の夜明け団】神の叡智、教え、説明

【＋のキーワード】伝統的な価値観、賢明な教え、最高の宗教的権威、精神的な導き、役に立つ忠告、神の啓示、良い助言、十戒、学習、教育、正規の教育、指示、指導、上位の人の意見を聞く、思いやり、神聖な儀式、教会の祭儀、婚姻の秘跡、確立された組織、伝統的な社会規範、正統にしたがう、保守的な見解、神との調停、情報を求める、魂を大事にする

【－のキーワード】不寛容、頑固、柔軟性の欠如、傲慢、独断主義、服従、抑圧的な信仰教義、かたくなな正統主義、原理主義的信仰、倒錯した精神性、誤った助言、法の精神よりも文言にこだわる、愚かな寛大さ

【正位置】正位置の教皇は、クライアントが頼みとする、精神性志向の賢明な導き手である。この人物は、優しい教師、指導者、精神的な助言者で、宗教や学校といった環境にかかわっていることも珍しくない。教皇の役割のひとつは、伝統的な知恵を次の世代に伝えるために神聖な儀式を行うことである。教皇はしばしば、結婚や洗礼、バル・ミツバー、葬式といった儀式をつかさどる。こうした聖職者はカップルを結婚させる（"留める"）権威を持つため、このカードは結婚の前兆かもしれない。いずれにしても、教皇がリーディングにあらわれたら、自分の家族や文化や宗教の伝統的価値観に対処することになるだろう。

【逆位置】伝統的な価値観によって決められたスタンスに凝り固まりすぎているのではないかと警告している。法の精神よりも文言にしたがう傾向が見える。こうした極端なこだわりをもって伝統的な権威に盲目的にしたがうことで、他者を支配し、基本的人権を認めないことが多い。逆位置の教皇は、「宗教とは人々のアヘンである」というカール・マルクスの言葉を思い起こさせる。マルクスの説明によれば、宗教を鎮静剤とみなすことで「人は正気を取り戻す。その結果、幻想を捨てて自分の感覚を取り戻した人間のように、考え、行動し、自らの現実を形作るようになり、真の太陽である自分自身を中心に据えて動き回るようになる」[※37] あなたは、"オズの魔法使い"を名乗ってカーテンの後ろに隠れている男から助言をもらっているのではないだろうか？

※37／"Karl Marx──A Contribution to the Critique of Hegel's Philosophy of Right" 1844年2月7日と10日にパリで出版された Deutsh-Franqosische Jahrbucher より。出典は www.age-of-the-sage.org/quotations/marx_opium_people.html

6

恋人たち
THE LOVERS

畑の耕し方を選択する
Choosing How To Plow Your Fields

【鍵の番号６】恋人たち

【占星術】双子座（水星に支配される風のサイン）

【双子座の期間】トロピカル方式：５月21日－６月20日／サイデリアル方式：６月15日－７月15日

【エレメント】風

【数秘術】６（恋人たち）＝１＋５（悪魔）

【ヘブライ文字】*Zayin*、*Zain*（鋤、つるはし、鍬、鋭利な武器／収穫、穀物、食物、栄養、剣などで切る・断つ、といった意味のヘブライ語）。畑を耕して収穫を得るというのは、カップルが子孫を残すために性交することの暗喩である

【神話／元型（アーキタイプ）】アダムとイブ。エロスとプシュケ。キューピッドの矢。アベラールとエロイーズ。ロミオとジュリエット。ダンテとベアトリーチェ。愛人（ラマン）。ドン・ファン。カサノヴァ

【メイザース（1888）】賢明な処分、証明、乗り越える試練／（逆位置）浅はかな計画、真価が問われたときの失敗

【ウェイト（1911）】愛、魅力、美、試練の克服／（逆位置）失敗、愚かな企図。また、結婚の頓挫、あらゆる矛盾点を指すという説もある

【クロウリー／黄金の夜明け団】積極的に求めるというより消極的に受け入れたひらめき（隠者のカードと同様）。ひらめきから生じた行動。巫女によるひらめきを指す場合もある

【＋のキーワード】重要な決断、または選択の必要。献身、調和、関係性、友情、相互関係、約束、真の愛、ロマンス、魅力、善悪の認識、受精、鋤の慎重な使用、性的結合

【－のキーワード】優柔不断、誤った選択、疑い、衝動、責任の欠如、誘惑、不貞、背信行為、失恋、鋤の無分別な使用、畑を適切に耕すことの不履行、禁断の果実を食べる、自らのわなに陥る／「小人閑居して不善を成す」

【正位置】人生の方向性に大きな影響を及ぼす重要な選択をあらわしている。この選択は、恋愛関係や、結婚して子供を持つかどうかの決断にかかわっている可能性がある。関連するヘブライ文字の「Zayin」は、畑を耕し、賢明な栽培によって豊かな実りを確保するというイメージを呼び起こす。現時点での決断が長期にわたって影響をもたらすので、じっくりと考え、適切な助言を受け、賢く選択することが不可欠である。このカードと双子座との関連は、永遠につづく個人間の愛情を暗示する。

【逆位置】慎重に考慮せずに決断を急いでいる状況を暗示している。新たな関係に心を奪われ、明快に思考できない状態なのだろうか。恋は盲目で、キューピッドの矢は、先のことなど考えずに放蕩の限りを尽くせとそそのかしてくるかもしれない。きちんと畑を耕してこなかった農夫と、適切な管理で作物を育ててきた農夫——あなたの振る舞いはどちらだろう。注意深く準備しなければ、豊かな実りは得られない。充分に慎重に思案すれば、難局を避けることができる。

7

戦車
THE CHARIOT

理性は欲求と意志を手なずける
Reason Tames Appetite And Will

【鍵の番号7】戦車

【占星術】蟹座（月に支配される水のサイン）。ウェイト＝スミス版デッキでは、流れる川が天蓋つきの戦車を背後の城郭都市から隔てている。

【蟹座の期間】トロピカル方式：6月21日−7月21日／サイデリアル方式：7月16日−8月17日

【エレメント】水

【数秘術】7（戦車）＝1＋6（塔）

【ヘブライ文字】Chet、Cheth、Heth（防護フェンス、テントの壁／別離、境界、隔壁、石壁、外側、半分、またはひもを意味するヘブライ語）。蟹は、境界がはっきりした殻で身を守っている（ケト）

【神話／元型（アーキタイプ）】ヘカテ。美徳の御者。キャンサー、蟹（蟹座のシンボル）。プラトンが魂の三分説（理知・気概・欲望）のたとえとして用いた馬車。ナスカー（全米自動車競走協会）のレーサー

【メイザース（1888）】凱旋、勝利、障害の克服／（逆位置）打倒、土壇場で障害に屈する

【ウェイト（1911）】援助、神意／戦争、凱旋、推定、復讐、トラブルを意味する場合もある／（逆位置）暴動、喧嘩、紛争、訴訟、敗北

【クロウリー／黄金の夜明け団】凱旋、勝利、健康、成功（束の間の成功にすぎない場合もある）

【＋のキーワード】目的意識の強さ、統率する、はっきりした境界を設ける、防壁の維持、旅行、分別、裁定、反対勢力を支配する、道を阻む障害への勝利、明確な方向性を持つ、冒険に旅立つ、目標に向かって集中しつづける、潜在能力に頼る、熟練、旅、自動車などの乗り物、自分の限界を尊重する、硬い殻、まっすぐな細い道

【－のキーワード】方向性の欠如、制御不能、いらだたしい障害、当てもなくさまよう、無駄骨を折る、手綱を放す、あいまいな境界、自分の限界に気づかない、身を守る殻を持たない、コースを保つことができない、さまざまな方向に引きずられる

【正位置】変わりゆく状況下で事態を掌握するよう促している。人生の旅では、乗っている戦車を自分で操らなければならない。目標を成就するのに必要な才覚は、自分の人格を守る殻のなかに備わっている。成功を左右するのは、さまざまな方向に引きずられる野心と欲求を両立させるべく、理性を活用する能力である。明確な境界を設け、自分の限界を尊重することが大切だ。いまは、明晰に思考し、人生の方向を見きわめ、主導権を握るときだ。旅行を計画しているときや、重要な旅に出ようとしているとき、その旅が現実のものであろうと比喩的なものであろうと、戦車のカードはよくあらわれる。

【逆位置】進むべき方向を制御せずに、あてどなくさまよっているのではないかと警告している。いまのあなたは、自分は傷つきやすく、外部の力に翻弄されていると感じているのかもしれない。多くの野心やさまざまな快楽への欲望に負けて、本来歩むべき道から逸れてしまっている可能性がある。明確な境界を設定して、自分の限界を知るように注意しよう。自分の戦車の手綱を放してはならない。いまは、いちばん大切な目的にたどり着くために、自分がもっとも価値を置くものに集中し、人生のコースを整えるときだ。戦車が乗り物か現実の旅を指している場合、その旅は延期されるか、多難なものになるかもしれない。

8 /11

力
STRENGTH

勇気と獣欲
Courage And Animal Passion

【鍵の番号8】力（不屈の精神、欲望）。伝統的なマルセイユ・デッキでは11番

【占星術】獅子座（太陽に支配される火のサイン）

【獅子座の期間】トロピカル方式：7月22日－8月22日／サイデリアル方式：8月18日－9月16日

【エレメント】火

【数秘術】8（力または正義）＝1＋7（星）

【ヘブライ文字】$Teth$（テス）、$Theth$（テス）（粘土、籐の籠／取り囲む、含む、蓄える、捕らえる、よりあわせる、ぐるぐる巻く、結びつける、編み込む、といった意味のヘブライ語／また、泥や粘土、蛇も指す）。とぐろを巻く蛇は、性交における肉体の結びつきを示唆する。ヘブライ文字の「$Teth$（籠）」と、このカードが人間の欲望と関連していることを考えると、こんな童謡を思い出す。「ティスケット、タスケット　緑と黄色のバスケット　いとしい人に寄せた恋文　道行く途中で落としてしまった……男の子が拾い上げ　自分のポケットにしまい込んだ」（『ア・ティスケット、ア・タスケット』より）

【神話／元型（アーキタイプ）】ヒーロー。ジャンヌ・ダルク。ドラゴン・スレイヤー。サテュロス。ヘラクレスとネメアーの獅子。ダビデとゴリアテ。サムソンとデリラ。クンダリーニ

【メイザース（1888）】パワー、エネルギー、力、強さ、不屈の精神／（逆位置）権力の乱用、横柄さ、不屈の精神の不足

【ウェイト（1911）】パワー、エネルギー、行動、勇気、寛大／完全な成功と名誉／（逆位置）専制、権力の乱用、弱さ、不一致。恥辱という意味を持つことさえある

【クロウリー／黄金の夜明け団】不屈の精神、強さ、勇気

【＋のキーワード】勇気、勇敢、情熱、英雄的行為、自尊心、不屈の精神、根性、真の気概、生命力、道徳心、逆境に直面したときの強さ、野性、欲望、性欲、強い欲望、性本能、激しい感情、クンダリーニ、内なる野獣を飼い馴らす、過度の恐怖を鎮める、無鉄砲の制御

【－のキーワード】勇気の欠如、権力の乱用、抑えられない欲望、倒錯した性、色情症、淫乱な女、中毒、本能的な欲望の抑圧、激しい感情に対処できない、臆病、自己強化

【正位置】正位置の力（欲望）は、ヘラクレスがネメアの獅子と対決したときのように、勇気と決意と不屈の精神をもって事態に取り組む必要があることを示唆している。獣欲が激しく心を乱し、"文明人"としての自分と対立している。精力が漲っているのを感じ、肉体を使うことを徹底的に楽しんでいる状態だ。健康状態が改善して、エネルギーが高まっている。性にかかわる事柄が、改めて見直される。力のカードと獅子座、そして太陽との関連は、優しい気持ちで自省すべきときだということを暗示し、それが悟りにつながる可能性がある。獅子は、温かみ、寛容さ、人生を精力的に楽しむことで知られている。

【逆位置】困難に立ち向かうために勇気を奮い起こす必要があることを暗示している。もしかすると、自分には抑えられそうにない激しい本能的な欲望に直面して、恐怖や無力さを感じているのかもしれない。一方で、自分の魅力や性の技巧を賞賛してもらおうとして調子に乗りすぎ、周りから、支配的、虚栄心が強い、自分を美化している、口うるさいと思われている可能性もある。

9

隠者
THE HERMIT

意味の探求
The Search For Meaning

【鍵の番号9】隠者

【占星術】乙女座（水星に支配される地のサイン）

【乙女座の期間】トロピカル方式：8月23日－9月22日／サイデリアル方式：9月17日－10月16日

【エレメント】地

【数秘術】9（隠者）＝1＋8（月）

【ヘブライ文字】Yud、Yod（腕と握りしめた手／行う、つくる、働く、投げる、または崇拝するという意味のヘブライ語／何かを持って握った拳）。カードに描かれた隠者のランタンを持つ腕と握り拳に注目

【神話／元型】長老。賢者。哲学者。ブッダ。ジェダイ・マスター・ヨーダ（「Yoda」にヘブライ文字の「Yod」が入っている）

【メイザース（1888）】慎重、警戒、思索／（逆位置）慎重すぎる、臆病、恐怖

【ウェイト（1911）】慎重、用意周到／とくに、裏切り、感情を偽る、悪事、堕落／（逆位置）隠匿、偽装、方針、恐怖、不合理な警戒

【クロウリー／黄金の夜明け団】神聖なひらめきと天上からの叡智を活動的に求める

【＋のキーワード】内観、瞑想、精神的隠遁、細心の注意、孤独、慎重、成熟、冷静、経験による知恵、油断のなさ、用意周到、識別力、視点、忍耐強い知識の探求、静かな黙想、心の灯、哲学的洞察、意味の探求、いまこのときの力、魂の充足

【－のキーワード】軽率、過剰な警戒、叡智の欠如、自己愛、臆病、社会的孤立、疎外感、引きこもり、寂しさ、経験から学ぶことの不履行、他者の支援を受け入れない

【正位置】狂乱する世間から離れて過ごす必要があることを暗示している。思考をまとめて、立て直しを図るときだ。孤独と黙想の時間がふさわしい。テクノロジーが発達した現代では、「瞑想はグーグルでは見つからない答えを与えてくれる」などというジョークが飛ばされる。さまざまな経験を経て、じっと成り行きを見守るときがやってきた。忍耐強く、用意周到にしていれば、広い視野から問題を見て、自分の経験に学ぶことができる。エックハルト・トールの『さとりをひらくと人生はシンプルで楽になる』（徳間書店刊）を読んでみるのもいいかもしれない。

【逆位置】日常の喧騒にとらわれて、目指す道がはっきりと見えていない状況を暗示している。少し休んで、瞑想する余裕を持ち、正しい方向に戻ろう。ソクラテスは「吟味されない人生に、生きる価値はない」と言っている。じっくりと時間をかけさえすれば、経験から学べる叡智はたくさんある。あなたに必要なのは、問題を広い視野で見るために少しだけ距離を置くことだ。

10

運命の輪
The Wheel of Fortune

**天の下の出来事には
すべて定められた時がある**

A Time to Every Purpose Under Heaven

【鍵の番号10】運命の輪（幸運の女神）

【占星術】木星、大吉星（木星は射手座と魚座を支配する）

【エレメント】火

【数秘術】1（魔術師）＝1＋0（運命の輪）＝1＋9（太陽）

【ヘブライ文字】*Kaph*（カフ）（開いた状態の掌／開く、曲げる、許す、飼い慣らす、他者の意志にしたがうといった意味のヘブライ語／また、くり抜く、何かを受けとるために手を差し出す／手相占い師は掌から人の運勢を読みとるという。このカードが示唆するのは、身を投げ出して運命の輪の回転にしたがうしかないということである

【神話／元型（アーキタイプ）】幸運。幸運の女神。3人の女神。ギリシア神話の運命の三女神。予言者。運命のいたずら

【メイザース（1888）】幸運、成功、思いがけない幸運／（逆位置）不幸、失敗、思いがけない悲運

【ウェイト（1911）】宿命、幸運、成功、上昇、運、慶事／（逆位置）増加、豊富、過多

【クロウリー／黄金の夜明け団】幸運、幸福。成功に酔うことを意味する場合もある

【＋のキーワード】幸運、宿命、前進のチャンス、上昇傾向、機会をとらえる、常にチャンスを受け入れる、自然のサイクル、事態の好転、運命のいたずら、幸運の女神、運命の試練、時がたてばわかる、運命を受け入れる

【－のキーワード】悪運、下降傾向、不運、事態の悪化、運命的な事件、無常、先延ばし、機会をのがす、服従する以外に選択肢がない、状況を変えるだけの影響力はないと感じる、運命のいたずら

【正位置】正位置の運命の輪は、幸運とは往々にして自らの行いよりも運命のいたずらの結果だということを思い出させる。いまは、わが身の幸運を大いに楽しもう。明日にでも状況が変わるかもしれないのだから。いまが順調なら、それを最大限に生かし、まさかのときに備えてなんらかの蓄えをしておこう。さしあたって運命は微笑んでくれている。この瞬間を大切にしよう。今日はここにあるチャンスも、明日は手が届かなくなっているかもしれない。ピート・シーガーが聖書の言葉にメロディーをつけた『ターン・ターン・ターン』の歌詞をじっくりと噛みしめてみることだ――「何事にも時があり、天の下の出来事にはすべて定められた時がある」（『コヘレトの言葉』3章1節）

【逆位置】幸運はいつまでもつづかないと警告してくれている。上がったものは、いつかは下がる。季節は常に移ろい、雨の日にも備えなければならない。運命とはおおむね自力で切りひらくものだが、自分ではどうすることもできない予期せぬ出来事も起こりうる。ブルータスの言葉を肝に銘じておこう。

「人のなすことにはすべて潮時というものがある、うまくあげ潮に乗れば幸運の港に達しようが、それに乗りそこなえば人生航路の行きつく先も不幸の浅瀬というわけだ、動きがとれぬことになる」（ウィリアム・シェイクスピア『ジュリアス・シーザー』小田島雄志訳　白水社刊）

11/8

正義
JUSTICE

世界の法を守る
The Lawfulness Of The Universe

【鍵の番号11】正義。伝統的なマルセイユ・デッキでは8番

【占星術】天秤座（金星に支配される）

【天秤座の期間】トロピカル方式：9月23日－10月22日／サイデリアル方式：10月17日－11月15日

【エレメント】風

【数秘術】2（女教皇）＝1＋1（正義／力）＝2＋0（審判）

【ヘブライ文字】*Lamed*（ラメド）（牛を追い立てる棒、群れを導く羊飼いの杖／教える、学ぶ、くびきをかける、縛る、制御する、守る、保護するという意味のヘブライ語／英語の前置詞「*to*」「*toward*」にあたる／学者、権力者、群れのリーダー）。正義の徳は、人類を正しく合法な言動へ向かわせる羊飼いの杖のようなものである

【神話／元型（アーキタイプ）】正義の秤。カルマ。エジプトの女神マアト（死者の魂が天国にふさわしいかどうか決めるため、羽と比べて重さを量った）。ソロモン王。ハムラビ法典。十戒を授かった

モーゼ

【メイザース（1888）】均衡、バランス、正義／（逆位置）偏見、バランスの欠如、正義の乱用、過度の厳格さ、不平等、先入観

【ウェイト（1911）】公平、正しさ、廉潔、高官／法的に正しい側の勝利／（逆位置）分野を問わないすべての法律、法的な複雑さ、偏見、先入観、過剰な厳しさ

【クロウリー／黄金の夜明け団】正義、バランス、法的手つづき、裁判、法廷

【＋のキーワード】正義、平等、人権、法と秩序、公正、真実、合法性、正しい言動、バランス、公平、寛容、妥当な決断、法廷、法的事項、責任を負う、不均衡をただす、法の尊重、道徳規範、倫理、カルマ、行動と結果、正しい道、自業自得

【−のキーワード】不正、先入観、不平等、不公平な扱い、えこひいき、偏愛、偏見、不寛容、偽善、理不尽、不当な影響力、無責任、不道徳、倫理にもとる言動、法的なもつれ、法廷による不利な判決、法制度の悪用、自らの行動の責任回避

【正位置】あなたの現状が、均衡、バランス、公平な扱い、正義に左右されることを示唆している。法的な問題にかかわっているなら、公平に裁かれ、望みどおりの判決が出るだろう（正当性が自分にある場合に限る）。自分に非がある場合も、公平に裁かれ、責任を負わされるだろう。なんらかの決断を迫られているのであれば、良い点と悪い点を比較する際に正直かつ賢明になることが不可欠だ。聖書にこんな言葉がある。「思い違いをしてはいけません。神は、人から侮られることはありません。人は、自分の蒔いたものを、また刈りとることになるのです」（『ガラテヤの信徒への手紙』6章7節）

【逆位置】あなたの現状が、不正、不公平、先入観、えこひいきを伴っていることを示唆している可能性がある。物事がバランスを欠いている、問題が自分にのしかかってくると感じていないだろうか。法的手つづきは面倒なことになりそうだ。他者への対応が不誠実とみなされるかもしれない。もしもいま、女神マアトがあなたの魂を羽の重さと比べたら、天国に行くのにふさわしいと判断してくれるだろうか。

12

吊された男
The Hanged Man

新たな視点で物事を見る
Adopting A Fresh Perspective

【鍵の番号12】吊された男（裏切り者）

【占星術】水の元素（最近では海王星とするデッキもある）

【エレメント】水

【数秘術】3（女帝）＝1＋2（吊された男）＝2＋1（世界）

【ヘブライ文字】Mem(メム)（波／水、液体、血、海、広い水域、カオス、海のような強い力への恐怖、を意味するヘブライ語）／湖面に映るあなたの姿は、立ち姿が逆さまになったように見える

【神話／元型(アーキタイプ)】イエス。ブッダ。オーディン。クアウテモック。殉教者。いけにえの子羊。ベネディクト・アーノルド（訳注：アメリカ独立戦争時の司令官で、イギリス軍に砦を引きわたす陰謀を企んだ）。裏切り者

【メイザース（1888）】自己犠牲、犠牲、献身、束縛／（逆位置）自分勝手、解放された、部分的な犠牲

【ウェイト（1911）】叡智、用意周到、識別力、試練、犠牲、直感、占い、予言／（逆位置）自分勝手、群集、国民

【クロウリー／黄金の夜明け団】不本意な犠牲、苦悩、喪失、処罰

【＋のキーワード】大義のための犠牲、一時停止の状態／仕える、降伏、献身、利他主義、静穏、信頼、先見的な思考、解放、流れに身を任せる、手放す、保留にされている感覚、犠牲による贖い、独特の視点を持つ、普通ではないことをする、精神的な観点、状況の斬新なとらえ方、慈愛の心、優しい思いやり、同情、平等に漂う注意（フロイトの用語で、意識的に注意が向くところだけではなく、無意識に生じていることにも注意を開いておく態度）

【－のキーワード】自分勝手、利己主義、背信行為、停滞、逆転、遅延、自己憐憫、粘着質、凝り固まった考え、自己欺瞞、反逆、被害者ぶる、愚かな殉教、無力感、不安、幻滅、悩み、服従

【正位置】正位置の吊された男は、水面に映った立ち姿のように見える。われわれが感覚でとらえるものにこそ、より深遠な現実が映し出されるという暗示なのだ。真の現実を理解するには、視点を新たにする必要があるかもしれない。人生が保留になっているとか、一時停止しているように思えるなら、精神的な物の見方を取り入れて大義を求めるべきだ。大義を成すためには犠牲を払い、大切なものを手放さねばならないこともある。いずれにしろ、吊された男があらわれたときは、周囲が正しいと考えるアプローチとは距離を置く形で、通常とは異なる物の見方や行動を実践している可能性が高い。

【逆位置】幻影にしがみつくあまり明確な視点を得られずにいる可能性が示唆されている。必要な犠牲を払うことを拒めば、さらなる喪失と苦悩を招きかねない。殉教者を演じても得るものはない。ルネサンス期のイタリアにおいて、逆さ吊りは裏切り者に対する刑罰だった。スペインの征服者コルテスは、アステカ帝国最後の君主クアウテモックに罪を着せると、一度は勇者と讃えた彼をキリストのような姿勢で逆さ吊りにして処刑した。この様子は、ディエゴ・リベラ作の『スペイン人によるメキシコの征服』と題する壁画にあざやかに描かれている。

13

死神
DEATH

新たな章の始まり
A New Chapter Begins

【鍵の番号13】死神

【占星術】蠍座（火星と冥王星に支配される水のサイン）

【蠍座の期間】トロピカル方式：10月23日－11月21日／サイデリアル方式：11月16日－12月15日

【エレメント】水

【数秘術】4（皇帝）＝1＋3（死神）＝2＋2（愚者）

【ヘブライ文字】Nun（ヌン）（発芽する種／繁殖する、子孫を生む、人生を長つづきさせる、新しい世代につづく、増加する、という意味のヘブライ語／また、繁栄、息子、後継者）。「Nun」の象形文字は人の精子に似ている。アラム語の「nun」は、キリスト教にとって重要な象徴である「魚」を意味する言葉だ。このカードは、死が新たな命を生み出す自然のプロセスの一部であることを思い出させる

【神話／元型（アーキタイプ）】オシリス。ディオニュソス。死の天使。エレウシスの秘儀。不死鳥の伝説。変容。復活祭。キリストの復活

【メイザース（1888）】死、変化、変容、悪い方への変化／（逆位置）かろうじて免れた死、部分的な変更、良い方への変化

【ウェイト（1911）】終末、死すべき運命、破壊、腐敗／男性にとっては、後援者の喪失／女性にとっては、多くの矛盾点／未婚女性にとっては、結婚の約束の不履行／（逆位置）不活発、眠り、無感動、硬直状態、夢遊病／潰えた希望

【クロウリー／黄金の夜明け団】望まない変化（月のカードで示される自発的な変化との対照）、変容、ときには死をあらわす

【＋のキーワード】推移、変質、発芽する種、大きな変化、終末、復活、必要な変化、繁殖、新たな成長、章の結び、ドアを閉める、存在の新たな段階、解放、放出、変容、変貌、前進、手放す必要、避けられない終わり、生と死の自然なサイクル、未知のものと向き合う勇気

【－のキーワード】手放すことを拒む、停滞、腐敗、先延ばし、発芽しない種、過去への不毛なこだわり、必要な変化への抵抗、未知への恐怖

【正位置】重大な変化と変容の時期が来たことを示唆している。人生のなかで新しい種が芽を出そうとしている。ひとつの章が終わり、新たな章が始まろうとしている。これは必要なプロセスであり、拒むことも避けることもできない。このカードの大きなテーマは、「古きを捨て、新しきに道をゆずれ」ということだ。新しい人生が待っているのだから、勇気を出して未知のものに向き合おう。聖書の忠告を肝に銘じておくこと。「一粒の麦は、地に落ちて死ななければ、一粒のままである。だが、死ねば、多くの実を結ぶ」（『ヨハネの福音書』12章24節）

【逆位置】必要な変化と変容を避けている可能性を暗示する。過去にしがみついていても実りは得られない。停滞するものや古びたものは、新たな発展のために捨て去るべきだ。新たな芽吹きを妨げる状況を、自分でつくり出してはいないだろうか。もしそうなら、いまこそ未知のものに向き合う勇気を奮い起こすときだ。

14

節制
TEMPERANCE

巧みな融合と調和
Artful Blending and Reconciliation

【鍵の番号14】節制（技能）

【占星術】射手座（木星に支配される火のサイン）

【射手座の期間】トロピカル方式：11月22日－12月20日／サイデリアル方式：12月16日－1月13日

【エレメント】火

【数秘術】5（教皇）＝1＋4（節制）

【ヘブライ文字】*Samech*（サメク）、*Samekh*（サメク）（鋭い棘、杖を持つ手／防護する盾、支える物、土台／また、貫く、持ち上げる、支える、つっかえ棒をする、寄りかかる、つかむ、憎む、守るという意味のヘブライ語）。「*Samekh*」はさらに、動物をいけにえにしたり司祭を叙階したりする際に按手（あんしゅ）をする儀式のことも指す

【神話／元型（アーキタイプ）】ケンタウロス。錬金術師。両性具有。性転換。クリエイター。アーティスト。治療師。発明者。ヘーゲルの弁証法

【メイザース（1888）】組み合わせ、適合、結合／（逆位置）無分別な組み合わせ、分離、相反する利益

【ウェイト（1911）】節約、節度、質素、管理、調整／（逆位置）教会や宗教、宗派、聖職に関連する事柄、クライアントと結婚する聖職者を意味する場合すらある／分離、不幸な組み合わせ、利害の対立

【クロウリー／黄金の夜明け団】統合された力、行動、物質の現金化

【＋のキーワード】節制、節度、献身、自制、適切な割合、癒やし、対応能力、相反する衝動の調整、異なるニーズのバランスをとる、思慮、相互尊重、冷静、和らぎ、均整、適切な混合、妥当な手段、解決、対立する同士の結合、衝突する見解の調和、反対勢力の和解、巧妙な組み合わせ、中道、中庸、創造的な解決、矛盾点の巧妙な調和、交渉能力

【−のキーワード】節度のなさ、衝突、不一致、過剰、不均衡、短気、極端に走る、自制心の欠如、優柔不断、相反する利益、身勝手な要求、対抗勢力との交渉決裂、和解し難い不和、オール・オア・ナッシングの考え方／「私のやり方に従わないなら出ていけ」

【正位置】自分のなかの対立を和解させようと対処している状況を示唆している。古の錬金術師のように、卑金属を金に変えようとしているのだ。節度を持って行動し、節制の美徳を実践することが求められている。たゆまぬ努力によって、競合する力を平和に調和させ、より価値のある何かを生み出すことができるだろう。この図柄を描いたルネサンスの芸術家は、カトリックのミサで水と葡萄酒を混ぜる儀式からひらめきを得たに違いない。そのとき司祭は次のような祈りを捧げる。「この水と葡萄酒の神秘によって、私たちが、人となられた方の神性にあずかることができますように」

【逆位置】逆位置の節制は、中庸を見いだすのに困難を感じていることを暗示している。相反する衝動に直面し、どうやって巧みなバランスをとればいいのか途方に暮れているのだろう。妥協点を探るよりも、極端に走りたい気持ちになっている。哲学者の言葉をじっくり噛みしめてほしい。「何事にも節度が肝心、節度にも節度をもって」。アブラハム・リンカーンが「分かれて争う家は立ち行かない」と警告したとおりである。

15

悪魔
The Devil

ねじれた世界観
A Twisted View of the World

【鍵の番号15】悪魔（牧神）

【占星術】山羊座（土星に支配される地のサイン）

【山羊座の期間】トロピカル方式：12月21日－1月19日／サイデリアル方式：1月14日－2月12日

【エレメント】地

【数秘術】6（恋人たち）＝1＋5（悪魔）

【ヘブライ文字】$Ayin$（アイン）（目／見る、見つめる、経験する、知る、という意味のヘブライ語／太古の光、影、痛みや嘆きに反応して浄化の涙を出す目としての、泉や噴水）。聖書では、悪魔の「ルシファー」という名前は「光をもたらす者」を意味している。「Ghah」という文字も悪魔のカードと関連がある。ジェフ・ベナーによると、古代ヘブライ・アルファベットの23番目の文字「Ghah」（"ねじれたロープ"）が、現代文字の「Ayin」に吸収されたという。[38]「Ghah」は「ねじれた」「暗い」「邪悪な」という意味で、ねじれた角を持つことから山羊を指す。現代のスラングでは、「角を持った」（ホーニー）は、「好色」「常に欲情している」という意味を持つ。このカードに関連する「Ayin」と「Ghah」

の組み合わせは、ねじれた世界観を持つことを暗示しているのかもしれない。偶然にも、山羊座は悪魔のカードに割り当てられている

【神話／元型(アーキタイプ)】牧神、欲情した山羊の足をした羊飼いの神。バッカス祭。アダムとイブ。バフォメット。ケルヌンノス（訳注：古代ケルトの狩猟の神）。ルシファー。ファウスト。ミダス王。アレキサンダー大王。蠅の王ベルゼブブ。宗教に取りつかれた自爆犯

【メイザース（1888）】善のための死／（逆位置）悪のための死

【ウェイト（1911）】破壊、暴力、熱情、並外れた努力、力、死／運命づけられ、ゆえに悪ではないこと／（逆位置）邪悪な死、弱さ、狭量、無知

【クロウリー／黄金の夜明け団】物質主義、妄想、物質力、物質の誘惑（妄想と肉欲の特性は、恋人たちのカードによってさらに強められる）

【＋のキーワード】縛りつけていたものをゆるめる、厳格な倫理観からの解放、楽しめるような物質的愛着、健全な選択をする、楽しい時間を過ごす、セックスを楽しむ、誘惑に立ち向かう、喜びを与えてくれるものを好む、精神的視点を持つ、内なる悪魔に立ち向かう、宗教の独断主義の鎖を断ち切る、望みの人生を送る、世俗的な野心への献身

【－のキーワード】束縛、妄想、罠、物質的誘惑、抑圧、不均衡、不誠実、ねじれた考え、無知、厳格な倫理観、宗教の奴隷、閉鎖的な信念、共依存関係、中毒、自己欺瞞、過剰な物質主義、不健全な執着、権力への渇望、耽溺、自由奔放、好色さ、性的倒錯、邪悪、秘密の陰謀、極端に走る、自らに課した制限、宗教的狂信、逃げ道がない、未知のものへの恐怖、影の自分

【正位置】強烈な喜びや満足をもたらす活動の機会が与えられていることを示している。このカードは、物質的な野心を達成しようとして、異常なほどの献身を要する計画を熟考しているときにあらわれることが多い。悪魔は、そうした目標を夢中になって追い求めるときは人生におけるバランスを保ち、堕落につながる物質的な誘惑に執着しすぎないようにと警告している。

　残念ながら悪魔のカードは、肉の喜びは神の目から見れば罪深いと信じる気難しい神学者の見解と関連づけられてしまった。人体を創造して楽しむ能力を与えたのは、他ならぬ神だというのに。悪魔は、中庸を心がけてさえいれば、人生で喜びを求めることにはなんの問題もないと教えてくれる（だからこそ、節制が悪魔の前に置かれているのだ）。リーディ

ングでこのカードがあらわれたら、心を和らげて、凝り固まった義務感や道徳観のせいで避けてきた行動に喜びを見いだすときだ。悪魔が耳元で囁きかけてくる。「良い気分になるなら、やってみろ」と。その言葉どおり、追い求めることを控えていた世俗的な野心があるなら、いまこそそれを目指してみよう。悪魔は、「物質的な野心に惑わされてねじれた世界観を持たないように、精神的視点を持ちつづけろ」と警告してくるだけだ。また、イギリスの1000人の親を対象に行った最近の調査によれば、金銭、仕事の成功、物質的所有が、幸福な生活には不可欠だという一般的な考え方があるにもかかわらず、95％の人が幸福への鍵は「家族全員で充実した時間を過ごすこと」と回答している。※39

【逆位置】快楽や官能の喜びを求めすぎている可能性が示唆されている。バランスが崩れた暮らしや行きすぎた言動が困難を招いていないだろうか。あらゆる種類の物質的な目標や肉体の喜びへの異常なまでの執着は、隷属や罠にかかっているのと同じことだ。良い気分にしてくれるものが自分のためになっているとは限らない。このカードの図柄に見られる重要な特徴は、存在に気づきさえすれば鎖は簡単に取り除けるということだ。さもないと、オスカー・ワイルドの言葉をくりかえすはめになる。「私はなににでも抵抗できる、誘惑以外なら」と。

※38／ジェフ・A・ベナー "Ghah" Ancient Hebrew Research Center, www.ancient-hebrew.org/3_ghah.html（2014年11月17日にアクセス）。
※39／デニ・カーコヴァ "What's the Ultimate Modern Luxury?" 2013年5月21日付『デイリーメイル』より。www.dailymail.co.uk/femail/article-2328597/Spending-quality-time-family-beats-material-possessions-holidays-new-happiness-poll.html（2015年5月10日にアクセス）。

第10章　大アルカナ

16

塔
THE TOWER

突然の悟り
Sudden Enlightenment

【鍵の番号16】塔

【占星術】火星、戦争の神、流血、破壊（火星は牡羊座と蠍座を支配する）

【エレメント】火

【数秘術】7（戦車）＝ 1 ＋ 6（塔）

【ヘブライ文字】Pey、Pe（開いた口／口、言葉、発声、発話、またはなにかの先端を意味するヘブライ語／話す、吹く、ばらまく）

【神話／元型（アーキタイプ）】バベルの塔。北欧神話の雷神トール。雷を武器とするゼウス。菩提樹の下のブッダ。ペルセポネをさらうハデス

【メイザース（1888）】没落、分裂、転覆、喪失、破産／（逆位置）以上の度合いが、程度の差はあっても部分的になる

【ウェイト（1911）】悲惨さ、苦悩、極貧、逆境、災難、恥辱、欺瞞、没落。とくに予期せぬ大惨事を指すカード／（逆位置）ある説明によれば、以上の程度が弱まる／抑圧、投獄、暴政

【クロウリー／黄金の夜明け団】勇気、野心、戦い、戦争（火星の特性）／緊張をもたらすカードが一緒にあらわれた場合は、破壊、没落、危険、敗北

【＋のキーワード】青天の霹靂、突然の啓示、急激な変化、注意を引かれる予期せぬ知らせ、分裂、転覆、激変、強制された変更、行動への呼びかけ、予期せぬ出来事、突然の悟り、窮屈な構造からの解放、浄罪、新たな成長のチャンス、浄化、手遅れになる前に行動する必要

【－のキーワード】突然の動揺、破綻、危機、没落、大惨事、衝撃、心を乱す知らせ、転覆、破壊、排除、トラウマ、敗北、苦悩を伴う変化、言葉を失う

【正位置】あなたを閉じ込めたり人生を制限したりしている構造を厳しく評価する必要があることを示している。自ら行動に出ない場合は、宇宙がなんらかの方法で変化を強いてくるだろう。前進を妨げてきた長年の習慣は放棄しなければならない。予想外の変化は、最初のうちこそ心に傷を残すかもしれないが、長い目で見れば再生への扉を開いてくれる。「すべての危機は好機を与える」という古い格言がある。予期しておらず、ときには劇的な変化をもたらす出来事が起こると、人は往々にして、自分の現実と信念体系を深く見つめなおすものだ。その種の出来事としては、具体的に、別離、離婚、失業、落第、財政的な停滞、気が動転するような医療診断などが挙げられる。

【逆位置】必要な変化を避けているか、心に傷を残す状況から学ぼうとしていない状態を暗示している。善人の身に悪いことが起こるという事実は避けられないが、人生で経験するさまざまなことから叡智を学ぶ機会として活用することはできる。砂の上に建てた家のたとえについて考えてみよう。「……愚かな人が砂の上に城を建てた。雨が降り、川があふれ、風が吹いてその家に襲いかかると、倒れて、その倒れ方がひどかった」（『マタイによる福音書』7章26－27節）あなたはどんな方法で砂の上に家を建ててきたのだろう？

17

星
The Star

希望の瞬き
A glimmer of Hope

【鍵の番号17】星

【占星術】水瓶座（土星と天王星に支配される風のサイン）

【水瓶座の期間】トロピカル方式：1月20日－2月17日／サイデリアル方式：2月13日－3月13日

【エレメント】風

【数秘術】8（力）＝1＋7（星）

【ヘブライ文字】$Tsadhe$（ツアディ）、$Tsade$（ツアディ）、$Tzaddi$（ツアダイ）、$Tsadiq$（ツアディク）（目的地に通じる道、横向きに寝る姿／山の側面に建てられた砦を意味するヘブライ語／旅、願望、必要／追う、狩る、捕らえる、勝ちとる／もっともな、正しい）。ベツレヘムの星は東方の三博士に、イエスが誕生した場所へ行く道を示した。このヘブライ文字は釣り針に似ているとも言われる。アレイスター・クロウリーは星を「He」とペアにしており、〈黄金の夜明け団〉では皇帝と関連づけている

【神話／元型（アーキタイプ）】ベツレヘムの星。困難から救う妖精。エジプト神話の天空の女神ヌイト（ヌト、ヌート、ヌウトとも）。水瓶座

【メイザース（1888）】希望、期待、明るい約束／（逆位置）潰えた希望、裏切られた期待、もしくは、少ししかなわなかった期待

【ウェイト（1911）】喪失、窃盗、窮乏、放棄／別のリーディングでは、希望と明るい展望／（逆位置）尊大、傲慢、無能

【クロウリー／黄金の夜明け団】信頼、希望、思いがけないところからの力添え／威厳がない、むなしい期待、夢見心地

【＋のキーワード】希望、支援、明るい展望、導く光、目的地に行く道、より良い未来を信じる、ひらめき、明瞭さ、平和、平穏、向上の可能性、更新のチャンス、正義の道を歩む、トンネルの向こう側の光

【－のキーワード】失望、悲観主義、期待はずれ、無視された機会、未来への信頼の欠如、役立つ指導を受け入れない

【正位置】正位置の星は、分裂を意味する塔のあとで希望と支援を提示してくれる。トンネルの先に光が見えはじめた。目的地につながる道筋が見つかったのだ。いまの道をそのまま進んでいけば、平和と平穏が約束されている。思いがけないところから力添えがあるかもしれない。未来には明るい展望がひらけていると信じて進むことができる。2000年ほど前にマルクス・トゥッリウス・キケロが言ったように、「命がある限り、そこには希望がある」のだ。

【逆位置】前向きな結果を期待できないと感じていることのあらわれだ。信頼が揺らいでいるか、物事が結局はうまくいかないのではないかという疑念に悩まされているのかもしれない。いまは、状況を現実的に見きわめ、幻影に基づく誤った希望や期待を捨てるべきだ。グラスは半分空になっただけだと思えるだろうか？ 足元の案内路に気づかずにいるのではないだろうか？ イソップ寓話の、「天は自ら助くる者を助く」という教訓を心にとめよう。

18

月
THE MOON

闇のなかで蠢くものたち
Things That Go Bump in the Night

【鍵の番号18】月

【占星術】魚座(木星と海王星に支配される水のサイン)

【魚座の期間】トロピカル方式:2月18日-3月19日／サイデリアル方式:3月14日-4月13日

【エレメント】水

【数秘術】9(隠者)=1+8(月)

【ヘブライ文字】Quph、Qoph(クフ、コフ)(水平線にかかる太陽／太陽、公転、コンパス、円周、循環、円運動、回る、後ろ、後頭部、水平線、太陽の公転、時間、凝縮する、という意味のヘブライ語)。月については、影の面(後頭部)が地球から見ると隠れていること、月の満ち欠けが地球の自然のサイクルと共鳴していることがわかっている

【神話／元型(アーキタイプ)】月の女神。世界の門番かつ夜の女王ヘカテ。月と出産と狩猟の女神ディアナ

【メイザース（1888）】薄明、欺瞞、過ち／（逆位置）変動、わずかな欺瞞、些細な誤り

【ウェイト（1911）】隠れた敵、危険、中傷、暗闇、恐怖、欺瞞、神秘の力、過ち／（逆位置）不安定、移り気、沈黙、軽度の欺瞞と過ち

【クロウリー／黄金の夜明け団】自発的な変化（死神が示唆する不本意な変化との対照）、不満／ディグニティが低い場合、月は欺瞞、過ち、虚言をあらわすことがある

【＋のキーワード】幻影、ミステリー、ぼやけた、目に見えない影響、直観的な知識、物事は見た目どおりではない／自発的な変化、段階、循環、夢、想像、精神的な気づき、無意識の知識、内観、本能的直感、月経周期、恐怖に立ち向かう

【－のキーワード】混乱、欺瞞、過ち、幻滅、明確さの欠如、非現実、漠然とした考え、懸念、最悪への恐怖、誤解、暗闇、寂しさ、悪夢、抑鬱、不安感、隠れた敵、曖昧さ、不安定、陶酔、薬物乱用、影の面、変動する状況、約束の不履行、女性の健康についての関心／闇のなかで蠢くものたち

【正位置】状況がつかみにくい、はっきりしない、混乱、流動的、現時点では不安定であることを暗示している。月には影の面があり、それは人の目から常に隠れている。ドラッグやアルコールの影響下にある人は問題を起こすかもしれない。大事な情報が誤解されたり、いまはまだ理解できなかったりするかもしれない。目に見えない影響が作用していて、同じ問題が昼の光の中では違って見える傾向にある。循環のひとつの段階にいて、次の段階があらわれるには時間の経過を待つしかない。結論に飛びついたり衝動的に行動したりしないように。大きな決断をするときは、適切で検証可能な情報を事前に入手しておくこと。

【逆位置】混乱や不確実性の時期から抜け出そうとしていることが示唆されている可能性がある。リーダーの多くが、逆位置の月は正位置の月よりも軽めの問題を引き起こすと考えている。逆位置の月は、女性のクライアントが婦人科系の問題に直面しているときにあらわれることがある。

19

太陽
THE SUN

一筋の陽光
A Ray of Sunshine

【鍵の番号19】太陽

【占星術】太陽（火のサインの獅子座を支配する）

【エレメント】火

【数秘術】1（魔術師）＝1＋0（運命の輪）＝1＋9（太陽）

【ヘブライ文字】$Resh$（レシュ）（人の頭／人、ボス、指導者、代表、キャプテン、最初に来るもの、頂上、トップ、始まり、という意味のヘブライ語）。太陽は太陽系においてもっとも重要な存在だ。太陽の光がなければわれわれは存在し得ない。「$Resh$」は太陽と関連があり、こちらを向いている人の前頭部を指す。それに対して、月と関連する「$Quph$」（クフ）は後頭部を指す

【神話／元型（アーキタイプ）】エジプトの神アモン・ラー。太陽神。アポロ。ロゴス

【メイザース（1888）】幸福、満足感、喜び／（逆位置）度合いが低くなった正位置の特徴

【ウェイト（1911）】物質的幸福、幸運な結婚、

満足感／（逆位置）印象が弱くなった正位置の特徴

【クロウリー／黄金の夜明け団】利得、富、名誉、栄光、傲慢、誇示、虚栄心（後半の意味は、太陽と一緒に否定的なカードがあらわれた場合に限る）

【＋のキーワード】成功、到達、楽天主義、照明、喜び、拍手喝采、正しい評価、生命力、達成、健康、陽光、癒やし、前向きなエネルギー、若々しい活力、温かさ、幸福、満足感、明確なビジョン、意識、日光、明るい面、光り輝くこと、歓喜、明晰さ、輝き、明快、透明性、悟り、純真な喜び、情状酌量／「いい行為は悪い世のなかを照らす」

【－のキーワード】度合いが低くなった上記の特徴／自尊心、独善的、虚栄心、利己主義、傲慢、現実離れした野心、誇大妄想狂、成功の遅延、感謝の気持ちの欠如

【正位置】正位置の太陽は一般的に、ある期間の成功、達成、正しい評価、温かさ、幸福、人気、満足感を象徴している。仕事の状況は良好で、新たな冒険も順調に運ぶ。健康状態は改善され、人間関係もうまくいく。太陽は獅子座や黄道十二宮の第5ハウスと関連づけられているので、現代の占星術師はこのカードが、ロマンス、結婚、創造、自己表現、子供の誕生、子孫に関係するその他のことも象徴すると考えている。いまは、明晰さと明るさ、そして悟りのときだ。詩人の言葉をじっくりと噛みしめてみよう。「あんな小さな燈火(ともしび)がこんな遠くまで光を放つとは！ きっとあのようにいい行為は悪い世のなかを照らすのね」（ウィリアム・シェイクスピア『ヴェニスの商人』小田島雄志訳　白水社刊）

【逆位置】太陽は逆位置でも前向きなカードではあるが、それぞれの特徴の度合いは低くなるはずだ。本来なら喜びや明確さを存分に体験できるはずなのに、なにかが邪魔をしているのだろうか。ひょっとしたら、思い上がった自我が妨げになっているのかもしれない。過剰な自尊心は獅子座の欠点のひとつであるからだ。期待していたスタンディング・オベーションはあきらめたほうがいいかもしれない。

20

審判
JUDGEMENT

因果応報
What Goes Around, Comes around

【鍵の番号20】審判（霊体(アイオーン)）

【占星術】火の元素（現代のデッキでは冥王星の場合もある）。火のエレメントと準惑星の冥王星は、どちらも、浄罪、再生、浄化と関連づけられている。

【エレメント】火

【数秘術】2（女教皇）＝1＋1（正義／力）＝2＋0（審判）

【ヘブライ文字】$Shin$、Sin（シン、シン）（2本の前歯、象牙／歯、鋭いという意味のヘブライ語／鋭くする、搾る、食べる、消費する、破壊する、刃を研ぐ、厳しい言葉を言う、頭をさえさせる／なにかの2つ、両方、2番目）。「歯(シン)」の文字が報復法の「目には目を、歯には歯を……」にあらわれるのは、おそらく最後の審判との関連によるものだろう

【神話／元型(アーキタイプ)】最後の審判。復活の天使、報復の天使、灰から再生する不死鳥、冥界から救われたペルセポネ。歯の妖精

【メイザース（1888）】再生、結果、問題の裁定／（逆位置）結果の先送り、遅延、あと

で蒸し返される問題

【ウェイト（1911）】位置の変化、再生、成果／訴訟によるすべての喪失／（逆位置）弱さ、臆病、単純／審議、決断、宣告

【クロウリー／黄金の夜明け団】判決、宣告、最終決定

【＋のキーワード】呼び声、休眠からの目覚め、新たな時代、裁くことと裁かれること、再評価、審判の日、蘇生、大声であなたの注意を引こうとする人、新たな人生に踏み出す、最後の報い、転生、復活、再生、最後のチャンス、冥界からの解放、再び活力を得る、死から蘇る、許し、新たな次元の存在になる、灰の中から立ち上がる、救済、新たにやり直す、白紙の状態

【－のキーワード】判決、呼びかけに応えない、自己批判、心配事、後悔、遅延、恥、悔恨、停滞、孤立、罰当たり、非難、復讐、否定的な判断、古いやり方に固執する、過去に縛られている、手遅れになるまで先送りにする、不満の残る終了、灰からの復活の失敗／目には目を、歯には歯を

【正位置】正位置の審判のラッパは、あなたを覚醒させて新たな次元の存在へと誘っている。もしかすると、大事な決断を必要とする転生や変容の時期を迎えているのかもしれない。呼び声を聞いて、必要な変化を起こし、若返りと再生の道に踏み出す準備はできているだろうか？　贖罪のためには、過去の言動に対する責任を受け入れ、次の機会にはもっと献身的に物事に取り組むことが求められる。

【逆位置】「目を覚まして人生の進路を変えよ」という呼びかけに応じていない可能性が示唆されている。生き返る機会を拒むと、停滞や閉塞感を味わうことになりかねない。気が進まない原因は、変化に対する恐怖、後悔の気持ち、自己批判の感情だ。聖書の言葉を噛みしめてみよう。「一粒の麦は、地に落ちて死ななければ、一粒のままである。だが、死ねば、多くの実を結ぶ」（『ヨハネによる福音書』12章24節）

21

世界
THE WORLD

復楽園
Paradise Regained

【鍵の番号21】世界（宇宙）

【占星術】土星、もっとも外側にある目に見える惑星（土星は山羊座と水瓶座を支配する）。このカードの中央のリースを囲む4つの絵は、十二宮のうち4つの固定サインである牡牛座の牛、獅子座のライオン、蠍座の鷲、水瓶座の水を運ぶ人をあらわしている。

【エレメント】地

【数秘術】3（女帝）＝1＋2（吊された男）＝2＋1（世界）

【ヘブライ文字】*Tav*、*Tau*、*Taw*（タヴ、タウ、タウ）（Xの形に重ねた2本の棒、または場所を示すための十字のしるし／十字、しるし、走り書き、制限、マーク、合図、境界、記念碑、契約、署名を意味するヘブライ語）。このカードは愚者の旅の終わりを示し、Xはその地点をあらわす。十字のしるしはキリスト教における重要なシンボルでもある。十字は空間を4分割し、四大元素と、黄道十二宮の4つの固定サインを象徴するもので、それが世界のカードに描かれている

【神話／元型(アーキタイプ)】キリストの再臨。新エルサレム。エデンの園。復楽園。十字のしるし

【メイザース（1888）】完成、良い報い／（逆位置）悪い報い、償い

【ウェイト（1911）】確かな成功、償い、旅、経路、海外移住、空の旅、転地／（逆位置）惰性、固定、停滞、不変

【クロウリー／黄金の夜明け団】統合、世界、王国／調査される事柄を示すので、なにを意味するかは、一緒にあらわれるカードに大きく左右される。

【＋のキーワード】頂点、一体化、完成、道の終わり、「Xのしるしが目指す場所です」、功を奏する結果、成就、報酬、昇進、チャンス、明確な目標、旅、宿命、全力で成功を目指す、目的地に到着する、自分の限界を知る、復楽園、望みの場所への旅、原点回帰

【−のキーワード】責任の欠如、夢をあきらめる、無目的、停滞、目標が定まらない、届かない野心、弱い境界、失楽園

幸福な庭で歌いし日々は
ひとりの男の背きによって失われたが
今や楽園が蘇ったことを全人類に告ぐ
ひとりの男の揺るぎない服従が試され
あらゆる誘惑において悪魔はしくじり、
たくらみは敗北し、退けられた
そして大いなる荒野にエデンが建てられた
（ジョン・ミルトン『復楽園』1671年）

【正位置】正位置の世界は、人生における重要な目標や目的を浮き彫りにしている。大きな野心の達成に近づいているか、強い欲望を満足させるための旅に出ようとしているのかもしれない。いずれにせよ、自身の成長における重要な段階にさしかかっており、成功を収めるには全身全霊を捧げなければならない。肉眼で見えるもっとも遠い惑星であり、太陽系の可視境界の一番外側を示す土星のように、世界のカードは叡智を目指す愚者の旅の終点を示している。このカードへの到達は、完成、悟り、成功のしるしである。あなたはエデンの園に戻ろうとしているのだ。

【逆位置】なんらかの理由で、大事な目的地に向かう旅が妨げられているか遅延している状況を示唆している。もしかすると、自分の限界に気づかず、現実的な目標を立てることができないのかもしれない。再び前に進むためには、自分を押しとどめているものを検証して立ち向かわなければならない。あなたのいまの姿勢や言動は、エデンの園からの追放につながらないだろうか。

CHAPTER ELEVEN

第11章

THE NUMBERED PIP CARDS

数札

The Suit of Wands
ワンドのスート

　現代タロットのワンドは、ポロ競技に由来する。すでに触れたとおり、タロットの原型となったエジプトのマムルーク・デッキには、カップ、ディナール（古代の金貨）、三日月刀、ポロ用スティックの4種類のスートがあった。伝統的なマルセイユ版タロットでは、三日月刀の湾曲した刀身を残して呼び名をソードと改めた。さらに、ポロ用スティックを、ヨーロッパ文化でもっとなじみの深いバトンもしくはワンドに置き換えている。

　"王のスポーツ"と称される勇壮なポロは、2000年ほど前に軍事訓練として始まった、得点を争うスピーディでエネルギッシュな競技だ。熱狂的なファンからは"馬上のホッケー"と呼ばれている。ニュース番組『60ミニッツ』のインタビューでは、ポロ界のスーパースターであるナチョ・フィゲラスが実際の試合についてこんなふうに語っている。「戦争だ……（中略）……より多く得点し、より速く走り、より激しく敵を叩き、勝つためならなんでもやる」。[※40] 勝利がすべてなのではない。勝利する以外に道はないのだ。なんとワンドのスートらしいことか！

　ワンドのスートは、占星術では、芽を吹くワンドの男根的性質にふさわしいとして、活動的な火のサイン（牡羊座、獅子座、射手座）から成る"陽"のグループに関連づけられている。この象徴の元型的性質を感じとるために、改めて、次に示すワンド（ポロ用スティック）のキーワードリストに目を通してほしい。

- 不屈の精神
- 熱狂
- 大胆さ
- 命のきらめき
- 創造力
- 勇敢
- 熱狂の急速な広がり
- 興奮

- 信念
- 行動
- 衝動
- 権力
- 冒険心
- 生気
- 成長
- 野心

- 冒険
- 出世
- 新たなビジネス
- リスク負担
- 支配権
- 憧れ
- エネルギッシュな活動
- 過度の勝利欲

第11章　数札

- ひらめき
- 権力と力
- 視野の拡大
- 情熱
- 競争力
- 全力で成功を目指す
- 勇気
- 喧嘩
- ペル・アスペラ・アド・アストラ（困難を乗り越え星をつかむ）
- 快活
- 対立

※40／CBSニュース「王のスポーツ——ポロ」より。www.youtube.com/watch?v = DAs2OQDuJNk、2014年6月9日に閲覧。

ワンドのスートのエクササイズ
A Suit of Wands Exercise

〈黄金の夜明け団〉によれば、大アルカナの次のカードは、火のエレメントおよびワンドのスートと関連づけられている。

- **太陽（19番）**　　　太陽系の中心で燃える星
- **皇帝（4番）**　　　　火のサインの牡羊座
- **力（8番／11番）**　　火のサインの獅子座
- **節制（14番）**　　　火のサインの射手座
- **塔（16番）**　　　　赤く燃える火星
- **審判（20番）**　　　火のエレメント

　以上のカードを並べて共通する属性に注目してほしい。「森で焚かれた火」「燃えるろうそく」と共有できる象徴体系はないだろうか？　ポロ競技と共通するものは？　ワンドのスートを学んだあとで、もう一度このエクササイズを試してみよう。気づいたことをタロット・ノートに記録しておくこと。

ワンドのエース
Ace of Wands

命のきらめき
The Spark of Life

【エテイヤ(1791)】誕生、起源、源泉、初収穫／(逆位置)衰退、不成功、破産

【メイザース(1888)】誕生、開始、始まり、起源、源泉／(逆位置)迫害、追求、暴力、悩みの種、残酷な行為、圧政

【ウェイト(1911)】雲間からあらわれた手が、太いワンドもしくは棍棒を握っている。
占いとしての意味：創造、発明、冒険心と、結果的にそれらをもたらす力／原理、始まり、源泉／誕生、家族、起源と、ある意味では、その背後にある男性の生殖力／冒険心の出発点／別の説によれば、金銭、富、相続財産／(逆位置)転落、堕落、崩壊、破滅、漠然とした喜びまでも打ち砕くこと

【クロウリー／黄金の夜明け団】男根崇拝の太陽エネルギー。力、権力、自然の力、活力、スピード、エネルギー。ソードのエースの霊的な力とは異なる、自然の力

【数の象徴体系】1：最初の火花、意志、創造、始まり、新たな命

【占星術】根源的な力を示す火のエレメントで、芽吹きの季節に関連づけられる

【タイミング】占星術では、火は春と結びつけられる

【＋のキーワード】誕生、創造、ひらめき、興奮、情熱、最初の火花、開始、発端、新たな命、妊娠、源泉、始まり、火種、発芽、受胎、自己実現、仕事のチャンス

【－のキーワード】衰退、弱体化、誤ったスタート、着火の失敗、熱意の不足、弱点、挫折、努力不足、不毛、芽吹かない種

　ルウェリン社の『クラシック・タロット』では、水色の空を背景に、カード左側の雲間から木の枝を握った手が突き出ている。指の関節が正面を向いている。雲は低く垂れ込め、水面に接している。生命力と新たな命のシンボルである緑の新芽が枝に沿って生えているところを見ると、この枝は幹から切り取られたばかりに違いない。枝の下には田園風景が広がり、緑の牧草地には花を咲かせた木々が並ぶ。その情景を縫うように川が流れ、湖か海と思われる広い水域に注ぎ込んでいる。水辺の岩山にはきれいに整備された城が建ち、周囲を見下ろすようにそびえ立っている。

【正位置】事業、野心、独自性の形成、キャリア、自己実現にかかわる、新たな始まりや成功の見込みを示唆している。創造力の泉から水が湧き出している状態だ。キャリアアップしたり、新しい仕事に就いたり、新規事業に乗り出したりしているところかもしれない。熱意、創意、野心的な目標、革新的なプロジェクトという特徴を持った時期だ。ワンドは、命のきらめきを示す火のエレメントと関連づけられている。ワンドのエースは、妊娠や子供の誕生を知らせてくれることもある。ギリシア神話では、プロメテウスが神々から盗んだ火が人類の知性の覚醒を示している。

【逆位置】新しいことをはじめるにあたっての問題点を示している。意欲が湧いてこなかったり、独創的なアイデアが枯渇したように感じたりしているのかもしれない。もしかしたら、スタートでつまずいたか、プロジェクトを立ち上げるために最善を尽くしているとは言えない状態なのかもしれない。蒔いておいた種が、芽吹くのを拒んでいる状態だ。創造力の泉が湧き出てこないのか、不毛の時期に突入してしまったように感じている。スーフィーの、「これもいずれは過ぎていく」という詩の一節を心に留めておこう。

ワンドの2
Two of Wands

ここからどこへ？
Where do I Go from Here?

【エテイヤ（1791）】悲観的な考え、悲嘆、苦悩、悲しみ、不快感、憂鬱／（逆位置）恐怖、衝撃、支配、不意打ち、驚嘆、予期せぬ出来事、奇跡

【メイザース（1888）】富、運、富裕、荘厳、壮大／（逆位置）不意打ち、驚嘆、事件、異常な出来事

【ウェイト（1911）】背の高い男性が、銃眼の穿たれた胸壁の上から海と陸地を見下ろしている。右手に地球を持ち、左手に握った棒を胸壁の上に置いている。もう一本の棒は止め輪に固定されている。左端に薔薇と十字と百合が描かれていることに注目。

占いとしての意味：二通りのリーディングが可能だが、両者を結びつけることはできない。ひとつが富、財産、豪奢であり、もうひとつが肉体的な苦痛、病気、無念、悲しみ、恥辱だからだ。図柄からは次の解釈が考えられる。領主が自分の領土と手にした地球を交互に眺めている。まるで、この世の富を手中に収めた栄華のさなかで病に倒れ、無念と悲嘆に暮れるアレキサンダー大王のようだ／（逆位置）不意打ち、驚異、魅惑、感情、トラブル、恐怖

【クロウリー／黄金の夜明け団】支配権、最高点に達した意志、他者への影響力、もっとも高尚な形をとった火

【数の象徴体系】2：二重性、パートナーシップ、選択、決断、バランス、立案

【占星術】火の牡羊座（春の最初の十日間）の第1デカンにある、積極性と先駆性の惑星である火星（威厳）／ワンドのクイーン（火の水）と皇帝（牡羊座）の領域でもある。火星は塔と結びつけられる。火のワンドのクイーンは、牡羊座の始まりとともに春をもたらす

【タイミング】牡羊座0度－牡羊座10度　トロピカル方式：3月20日－3月29日／サイデリアル方式：4月14日－4月23日

【＋のキーワード】支配権、他者への影響力、物事を支配する力、自信、人生の方向性の選択、将来の計画、意志の効果的な活用、将来の発展の展望、驚嘆、重要な決断、困難な状況からの活路を見いだす試み

【－のキーワード】ためらい、悲しみ、不快感、悲観的な考え、予想外の出来事、リスクのある行動、行き詰まり

【正位置】これからとるべき行動を思案したり、これから進むべき人生の道を決断したりすることを示唆している。カードに描かれた若い男性は自信ありげに地球を見つめている。このカードは伝統的に悲観的な考えと悲嘆をあらわすとされていた。ウェイトは、栄華のさなかにいたアレキサンダー大王の悲嘆を連想した。現代の解釈では、ワンドの2は運、壮大、支配権、他者への影響力のカードとみなされている。おそらくどちらの意味も含んでいるのだろう。将来とりうる行動を思案している最中に、悲しみを覚えることがあるものだ。2という数字はパートナーシップ、共同作業、重要な選択に関係する。選択とは、別の目標を追求するためになにかをあきらめるという喪失感を伴うものだ。

【逆位置】伝統的には、不意打ち、奇跡、異常な出来事を意味していた。驚異と驚嘆で満たされるようななにかが起こる可能性である。その一方で、将来についての重要な決断を下せずにいる可能性を示唆しているとも考えられる。それが最善の行動方針なのかどうか、自信を持てずにいるか、自己不信に苦しんでいるのだろう。パートナーとの問題も浮上しているかもしれない。

ワンドの3
Three of Wands

準備を整える
Putting Your Ducks in a Row

【エテイヤ（1791）】 冒険心、向こう見ず、大胆不敵、始まり、努力／（逆位置）休息、中断、不運による遮断、心配事の終わり

【メイザース（1888）】 冒険心、企て、商業、取引、交渉／（逆位置）希望、欲望、試み、願望

【ウェイト（1911）】 穏やかで威厳のある人物が崖の上にたたずみ、こちらに背中を向けて、海を渡る船を眺めている。3本のワンドが地面に立てられており、彼はそのうちの1本で軽く身体を支えている。
占いとしての意味：確立された力、冒険心、努力、取引、商業、発見／描かれているのは彼が所有する船で、商品を積んで海を航行している。／有能な人物との事業提携。成功した豪商が援助するつもりであなたを見ているとも考えられる／（逆位置）トラブルの終結、逆境・苦労・失望の一時停止または停止

【クロウリー／黄金の夜明け団】 美徳、権力、確立された力、自尊心、傲慢

【数の象徴体系】 3：繁殖力、創造的な環境、三者の関係、合弁事業の最初の成果

【占星術】火の牡羊座の第2デカンにある、力強い太陽（高揚）／ワンドのクイーン（火の水）と皇帝（牡羊座）の領域。牡羊座の太陽の高揚はその権力、美徳、自尊心、力を高める

【タイミング】牡羊座10度－牡羊座20度
トロピカル方式：3月30日－4月8日／サイデリアル方式：4月24日－5月3日

【＋のキーワード】冒険心、予見の力、ビジネスの協力者、取引、商業、新事業の立ち上げ、可能性の探求、新しいなにかの創出、結果待ち、成功のチャンスを最大限まで高める、長期計画、現実的な目標、目標の追求に向けた他者との共同作業、新しい行動の開始、計算されたリスク負担、トラブルの終結、自分の船団の出発または帰還

【－のキーワード】計画不足、予見力の欠如、不注意、傲慢、中途半端な構想、非現実的な目標、逃した機会、スタートの失敗、無謀なリスク、協力者の欠如、頼りにならないパートナー、まちがった助言、的外れな努力、軽視、現在の状況を再検討する必要性

【正位置】男性が海に向かってたたずみ、自分の船団が出発もしくは帰還するところを眺めている。その船には、周到に計画された投機的事業の商品が積まれているのだろう。この男性と（もしいるのなら）パートナーは、現実的な目標を定め、先見の明を持って行動してきた。共同事業が成功する見込みは充分にあるが、彼は念のためプロセスの各段階を注意深く見守っている。このカードは、視野を広げて将来の成功のための種蒔きをはじめなさいというゴーサインだ。3という数字は往々にして、共同事業、つまり複数の人々が一定の期間、力を合わせて新たなものを創造することに言及している（たとえば、夫婦に赤ちゃんが生まれるなど）。

【逆位置】新事業の立ち上げ、または将来の成長や発展に向かって正しい対策を講じるのをなにかが引き留めていることを示唆している。おそらく、目標が非現実的なのか、従っている助言がまちがっているのだろう。努力に思慮が欠けていたり、的外れだったりするのかもしれない。現在の状況を見直し、仲間に選んだ人々はもちろん、自分自身のスキルと努力の注ぎ方も再検討する必要がある。成功の可能性を高めるために最善の計画を立て、適切な構造をつくりあげてきただろうか？

ワンドの4
FOUR OF WANDS

協力関係による仕事の完成
Perfecting Work Through Alliances

【エテイヤ（1791）】社会的成功、連帯、コミュニティ、協力関係、合意、協定、契約／（逆位置）幸福、幸運、増加、繁栄

【メイザース（1888）】社会、結合、連帯、一致、調和／（逆位置）繁栄、成功、幸福、優位性

【ウェイト（1911）】4本の大きな棒が前景に立てられ、大きな花飾りが吊されている。花束を掲げるふたりの女性。ふたりの横には堀に渡された橋があり、橋の向こうには古びた領主の館が見える。
占いとしての意味：田舎暮らし、避難場所、内輪での収穫祝い、休息、一致、繁栄、平和。以上についての仕事の完成／（逆位置）繁栄、増加、慶事、美、装飾

【クロウリー／黄金の夜明け団】完了、仕事の完成、決着

【数の象徴体系】4：構造、安定性、建造、秩序、基礎、明示

【占星術】火の牡羊座の第3デカンにある、美と愛の金星（減衰(デビリティ)）。ペンタクルのキング〔トート版ではプリンス〕（地の風）と、皇帝（牡

羊座）の領域。金星は女帝と結びついている

【タイミング】牡羊座20度－牡羊座30度
トロピカル方式：4月9日－4月19日／サイデリアル方式：5月4日－5月13日

【＋のキーワード】安全と構造の確立、定住、収穫祭、一致、調和、平和、幸せ、喜び、避難所、繁栄、成功裡の完了、伝統的な式典、通過儀礼、個人の成長過程における重要なステップ、仕事の完成、共同事業、他者との協力関係による仕事、うまくいった仕事、労働のあとの休息、避難場所

【－のキーワード】仕事の完了の遅れ、実現しなかった目標、仕事が終えられるかどうかの懸念、仕事の追加、疲れているのに休めない

【正位置】仕事の結果が明示しているとおり、しっかりとした基礎を築いていることが示唆されている。プロジェクトにかかわっていたのであれば、ようやく完了の段階を迎え、休息して労働の成果を享受できる。人間関係や仕事のパートナーシップについては、どちらも安定した基盤ができあがっている。このカードは結婚、出産、バルミツバー（訳注：ユダヤ教の成人式）、卒業などの通過儀礼をあらわすことが多い。収穫祝いの象徴的意味は、住居の購入または新居への引っ越しの可能性に結びつく。

【逆位置】プロジェクトの完了や誰かへの深い関与に邪魔が入ることを示唆している。購入したい物件へのオファーが受理されないかもしれない。追加の仕事が必要であることが判明して、重要な目標が実現しないおそれがある。悩むよりも仕事の完遂に力を注ぐべきだ。全般的には肯定的なカードなので、遅れが発生してもすぐに解消する可能性が高い。

ワンドの5
Five of Wands

戦争ごっこに興じる裕福な子供たち
Rich Kids Playing War Games

【エテイヤ（1791）】富、裕福、黄金、光輝、豊穣、贅沢、輝き／（逆位置）紛争、不快感、訴訟手つづき、口論、迷惑行為、対立、訴訟、裁判

【メイザース（1888）】黄金、富裕、利得、遺産、富、運、金銭／（逆位置）訴訟手つづき、審判、法律、弁護士、裁判所

【ウェイト（1911）】棒を振り回している若者の集団は、遊んでいるようにも、争っているようにも見える。これは戦争ごっこであり、**占いとしての意味**はこれに対応する。たとえば、模擬戦を真似ているようではあるが、富と運を巡る激しい競争と苦闘でもある。その意味では人生の戦いにつながる。そのため、黄金、利得、富裕のカードとする説もある／（逆位置）訴訟、紛争、策略、矛盾

【クロウリー／黄金の夜明け団】衝突、喧嘩、戦い、土星の影響を受け苦しめられている火のエレメント

【数の象徴体系】5：不安定性、分裂、喪失、危機、緊張、競争、争い

【占星術】火の獅子座の第1デカンにある、厳格な指導者である土星（減衰／デビリティ）。ワンドのキング〔トート版ではプリンス〕（火の風）と力（獅子座）の領域。土星は世界と関連づけられる。〈黄金の夜明け団〉はこのデカンを黄道十二宮の始まりとみなしていた

【タイミング】獅子座0度－獅子座10度　トロピカル方式：7月22日－8月1日／サイデリアル方式：8月18日－8月26日

【＋のキーワード】競争、自己主張、友好的な意見の相違、利害の相違、対立する野心、恋人同士の喧嘩、ライバル意識、模擬戦、多様性を楽しむ、対決、勇気を試す、望むものを手に入れるために戦う、投機の成功、贅沢、裕福、多様性、欲望の追求、人生というゲームに仲間と参加する

【－のキーワード】喧嘩、衝突、紛争、意見の相違、迷惑行為、不快感、訴訟、策略、敵意ある競争、不当な攻撃、阻害された努力

【正位置】競争のカードである。個人の利益が同僚の利益と対立する可能性があっても、積極的に自分の欲求を追求している状態を示唆している。自分の目標を達成するために、ライバルと公正で熱気に溢れた競争をしたいと思っている。このカードは、人生というゲームに臨むあなたに「アクセルを全開にしろ」と助言している。模擬戦は実戦の予行演習になるかもしれない。意見の多様性を容認することは、その関係に強さがあることのあらわれだ。伝統的には富と富裕のカード。高価な衣服も模擬戦で遊んでいられる自由な時間も、裕福な人々だけに許されたものだったからだ。

【逆位置】敵対者に待ち伏せされたり、不当に攻撃されたりする可能性を警告している。戦いに突入する前に、充分な資力が備わっているかどうか確認しよう。目標を達成するために紛争、衝突、喧嘩、不当な競争に立ち向かわなければならないおそれがある。意見の相違から人間関係に困難が生じるかもしれない。法廷で紛争を解決する必要性を示唆している場合もある。

ワンドの6
SIX OF WANDS

群れを率いる
Leader of the Pack

【エテイヤ（1791）】家事、家内労働者、使用人、従者、使者／（逆位置）希望、信頼、自信、期待、予見の力、懸念

【メイザース（1888）】試み、希望、欲望、願望、期待／（逆位置）不貞、裏切り、不忠、不実

【ウェイト（1911）】月桂樹の冠をかぶって馬に乗った男性が、月桂樹の花輪を飾った1本の棒を持っている。そばの従者たちも棒を1本ずつ持っている。
占いとしての意味：凱旋する勝者／王の特使が国にもたらす類の朗報／自身の欲望を戴いた期待、希望の王冠など／（逆位置）「勝利を収めた敵が城門で待ち構えているかもしれない」といった類の懸念や恐怖／「城門を敵のために開ける」といった類の裏切りや不忠／無期限の遅れ

【クロウリー／黄金の夜明け団】勝利、利得、凱旋、成功

【数の象徴体系】6：調和、コミュニケーション、共有、思いやり

【占星術】火の獅子座の第2デカンにある、

発展をつかさどる吉星の木星／ワンドのキング〔トート版ではプリンス〕（火の風）と力（獅子座）の領域。木星は運命の輪と関連づけられる

【タイミング】獅子座10度－獅子座20度　トロピカル方式：8月2日－8月11日／サイデリアル方式：8月27日－9月5日

【＋のキーワード】成功、勝利、凱旋、利得、障害の克服、目標達成、良い知らせ、人気、リーダーシップ、名誉、正しい評価／家事を終わらせる

【－のキーワード】虚栄心、根拠のない自尊心、いまの栄誉に満足する、不相応な評価、懸念、挫折、困難に直面、敗北

【正位置】おめでとう！　正位置のワンドの6は、成就、正しい評価、名誉、勝利のカードだ。たとえそれが家の掃除にすぎなかったとしても、うまくいった仕事に対する報酬を受けとり、労働の成果を楽しむことができる。創造的なエネルギーと他者の協力を得て、目標に向かって前進し達成することができる。朗報がもたらされるかもしれない。エテイヤの時代には、使者、家事、家内労働者への対応を示唆するカードとされていた。

【逆位置】まさに文字通りに、過去の栄光（月桂冠）の上であぐらをかいている状態を示唆している可能性がある。他者の協力や善意はそう簡単には得られないかもしれない。あなたに与えられた名誉や評価は相応のものだったのだろうか。一時的な挫折に遭い、創造力が阻害されているように感じることも考えられる。この困難に立ち向かうことが自己発見の旅になるかもしれない。

ワンドの7
SEVEN OF WANDS

権威の座から語りかける
Speaking from a Bully Pulpit

【エテイヤ（1791）】会話、講演、インタビュー、コミュニケーション、交渉、商業、言葉の使い方／（逆位置）不確実性、優柔不断、揺れる心、きまぐれ、ためらい、動揺

【メイザース（1888）】成功、利得、優位性、利益、勝利／（逆位置）優柔不断、疑い、ためらい、困惑、不安

【ウェイト（1911）】若い男性が岩山の上で棒を振り回し、下からは、6本の棒が彼に向かって突き出されている。
占いとしての意味：武勇。6人を相手に孤軍奮闘の様子だが、地の利は彼にある。知的な意味では、議論、言葉による衝突を意味する／ビジネスにおいては、交渉、貿易戦争、物々交換、競争。岩山のてっぺんにいて敵の手は届きそうにないという意味では、成功のカードでもある／（逆位置）当惑、困惑、不安、優柔不断に対する警告

【クロウリー／黄金の夜明け団】武勇、勇敢、対立に立ち向かう勇気

【占星術】火の獅子座の第3デカンにある、勇敢で好戦的な火星、ペンタクルのナイト（地の火）と力（獅子座）の領域。火星は塔と関

連づけられる

【数の象徴体系】7：査定、熟考、再評価、出発点に立つ、優位性の追求

【タイミング】獅子座20度－獅子座30度
トロピカル方式：8月12日－8月22日／サイデリアル方式：9月6日－9月16日

【＋のキーワード】優位な立場、勇敢、武勇、成功、危険に立ち向かう勇気、自己防衛、足を踏ん張る、毅然とした発言、立場を守る、勝者を目指す、権威の座、決然とした行動、裁定、優位性を求めて努力する、不利な状況を克服する、議論、交渉、美辞麗句、インタビュー、言葉の使い方

【－のキーワード】心配事、驚愕、困惑、動揺、ためらい、優柔不断、不安、当惑、疑い、脅威、努力に対する妨害、攻撃されている感覚

【正位置】踏ん張って、自分の立場を毅然と主張する必要があることを示唆している。複数の方向から困難がやってくるかもしれないが、あなたには自分の身を守りながら不利な状況を克服する勇気がある。競合勢力が立ちふさがっても、成功の可能性はある。敵対者との交渉、物々交換、講演によって利益か優位性がもたらされるかもしれない。あなたには文才があり、話術にも長けている。

【逆位置】信じるものを守ろうとするときの、揺れる心とためらいを警告している。対戦相手が、いてもたってもいられないほどの不安をもたらしているのかもしれない。熾烈な競争のせいで確信や自信を失っているのだろうか。攻撃されているように感じて、弱気になったり困惑したりして、自分の立場を強く主張できないのかもしれない。

ワンドの8
Eight of Wands

田園上空を猛スピードで飛んでいく
Flying with Haste over the Countryside

【エテイヤ（1791）】田園、田舎の生活、所有地、農場、庭、平穏、スポーツ、祭典、お祭り騒ぎ／（逆位置）不確実性、疑い、悔恨、改悛、議論、内面の動揺

【メイザース（1888）】理解、観察、方向／（逆位置）喧嘩、家庭内の衝突、内部紛争、不一致、良心の呵責

【ウェイト（1911）】不動のものを通過していく動きを象徴している――広々とした田園の上を飛んでいく一群のワンド／ただし、進路の終点に近づいている。ワンドの一群が意味するものは目前に迫っている。すぐそこまで来ていてもおかしくない。
占いとしての意味：取り組み中の活動、その活動の進路、伝令のような俊敏性／大急ぎ、大きな希望、無上の喜びが約束された結末に向かって急ぐ／一般的に動いているもの／愛の矢という意味もある／（逆位置）嫉妬の矢、内部紛争、良心の痛み、喧嘩／既婚者の場合は家庭内の紛争

【クロウリー／黄金の夜明け団】俊敏性、スピード、高速、素早い思考、あわただしいコミュニケーション

【数の象徴体系】8：動き、行動、権力、裁定

【占星術】火の射手座の第1デカンにある、足が速くて聡明な水星（減衰(デビリティ)）。ワンドのナイト（火の火）と節制（射手座）の王国。水星は魔術師と関連づけられる

【タイミング】射手座0度－射手座10度　トロピカル方式：11月22日－12月1日／サイデリアル方式：12月16日－12月24日

【＋のキーワード】俊敏性、大急ぎ、急速な進歩、制御可能な加速、スポーツ、熱狂、目標に向かって急ぐ、遅延の終了、自信、素早い判断、情報の迅速な伝達、ひらめきによるアイデア、遠方からの知らせ、伝令、外国人や遠方の人との接触、キューピッドの矢、ラブレター、空の旅、飛行機旅行、高速輸送、田舎への旅行

【－のキーワード】疑い、ためらい、旅先でのトラブル、妨害された空の旅、メッセージの遅延、急いては事を仕損じる、せっかちな行動、不要なリスクを冒す、宙に浮いた感覚、制御不能の加速、良心の痛み

【正位置】思考や行動の迅速性を意味する。制御された慎重なやり方で速やかに前進できる。熱意と自信が後押ししてくれる。素早く判断を下し、すぐに決然と行動できるので、取り組みに成功することが予想される。メッセージや情報は迅速にやりとりされる。「旅」をあらわすカードの1枚で、近々旅行や飛行機での移動があることを暗示している。田舎で過ごすと、楽しみながらリフレッシュできそうだ。カードに描かれた空飛ぶ棒はキューピッドの矢の象徴でもあり、恋愛に夢中になるという意味も考えられる。

【逆位置】「急いては事を仕損じる」という警告。リスクがあるか制御のきかないやり方で拙速に動いている可能性がある。さもなければ、疑念やためらいに阻まれて適正なペースで進めていないのかもしれない。衝動に駆られて先を急ぐ前に、自分の行動がもたらしそうな結果についてよく考えておくことだ。そんなに急いでやるのは賢明だろうか？　旅行の計画が妨害されたり遅延したりする可能性がある。恋愛が予想外の展開を見せるかもしれない。

ワンドの9
NINE OF WANDS

果敢に戦う
Fighting the Good Fight

【エテイヤ（1791）】妨害、一時停止、延期、減速、遅延、別離、送還／（逆位置）対立、不利な状況、逆境、障害、不幸、不運

【メイザース（1888）】秩序、自制心、良き計らい、配備／（逆位置）障害、苦難、遅延、不快感

【ウェイト（1911）】男性が棒に寄りかかり、敵を待ち受けているかのように、なにかを予期した表情を浮かべている。背後には8本の棒──柵のように整然と並んで立っている。
占いとしての意味：対抗する力。この人物は攻撃されても果敢に立ち向かうだろう。しかも、体格から彼が手ごわい相手だと予想できる。以上が主な意味だが、他にも補足的な意味がある──遅延、一時停止、延期／（逆位置）障害、逆境、災難

【クロウリー／黄金の夜明け団】強い力、権力、エネルギー、健康、安定性の変化

【数の象徴体系】9：一桁の最後の数字、頂点、成就、達成

【占星術】火の射手座の第2デカンにある、情緒的で繊細な月。ワンドのナイト（火の火）

と節制（射手座）の領域。月は女教皇と関連づけられる

【タイミング】射手座10度－射手座20度
トロピカル方式：12月2日－12月11日／サイデリアル方式：12月25日－1月3日

【＋のキーワード】対抗する力、秩序、自制心、準備、忍耐、回復力、警告、自己決定力、肉体的な健康、知恵、困難に立ち向かう、主導権をとる、独立独歩、超人的努力、行動の一時中止を決断する、多数の選択肢からひとつを選ぶ。

【－のキーワード】障害、不利な状況、妨害、対立、孤立、逆境、柔軟性の欠如、疲労、肉体的な弱さ、疲労困憊、備えの欠如、圧倒的な分の悪さ、遅延、送還

【正位置】このカードの傷ついた戦士は、勇気を奮い起こしてさらなる難局に立ち向かい、敵から身を守らなくてはならない。自身の力、健康な肉体、自己決定力のおかげでここまでやってきて、この先も独力で進まなければならないようだ。成功の可能性はきわめて低そうに見えるが、戦士はこれからやってくる攻撃に対して充分な備えをしている。彼には、慎重な選択をして潜在能力を総動員しなければならないという自覚がある。困難と遅延の中で勝利をめざすなら、それだけの粘り強さが必要だ。結果的に負けたとしても、自分が立派に戦って栄誉を手にしたことを知るだろう。ときとして、撤退はもっとも賢明な行動指針となる。

【逆位置】クライアントが不利な状況で行動していることが示唆されている。備えが不充分で、障害を前にあきらめたい気分になっているのかもしれない。おそらくは、孤独を感じ、打ちのめされ、現在の状況に疲れ果てているのだろう。融通が利かなかったり柔軟性に欠けていたりするアプローチでは成功はおぼつかない。ときには、「この難局は乗り越えられない」「自分の手には負えないものを引き受けてしまった」という事実を認めなくてはならない。その場合は、自分は適任ではなかったという現実を受け入れて、新しいことに移るのが最善の行動だ。

ワンドの10

TEN OF WANDS

重荷を背負う
Weighted Down

【エテイヤ（1791）】嘘、ごまかし、虚言、二枚舌、背信、反逆、陰謀／（逆位置）妨害、障害、骨折り、苦労、反論

【メイザース（1888）】自信、安全、名誉、誠意／（逆位置）裏切り、言い逃れ、二枚舌、法廷

【ウェイト（1911）】10本の棒を運ぶ男性に重荷がのしかかっている。
占いとしての意味：主な意味は単純に抑圧であるが、運、利得、なんらかの成功と、それに伴う重圧も意味している。仮の姿、偽装、不実のカードでもある。この男性が向かっている場所には、彼が運んでいる棒によって苦悩がもたらされるかもしれない。このカードにつづいてソードの9があらわれると成功はなかったことになり、訴訟であれば確実に敗訴する／（逆位置）矛盾点、困難、悪巧み、およびこれらの類似概念(アナロジー)。

【クロウリー／黄金の夜明け団】抑圧、残酷さ、悪意、不正、報復、高圧的な力

【数の象徴体系】10：ひとつだけ余分、完了の充足感、新しいサイクルをはじめる心構え

【占星術】火の射手座の第3デカンにある、厳格な指導者である土星。ペンタクルのクイーン（地の水）と節制（射手座）の王国。土星は世界と関連づけられる

【タイミング】射手座20度－射手座30度
トロピカル方式：12月12日－12月20日／サイデリアル方式：1月4日－1月13日

【＋のキーワード】重い負担を引き受ける意欲、成功の重みを担う、責任感、人に任せる能力、他者と仕事の負荷を分け合う、支援を受け入れる

【－のキーワード】大きな重圧、嘘、ごまかし、障害、困難、圧倒される感覚、不正、虚言、人に任せられない、仕事中毒、過度の専心、過大な責任を背負い込む、力の限界を超えた最後の追い打ち

【正位置】懸命に働いて多くのことを達成したが、その成功が重くのしかかっている。義務感や進んで責任を引き受ける意欲はあなたの長所なのだが、そろそろ、人に任せて重荷を分け合うときだ。背負っている重荷が欺きや偽りの産物でないことを確かめておくこと。全力を傾けて立派な仕事をしてきたことは賞賛に値するが、いまでは、成果に対する責任をともに担おうとしてくれる人々がいる。荷物を軽くしよう。さもないと、仕事漬けの日々が生活の別の部分に害を及ぼすことになるだろう。

【逆位置】人に任せられない性格、プロジェクトのあらゆる面での過度の責任感を示唆している。ひとりですべてをこなそうとする意欲を他人に利用されている可能性がある。いまは、彼らを現場に立たせて、正当な負担を引き受けてもらうときだ。同僚が適正な仕事をするとは思えないというのなら、彼らと一緒に働くべきではないのだろう。「仕事ばかりで遊ばないとつまらぬ人間になる」ということわざの意味を考えてほしい。

THE SUIT OF CUPS

カップのスート

　人々が集まって食事をしたり楽しんだりしている場面には、たいていの場合カップがある。聖杯(チャリス)は、カトリックのミサで伝統的に使われるゴブレットで、人類への愛ゆえに自分の命を捧げたキリストの犠牲を讃えるためのものだ。日常生活では、ワインを飲むためのグラスとして杯(チャリス)を用いる。こうしたカップの使用に通底するテーマは、祝賀、社交、人のつながりだ。チャリスがないと、「食らえ、飲め」(『イザヤ書』22章13節 新共同訳)を実践するのは難しいだろう。

　カップのスートは、占星術では、水のサイン(蟹座、蠍座、魚座)から成る内向性の"陰"のグループと関連づけられている。タロットのチャリスに備わる受容的な性質にふさわしいからだ。この象徴の元型的(アーキタイプ)性質を感じとるために、改めて、次に示すカップ(チャリス)のキーワードリストに目を通してほしい。

- 節制
- 共有
- 幻想
- 愛
- 癒やし
- 夢
- 喜び
- 共感
- 内面に目を向ける
- 快楽
- 気品
- 直観
- 浮かれ騒ぎ
- 思いやり
- 満足感
- ロマンス
- 他者への関心
- スキンシップにかかわる問題
- 感覚
- 結びつき
- 心の問題
- 気分
- 繁殖力
- 精神的な調和
- 感情
- 祝祭
- 霊的な気づき
- 結婚
- 楽しい時間
- 感情的知性
- 世話
- 人のつながり
- 面倒見のよさ
- 創造的なイマジネーション

カップのスートのエクササイズ
A Suit of Cups Exercise

〈黄金の夜明け団〉によれば、大アルカナの次のカードは、水のエレメントおよび水とかかわりの深いカップのスートと関連づけられている。

- 女教皇（2番）　　　水とかかわりの深い月
- 戦車（7番）　　　　水のサインの蟹座
- 死神（13番）　　　水のサインの蠍座
- 月（18番）　　　　水のサインの魚座
- 吊された男（12番）水のエレメント

　以上のカードを並べて共通する属性に注目してほしい。「流れのある水域」と共有できる象徴体系はないだろうか。カップのスートを学んだあとで、もう一度このエクササイズを試してみよう。気づいたことをタロット・ノートに記録しておくこと。

カップのエース
ACE OF CUPS

**食らえ、飲め、
愛の花が咲いたのだから**
Eat, Drink, and be Merry as Love Blossoms

【エテイヤ（1791）】テーブル、食事、祝宴、ごちそう、歓迎会、歓待、宿屋、豊穣、繁殖力／（逆位置）移り気、弱さ、多様性、可変性

【メイザース（1888）】祝宴、宴会、上機嫌／（逆位置）変化、目新しさ、変容、移り気

【ウェイト（1911）】カード下部の水域に睡蓮が浮かんでいる。雲間から伸びた手にはカップが乗っていて、縁から4筋の水が流れ落ちている。鳩が舞い降りてきて、くちばしにくわえた、十字の入った聖体（ホスチア）（訳注：キリストの身体の象徴とされるパン）をカップに置こうとしている。カップのまわりに水滴が飛び散っている。小アルカナの背後に存在するものの暗示である。
占いとしての意味：真実の心が宿る場所、喜び、満足、住居、栄養、豊穣、繁殖力／聖卓、そこから慶事／（逆位置）偽りの心が宿る場所、盛衰、不安定性、革新、予想外の立場の変化

【クロウリー／黄金の夜明け団】男根を連想させるワンドのエースと対になる、受容する女性らしさ。神との結合。天界の母 ／繁殖力、快楽、生産性、優雅、幸福

【数の象徴体系】1：最初の火花、意志、創造、

始まり、新たな命

【占星術】根源的な力を示す水のエレメントで、夏の季節に関連づけられる

【タイミング】占星術では、水は夏と結びつけられる。

【＋のキーワード】快楽、祝宴、楽しみ、愛、友情、受容力、充足感、繁殖力、妊娠、面倒見のよさ、癒やし、創造的なイマジネーション、新たな人間関係、ロマンスの始まり、上機嫌／「食らえ、飲め」

【－のキーワード】不安定性、きまぐれ、過剰、不毛、寂しさ、移り気、不満足、栄養不足

　ルウェリン社の『クラシック・タロット』では、カードの右側の雲間から手が出ていて、明るい水色の空を背景に聖杯（チャリス）を上向きに持っている。このデッキの4枚のエースのうち、カードの右側から手があらわれているのはカップのエースだけだ。チャリスの中には鳩がいて、平和の象徴であるオリーブの枝をくわえている。チャリスから溢れ出す水は、5筋の流れとなって下方の水域に注ぎ込んでいる。水面には5輪の蓮の花が浮いている。キリスト教の象徴体系における鳩は、人類を救うために十字架にかけられたキリストの犠牲ののち、神の愛の象徴として父なる神から遣わされた聖霊をあらわしている。5筋の水と5輪の蓮の花――犠牲による救済の象徴――は、十字架にかけられたキリストが痛みに耐えた5カ所の傷を象徴する。カトリックの教会がいまだにミサでチャリスを使っているのは、キリストの受難を偲（しの）ぶためなのだ。このカードの図柄で目を引くのは陸地が見えない点で、場面は水と雲に支配されている。

【正位置】感情面での新たな始まりを示唆している。喜び、満足、連帯感、祝宴、好意、創造力の時期に入っていく。愛と繁殖力の予感。人間関係が深まったり、新しい友人関係や恋愛関係が始まったりする可能性がある。アーティストなら創造的なアイデアがあふれてくるだろう。カップのエースに描かれた大地を育む水は、肉体や知性の結実を可能にする多産な時期をあらわしている。このカードは、心を揺さぶられる精神的な体験、思いやりの機会という意味も伴っている。

【逆位置】多くの水をたたえたカップのエースは、逆位置のときは、新たな恋の始まりや創造的なプロジェクトの開始に遅延や困難があることを示唆している。それが原因で、不満、不安定、孤独感が生じる可能性がある。水というエレメントの無限性に備わるある種の過剰さが集中力を邪魔しているのかもしれない。水は、生きて成長を続けるのに必要なエレメントではあるが、ノアと大洪水の神話は過剰な水が破壊的な力を秘めていることを教えてくれる。

カップの2
TWO OF CUPS

恋に落ちたソウルメイト
Soul Mates Falling in Love

【エテイヤ（1791）】愛、好意、魅了、友情／（逆位置）情欲、情熱、欲望、官能、嫉妬

【メイザース（1888）】愛、愛着、友情、誠意、好意／（逆位置）妨げられた欲望、障害、対立、妨害

【ウェイト（1911）】若者と娘が乾杯している。それぞれが手にしたカップの上にヘルメスの杖（カドゥケウス）が浮かび、大きな翼のあいだからライオンの頭があらわれている。
占いとしての意味：愛、友情、親近感、結合、一致、同情、男女の相互関係、そして――占いの暗示とは別の示唆として――自然界には存在しないが、それによって自然が神聖化される欲望／（逆位置）愛、情熱、富、名誉だけでなく、喜びやビジネスに関する事柄での明るい見通し

【クロウリー／黄金の夜明け団】愛、結婚、喜び、快楽、調和、温かい友情

【数の象徴体系】2：二重性、パートナーシップ、選択、決断、バランス、立案

【占星術】水の蟹座の第1デカンにある愛情深い金星。美しいカップのクイーン（水の水）

と戦車（蟹座）の王国。金星は女帝と関連づけられる。水のカップのクイーンは、蟹座の始まりとともに夏をもたらす

【タイミング】蟹座0度－蟹座10度　トロピカル方式：6月21日－6月30日／サイデリアル方式：7月16日－7月26日

【＋のキーワード】好意、性的魅力、恋に落ちる、結合、混合、調和、親近感、親密さ、友好的、協力、和解、交際、ソウルメイトとの出会い

【－のキーワード】不満、偽りの友情、不調和、報われない愛、献身の欠如、相違を調整する能力の欠如、性的魅力の欠如

【正位置】誰かとの建設的な関係が深まっていくことが示唆されている。友情、ビジネス上のパートナー関係、恋人関係が築かれるところなのかもしれない。あなたは相手に純粋に好意を持ち、相手もあなたと一緒にいることを楽しんで、より親密な関係を結びたいと願っている。双方にとって有益な関係になりそうだ。人間関係でトラブルを抱えた経験があるのなら、和解のチャンスが訪れるだろう。カップの癒やしの水が人生にポジティブな変化をもたらし、創造的な自己表現のひらめきが与えられる可能性がある。ヘルメスの杖に巻きつく2匹の蛇は、パートナー同士の交わりをあらわす。翼のついたライオンの頭は、獅子座のサインと占星術の第5ハウスに言及している。第5ハウスは妊娠、ロマンス、遊び、性的快楽、創造的活動に関係している。

【逆位置】友人かロマンスの相手とのトラブルの可能性を示唆している。固い絆で結ばれていると思っていた友情が偽りだったり、相手が自分のことを心の底から想っているわけではないことに気づいたりするかもしれない。真剣にかかわろうとする気持ちがなんとなく欠けているように思えるのだ。不調和を解決できなければ、疎遠になるか、関係が解消される可能性がある。ロマンスの場合は、ただ単に、ふたりが性的に惹かれ合っていないのかもしれない。関心を持ってもらえず、愛に報いてもらえないのなら、相手をこれ以上追いかけても意味はない。愛や尊敬がないセックスだけの関係はいつか必ず破綻する。エレメントの無限性に備わるある種の過剰さが集中力を邪魔しているのかもしれない。

カップの3
THREE OF CUPS

幸せな宴
Happy Celebration

【エテイヤ（1791）】慰め、安堵、治癒、成功、癒やし、勝利、完成、幸せな結末／（逆位置）日々の仕事、御都合主義、成就、素早い処置、終了

【メイザース（1888）】成功、凱旋、勝利、満足のいく成果／（逆位置）ビジネス上の遠出、機敏さ、迅速さ、警戒

【ウェイト（1911）】3人の娘が、互いに誓いを立てているかのようにカップを掲げながら菜園にいる。
占いとしての意味：豊富にあったものの成果、完成、浮かれ騒ぎ／幸せな出来事、勝利、充足感、慰め、癒やし／（逆位置）遠出、素早い処置、達成、終わり／過剰な肉体的楽しみ、五感の喜び

【クロウリー／黄金の夜明け団】豊穣、豊富、浮かれ騒ぎ、溢れる喜び、快楽、新しい衣服

【数の象徴体系】3：繁殖力、創造力、三者の関係、合弁事業の最初の成果

【占星術】水の蟹座の第2デカンにある、足が速くて聡明な水星。カップのクイーン（水の水）と戦車（蟹座）の王国。水星は魔術師と関連づけられる

【タイミング】蟹座10度－蟹座20度　トロピカル方式：7月1日－7月11日／サイデリアル方式：7月27日－8月5日

【＋のキーワード】幸せなひととき、楽しい宴、幸運な結末、友情、官能の快楽、浮かれ騒ぎ、パーティ巡り、横溢、癒やし、創造力、満足のいく成果、充足感、豊作、豊穣への感謝の表現、物質的なものの享受

【－のキーワード】過剰な官能、耽溺、過剰、浪費、自分勝手、三角関係、結婚生活のトラブル

【正位置】仲の良さそうな3人の娘たちが、おそらくは豊作を楽しげに祝う姿が描かれている。幸せ、成功、満足のいく成果、豊穣がもたらされた。彼女たちはなにを喜んでいるのだろう？　ひょっとしたら、プロジェクト、昇進、病気からの回復、婚約、結婚、子供の誕生に関する朗報が届いたのかもしれない。創造的な活力が全身からみなぎっている。豊かな実りがあり、娘たちは楽しむすべを知っている。

【逆位置】浮かれ騒ぎへの耽溺を示唆している。カードに描かれた女性たちは、幸運を享受するというよりも、自分だけが甘い汁を吸おうとして互いに相手を苛立たせているのかもしれない。過剰な感覚、もしくは、良いことが多すぎる状態だ。彼女たちがはしゃぐ様子は、パーティー好きの遊び人といったところだろうか。クライアントの質問が人間関係に関するものである場合は、パートナーとのトラブルか結婚生活での争いが示唆されている可能性がある。

カップの4
FOUR OF CUPS

逃したチャンス、疲労感、不満
Missed Opportunity, Weariness, and Discontent

【エテイヤ（1791）】倦怠、退屈、不満、心配事、不穏／（逆位置）目新しさ、新たな指示、予測、予知、予感、挫折

【メイザース（1888）】倦怠、不快感、不満、不満足／（逆位置）知り合ったばかりの人、推測、しるし、虫の知らせ

【ウェイト（1911）】若い男性が木の下に座って、目の前の草地に置かれた3つのカップを眺めている。雲間からあらわれた手がもう1つのカップを差し出している。それでも、彼の顔には現状に対する不満の表情が浮かんでいる。
占いとしての意味：この世のワインには飽きが来たとでも言いたげな、疲労感、嫌悪感、反感、架空の悩み／まるで妖精からの贈り物のように、別のワインが差し出されているというのに、この不精者はそこになんの慰めも見いだそうとしない／複数の喜びが混ざり合った状態を示すカードでもある／（逆位置）目新しさ、新たな指示、新しい関係、虫の知らせ

【クロウリー／黄金の夜明け団】贅沢、渾然とした喜び、新たな目標、他者の親切、新しい人間関係、黙想からの目覚め

【数の象徴体系】4：構造、安定性、秩序、論理、基礎、明示

【占星術】水の蟹座の第3デカンにある、情緒的で移り気な月（高いディグニティ）。ワンドのキング〔トート版ではプリンス〕（火の風）と戦車（蟹座）の王国。月は女教皇と関連づけられる

【タイミング】蟹座20度－蟹座30度　トロピカル方式：7月12日－7月21日／サイデリアル方式：8月6日－8月17日

【＋のキーワード】倦怠、熟考、渾然とした喜び、予想、予言、予感、目新しさ、新たな指示、新しい可能性、新たな目標、望む結果があらわれるのを待つ必要

【－のキーワード】不穏、満たされない思い、不満足、疲労、不満、逃した機会、無関心、飽き、食傷、退屈、幻滅感、停滞、無気力、無感動、自己憐憫、抑鬱、架空の悩み、原動力の欠如、マンネリ感、健康上の問題

【正位置】不満、無気力、停滞、不満足の時期を迎えることを示唆している。人生の喜びもあなたを元気づけてはくれないようだ。なにか本質的なものが人生に欠けているような、満たされない思いを味わっているのかもしれない。おそらくは、抑鬱に苦しんでいるか、自己憐憫に浸っているのだろう。グラスには水が半分しか残っていないという思いにとらわれ、決まりきった毎日から抜け出せない。起きてもいないことを悩んでいるだけだと認め、前に進む原動力を手に入れる方法を見つけなければならない。雲ばかり見つめていないで、雲の切れ間からのぞく銀色の光に目を向けてみてはどうだろう？　自分が授かった能力や周りに転がっているチャンスをうまく利用することだ。このカードは月と関連づけられているので、目標達成までをひとつの周期ととらえ、ふさわしい時機が来るのを待つ必要があるかもしれない。月の位相は「何事にも時があり　天の下の出来事にはすべて定められた時がある」（『コヘレトの言葉』3章1節）ことを思い出させてくれる。

【逆位置】目新しいものや新しい可能性が訪れようとしている。それは、誰かと知り合う、新しいことを学ぶ、自分で新しい目標を立てるといった形をとるかもしれない。虫の知らせ、予感、勘の的中といった体験の兆しとも考えられるので、充足感への新たな道を示してくれそうな直感や宇宙からのサインに心を開いておこう。

カップの5
FIVE OF CUPS

雲の切れ間からのぞく希望の光
Every Cloud has a Silver Lining

【エテイヤ（1791）】遺産、世襲財産、伝達、伝統、形見、贈り物、寄付、継承、継承物、決意／（逆位置）親族、親類、家族、血族、祖先、結婚、協力関係、親密さ

【メイザース（1888）】結合、合流、結婚、継承／（逆位置）到着、帰還、知らせ、不意打ち、偽の計画

【ウェイト（1911）】黒いマント姿の人物が、横顔を向けた姿勢で倒れた3つのカップを見つめている。彼の後ろに2つのカップが立っている。背景には橋がかかり、その向こうに小さな城か保有地が見える。
占いとしての意味：喪失のカードだが、すべてが失われたわけではない／3つは失われたが2つは残っている／継承、世襲財産、伝達のカードだが、期待に沿うものを受けとるわけではない／結婚のカードという解釈もあるが、苦渋や欲求不満を伴わないわけではない／（逆位置）知らせ、協力関係、親近感、血族、祖先、帰還、偽の計画

【クロウリー／黄金の夜明け団】失望、失われた喜び、別離、心配事、破局、失われた友情、友人からの冷たい仕打ち、発病

【数の象徴体系】5：不安定性、分裂、喪失、危機、緊張、競争、争い

【占星術】水の蠍座の第1デカンにある勇敢で好戦的な火星（高いディグニティ）。カップのキング〔トート版ではプリンス〕（水の風）と死神（蠍座）の王国。火星は塔と関連づけられる

【タイミング】蠍座0度－蠍座10度　トロピカル方式：10月23日－11月1日／サイデリアル方式：11月16日－11月25日

【＋のキーワード】すべてを失うわけではない喪失、悪報が混ざった朗報、心のなかに感情的な充足感を見いだす、人間関係の復活、祖先、敗北としか思えない状況下での希望、期待に沿わない贈り物や継承

【－のキーワード】後悔、悲嘆、悔恨、別離、落胆、空虚感、愛への失望、寂しさ、発病の可能性

【正位置】感情的な失望の場面が描かれている。あなたは喪失に苦しみ、まだ立っていて中身の入っている2つのカップよりも倒れて中身がこぼれた3つのカップに意識を向けている可能性がある。別離か破局で落胆はしているが、多少なりとも充足への希望は残っている。心の充足感は、ときとして、他人よりも自分の内面に求めなければならないものだ。あなたはすでに起きてしまったことを嘆いているのだろうか？　伝統的に贈り物や継承を象徴するカードでもあるが、受けとるのはあなたの希望や期待に沿わないものだ。陳腐に聞こえるかもしれないが、どんな悪い状況にも良い面があることを思い出そう。

【逆位置】物の見方を変えて良い面を見いだす必要があることを示唆している。喪失を味わったとしても、探しさえすれば希望が見つかるはずだ。2つのカップはまだ立っていて、中身もこぼれていない。完全に破綻したと思っている人間関係を修復できるかもしれない。新たな関係がはじまって空虚感を追い払ってもらえることも考えられる。贈り物や継承物は、思っていたよりも良いものかもしれない。誰かが帰還したという知らせが届く可能性もある。詩人のアレキサンダー・ポープ（1688-1744年）が残した「希望は永遠に人の胸に湧く」という言葉を思い出そう。

カップの6
SIX OF CUPS

過ぎ去ったものを偲ぶ
Remembrance of Things Past

【エテイヤ（1791）】あのとき！ 過去、以前、昔／年齢、古色、過ぎ去った時間、老朽／（逆位置）未来、来るとき、これから、復活、降臨、再生、復興

【メイザース（1888）】過去、過ぎ去ったもの、衰退、消滅、消失／（逆位置）来るとき、これからやってくるもの／まもなく、やがて

【ウェイト（1911）】古い庭園に子供たちがいる。彼らのカップは花で満たされている。
占いとしての意味：過去、たとえば子供時代を振り返ったときの思い出のカード／幸福、楽しみ。ただし、どちらかといえば過去からもたらされたもの／消えてしまったもの。それとは逆に、別のリーディングは次のように解釈されている。新しい人間関係、新しい知識、新しい環境。したがって子供たちはなじみのない区域で遊んでいることになる／（逆位置）未来、来るとき、復活、まもなくやってきて過ぎ去るもの

【クロウリー／黄金の夜明け団】快楽、調和、安寧、楽しみ、性的満足

【数の象徴体系】6：調和、コミュニケーション、共有、思いやり

【占星術】水の蠍座の第2デカンにある力強い太陽。カップのキング〔トート版ではプリンス〕（水の風）と死神（蠍座）の王国

【タイミング】蠍座10度－蠍座20度　トロピカル方式：11月2日－11月11日／サイデリアル方式：11月26日－12月5日

【＋のキーワード】昔、幸せな記憶、郷愁、憧れ、再会、調和、楽しみ、改善、贈答、旧友、昔の人間関係の復活、懐かしい思い出。伝統的に、カップの6は「過ぎしとき」、ペンタクルの6は「いまこのとき」を意味した――私たちはカップからワインをすすりながら古き良き時代を追憶するものだ。逆位置のカップの6は伝統的に「来るとき」を意味した――おそらく、逆さのカップにはこれから飲むためのワインがまだ注がれていないからだろう。このような伝統的な「過去・現在・未来」の意味はタロットの占いとしての歴史に由来する

【－のキーワード】来るとき、これから／過去への執着、古い人間関係を手放せない、過去の傷にこだわる、引きこもって郷愁に浸るという意味もある

【正位置】ノスタルジックなカップの6は、楽しい記憶と過去から再来した楽しい人間関係を意味する。友人との再会やかつての友情や恋愛が復活する前触れかもしれない。好意を持っている相手との贈り物の交換または性的快楽の共有があるかもしれない。喜び、調和、満足のカードである。伝統的に、過ぎ去った物事をあらわす。

【逆位置】まもなく、あるいは、「来るとき」という特定できない時間に起こる出来事に言及している可能性がある。現在の状況と向き合うよりも過去の楽しい記憶に逃れたいという思いを示していることも考えられる。郷愁は現実逃避にもなり得る。いまは、なんらかの理由で喜びや満足を得るのが難しい時期なのかもしれない。

カップの7
SEVEN OF CUPS

黙想の水面に映し出されるもの
Reflections in the Pool of Contemplation

【エテイヤ（1791）】アイデア、思考、熟考、沈思黙考、熟慮、想像、意見、見解、感傷、知性／（逆位置）計画、意志の力、プロジェクト、欲望、意志、決意

【メイザース（1888）】アイデア、感傷、熟考、プロジェクト／（逆位置）計画、設計、決意、決断

【ウェイト（1911）】不思議な聖杯(チャリス)が出現している光景だが、このイメージはどちらかといえば空想的な精神がもたらしたものである。
占いとしての意味：夢見がち、熟考の表象、感傷、想像、沈思黙考という鏡の中に見えるもの／ある程度の達成。ただし、永続的ないし充分なものではない／（逆位置）欲望、意志、プロジェクト

【クロウリー／黄金の夜明け団】放蕩、幻の成功、果たされない約束、誤り、ごまかし、嘘、欺瞞、中程度の短い成功、表向きは輝いているが内実は腐敗している

【数の象徴体系】7：査定、再評価、出発点に立つ、優位性の追求

【占星術】水の蠍座の第3デカンにある美と愛の金星(減衰(デビリティ))。ワンドのナイト(火の火)と死神(蠍座)の王国。金星は女帝と関連づけられる

【タイミング】蠍座20度－蠍座30度　トロピカル方式：11月12日－11月21日／サイデリアル方式：12月6日－12月15日

【＋のキーワード】反射した映像、想像上の物、白昼夢、幻想、視覚化、可能性、非現実的な選択、多数の選択肢、占い、黙想という鏡の中に見える未来の光景

【－のキーワード】現実逃避、希望的観測、幻影、夢想、非現実的な欲望、混乱、不確実性、嘘、ごまかし、アルコールやドラッグの乱用、酩酊、酩酊状態、過剰な官能

【正位置】熟考と沈思黙考の最中に心に浮かんでくる感傷と表象の重要性を強調している。そのような表象化によって途方もない欲望が明らかになることがあるが、それは現実に根ざしたものとは限らない。多くの可能性が手に入りそうに思えて、進むべき道がなかなか決まらない。どこかの時点で夢を見るのをやめて、冷静に選択肢を評価し、難しい決断をしなければならない。さもないと、ウォルター・ミティ（訳注：ジェームズ・サーバーの短編小説を原作とする映画『虹を掴む男』の主人公）のように、混乱あるいは非現実的な世界をさまよう危険がある。

【逆位置】正位置のカードにあらわれた混乱を解決し、多くの可能性の中から現実的な選択を行うプロセスに入ったことを示唆している。夢見るときは終わりを告げた。覚悟を決めて行動指針を定め、心の底から達成したいことについてよく考えてみるときだ。アルコールやドラッグの乱用などの問題と向き合う機会が出てくる。

カップの8
EIGHT OF CUPS

物事の衰退
The Decline of a Matter

【エテイヤ（1791）】金髪の少女、誠実な少女、謙虚さ、臆病、優しさ、魅力、名誉、節度／（逆位置）喜び、快楽、満足、祝祭、気晴らし、華美

【メイザース（1888）】公正な少女、友情、愛着、優しさ／（逆位置）陽気、祝宴、喜び、快楽

【ウェイト（1911）】落胆した様子の男性が、慶事、冒険心、自分が引き受けた仕事、それまでの関心事を意味するカップを置いて立ち去ろうとしている。
占いとしての意味：喜び、温和、臆病、名誉、謙虚さという説もあるが、実際のリーディングでは、物事の衰退、あるいは重要だと思っていた物事が良くも悪くも実際にはたいした結果にならなかったことをあらわすとされている／（逆位置）大きな喜び、幸福、祝宴

【クロウリー／黄金の夜明け団】無精、放棄された成功、関心の薄れ、ものぐさ、怠惰、倦怠、毒された魂

【数の象徴体系】8：動き、行動、権力、裁定

【占星術】水の魚座の第1デカンにある、厳

格な指導者の土星。カップのナイト（水の火）と移り気な月の王国。土星は世界と関連づけられる

【タイミング】魚座0度－魚座10度　トロピカル方式：2月18日－2月27日／サイデリアル方式：3月14日－3月23日

【＋のキーワード】再燃した関心、満足感のなくなった人間関係や状況との決別、物の見方、旅行、旅、人生により大きな意味を求める、欠けているなにかを探す、親密さの復活、ライフスタイルの変化、祝宴、喜び、幸福の発見／隣の芝生は青く見える／興味を失った金髪の少女

【－のキーワード】物事の衰退、幻滅、放棄された成功、不安定性、不安定な感情、不満、辞任、断念、深く考えずにやめてしまう、あてのない旅、幻影を追いかける、心に蓋をする、親密さへの恐れ、落胆、関心の喪失、行き詰まり、無精、不活発、怠惰／「金髪（ブロンド）の人のほうが良い思いをしている」というのは本当だろうか？

【正位置】現在の状況を見渡した結果、もう満足感は得られないという事実が判明したことが示されている。あなたは現状への不満から、より良い環境を求めて移動しようと決心した。プロジェクトや人間関係が期待はずれだったのかもしれない。"ぬかるみにはまって動けなくなった"ような気がして、別の場所で充実感を求めようと思っているのかもしれない。要するに、現在の状況では手に入らないように思える、より大きな喜びや幸せを求めているのだ。その不満が正当な評価に基づくものなのか、「金髪（ブロンド）の人のほうが良い思いをしている」といった、現実とかけ離れた思い込みで行動しているのか、見きわめることが大切だ。

【逆位置】より良い環境を求めていまの生活環境を放棄したい誘惑に駆られても、いまは慎重になるべきだ。生活の一部に不満を感じているかもしれないが、いまは困難から離れるのにふさわしい時期ではないかもしれない。現状の問題の解決に努めるほうが賢明だろう。トラブルから逃げても、元はといえば自分が蒔いた種なので、どこへ行っても縁が切れない可能性がある。隣の芝生は青くないかもしれない。エリック・サミュエル・ティムの言葉をよく考えてみよう。「人は往々にして人生で段階的に進行していく衰退や崩壊には気づかないものだが、それによってもたらされる苦しみに気づかないわけではない」[41]

※41／エリック・サミュエル・ティム『静かなるジェダイ（*Static Jedi: The Art of Hearing God through the Noise*）』（2013年）。

カップの9
NINE OF CUPS

豪勢な暮らしに満足する
Content in Pompous Circumstances

【エテイヤ（1791）】成功、凱旋、達成、優位性、華美、利得、虚飾、盛装／（逆位置）誠意、率直さ、忠誠、気楽さ、気取りのなさ、ビジネスの成功

【メイザース（1888）】勝利、優位性、成功、凱旋、困難の克服／（逆位置）欠点、過ち、失策、不完全さ

【ウェイト（1911）】立派な人物が心ゆくまで饗宴を楽しんでいる。背後の弧を描くカウンターにはワインが豊富に並べられており、これから先も安泰であることを示しているようだ。絵には物質的な面しかあらわれていないが、別の側面もある。
占いとしての意味：一致、肉体の充足感（ビヤンネートル）／勝利、成功、優位性の意味もある／クライアントにとっての満足／（逆位置）真実、忠誠、自由／ただしリーディングの解釈にはばらつきがあり、失策、不完全さなども含まれる。

【クロウリー／黄金の夜明け団】物質的幸福、かなえられた願望、快楽、成功

【数の象徴体系】9：一桁の最後の数字、頂点、成就、達成

【占星術】水の魚座の第2デカンにある、発展をつかさどる吉星の木星（高いディグニティ）。カップのナイト（水の火）と夢のような月の王国（魚座）。木星は運命の輪と関連づけられる

【タイミング】魚座10度－魚座20度　トロピカル方式：2月28日－3月9日／サイデリアル方式：3月24日－4月2日

【＋のキーワード】満足、幸福、満足感、楽しみ、成功、優位性、快楽、創造力、祝祭、物質的な喜び、恵み、夢の実現、満たされた欲望、お祝いの名目、"ウィッシュ・カード"

【－のキーワード】虚栄心、うぬぼれ、利己主義、華美、虚飾、ひとりよがり、満たされない欲望、表面的、物質主義、耽溺、無謀な気前の良さ、独善的、自己満足、成功によって身を滅ぼす

【正位置】快楽、創造力、楽しみを示唆している。願いがかなえられ、夢が実現する。物質的な幸せと世俗的な成功の時期だ。この時期はいつにもまして創造的で社交的な気分になる。たくさんの恵みがあるので、お祝いをして自分の幸せを他者と分かち合う名目ができる。

【逆位置】物質的な快楽と財力を誇示するための消費に目が向きすぎていることを示唆している。そのような浅薄な行動のせいで、うぬぼれていてひとりよがりな人物、といった印象を与えかねない。成功は諸刃の剣にもなりかねないのだ。あらゆる願望をかなえてくれる反面、あなたを大人版の"わがままで甘やかされた子供"にもしてしまうからだ。

カップの10
TEN OF CUPS

心の安息
Repose of the Heart

【エテイヤ（1791）】家、居住地、住所、住居、母国、都市、村、町／（逆位置）怒り、激怒、憤怒、衝突、憤慨、暴力

【メイザース（1888）】自分が住んでいる町、名誉、配慮、尊敬、美徳、栄光、評判／（逆位置）戦闘、衝突、対立、相違、紛争

【ウェイト（1911）】虹の中にカップがあらわれている。驚きに目を奪われてうっとりと見上げる男性と女性は、明らかに夫婦である。夫は右腕を妻の腰に回し、左腕を高く掲げている。妻は右腕を掲げている。そばで踊っているふたりの子供は奇跡の虹を見ているわけではないが、それなりに幸せそうだ。後景に家が見える。
占いとしての意味：満足感、一点の曇りもない心の安息／その境地の完成／完全な人間愛と友情の完成という意味もある／複数の絵札と一緒にあらわれた場合は、クライアントの関心事に責任を持つ人物／クライアントが居住している町、村、または国という意味もある／（逆位置）偽りの心の安息、憤慨、暴力

【**クロウリー／黄金の夜明け団**】飽き、幸運、成功の完成、物事が望みどおりの形におさまる／水のエレメントが完全な形で表現されて

おり、騒乱が予想される。

【数の象徴体系】 10：ひとつだけ余分、完了の充足感、新しいサイクルをはじめる心構え

【占星術】 水の魚座の第3デカンにある、勇敢で好戦的な火星。冬の最後の10日間。さらに、ワンドのクイーン（火の水）と夢見がちな月（魚座）の領域。火星は塔と関連づけられる。魚座の最後の十分角に入った火星の熱が冬を終わらせ、春の1日目を迎え入れる

【タイミング】 魚座20度－魚座30度　トロピカル方式：3月10日－3月19日／サイデリアル方式：4月3日－4月13日

【＋のキーワード】 家庭の幸福、なごやかな社会生活、緊密な絆、友情、満足感、充足感、感謝、家族のお祝い、ずっと欲しがっていたものを手に入れる、長期目標の達成、家庭、帰宅、居住地、故郷、虹の彼方、心の安息

【－のキーワード】 飽き、充足感の欠如、憤慨、衝突、家庭生活ないし社会生活に対する不満足感、喧嘩、騒乱、忘恩、壊れた絆、玉に瑕、欲しいと思っていたものをようやく手に入れたのに不満を抱く

【正位置】 良い友人たちにしろ、支えてくれる家族にしろ、あなたは周囲の人々と愛のある関係を築いている。心から求めていたことがかなえられ、実現する時期だ。家は心の故郷であり、あなたは恋い焦がれていた場所にたどり着いた。カップには「癒やしの力」の意味があるので、カップの10は癒やしの最終段階、苦しみからの解放をあらわしている可能性がある。このカードに描かれているような心地良い情景が現実のものになるかもしれないが、良い物事にもいずれは終わりが来ることを覚えておくこと。恵みを楽しもう。ただし、この世の無常に思いを馳せることも忘れてはいけない。

【逆位置】 家庭問題、家庭内の分裂、家庭の中の悲しみの感情に光を当てている。別の人間関係にも多少の衝突と緊張が生じている可能性がある。充足感を得られないか、心からの望みがかなっていないのかもしれない。さもなければ、欲しいものを手に入れたのにそこになにかが欠けていることに気づいたのだろう。虹の彼方まで行っても願いはかなわない。クロウリーはこのカードについて、望んでいたものをすべて手に入れてからそれが本当に望んでいたものではなかったことに気づき、これから報いを受けることになると語っている。

THE SUIT OF SWORDS

ソードのスート

　タロットのソードは、マムルーク・デッキの三日月刀を原型としている。三日月刀は刃が湾曲していて比較的軽いため、騎馬で戦う際の武器として好まれた。マムルーク朝の戦士にとって、湾曲した刃は、走る馬の上から斬りつけるのにうってつけの形だったのだ。刃がまっすぐだと敵の身体に刺さりやすく、相手の胸から剣を引き抜くのに手間取って動作が遅くなる。そう考えれば、男性的なソード（三日月刀）が争い、衝突、蹂躙の象徴になったのも不思議はない。

　ソードのスートは、占星術では、鋭利なソードの「突く」という男根的性質にふさわしいとして、活動的な風のサイン（双子座、天秤座、水瓶座）から成る"陽"のグループに関連づけられている。この象徴の元型的(アーキタイプ)性質を感じとるために、改めて、次に示すソード（三日月刀）のキーワードリストに目を通してほしい。

- 正義
- 喧嘩
- 法的問題
- 思考
- 行動
- 言語能力
- アイデア
- 対決
- 武器としての言葉
- コミュニケーション
- わだかまりの解消
- 信念と態度
- 論理
- 離脱

- 知性に関する問題
- 真実
- 冷静さ
- 病気
- 知性
- 分析
- 手術
- 鋭さ
- 意思決定
- 流血
- 直截的
- 戦略
- 不要なものを一掃する
- 切断

- 衝突
- 徹底した医学的介入
- 痛み
- 喪失
- 争いに飛び込む
- 苦悩
- スキャンダル
- 急所を突く
- 別離
- 心配事
- 争い
- 悲しみ
- 蹂躙
- 困難

第11章 数札

- 偏見
- 死
- 苦闘
- 嘆き
- 両義性のある言葉
- 討論

ソードのスートのエクササイズ
A Suit of Swords Exercise

〈黄金の夜明け団〉によれば、大アルカナの次のカードは、風のエレメントおよび風とかかわりの深いソードのスートと関連づけられている。

- 魔術師（1番）　　　風とコミュニケーションの惑星である水星
- 恋人たち（6番）　　風のサインの双子座
- 正義（11番／8番）風のサインの天秤座
- 星（17番）　　　　風のサインの水瓶座
- 愚者（0番）　　　　風のエレメント

　以上のカードを並べて共通する属性を見つけてほしい。「空を吹き渡る風」「地上を蹂躙する竜巻」と共有できる象徴体系はないだろうか？　ソードのスートを学んだあとで、もう一度このエクササイズを試してみよう。気づいたことをタロット・ノートに記録しておくこと。

ソードのエース
Ace of Swords

断固たる行動のために強烈な力を行使する
Invoking Intense Force for Decisive Action

【エテイヤ（1791）】増幅、強化、拡大、過剰、怒り、憤怒、喧嘩、限界、境界／極端、大きい、過剰な、法外な、最大限の／（逆位置）受胎、受精、種、精子、誕生、増加、多数

【メイザース（1888）】凱旋、多産、繁殖力、繁栄／（逆位置）困惑、愚かで見込みのない恋愛、障害、妨害

【ウェイト（1911）】雲間から伸びた手にソードが握られ、切っ先が王冠に囲まれている。
占いとしての意味：凱旋、あらゆるものの過剰、征服、力の勝利。愛だけでなく憎しみにおいても大きな力を持つカード。「王冠」は、吉凶判断の領域で一般的とされているものよりもはるかに重要な意味を持つ可能性がある／（逆位置）正位置と同じだが、破壊的な結果をもたらす。他の説明として、受胎、出産、増大、多数。

【クロウリー／黄金の夜明け団】善のために（逆位置の場合は悪のために）発揮される大きな力。逆境における強さ。分別と正義の剣。

【数の象徴体系】1：最初の火花、意志、創造、始まり、新たな命

【占星術】根源的な力を示す風のエレメントで、秋の季節に関連づけられる

【タイミング】占星術では、風は秋と結びつけられる。

【＋のキーワード】断固たる行動、大きな力の行使、強化、拡大、独自性の確立、思考の明晰さ、真実を見る、凱旋、正しい評価、鋭い洞察、打開、受精、アイデアの種または誕生、直截的な言葉遣い、知性の力、エネルギーの集中的な使い方

【－のキーワード】力の誤用、相手を傷つける言葉遣い、怒り、喧嘩、困難をもたらす過剰、人間関係の決裂、優柔不断、有害なエネルギーの使い方

　ルウェリン社の『クラシック・タロット』では、カードの左側の雲間から手があらわれている／その手は、水色の空を背景にソードを上に向けて握っている。掌がこちら側に向けられている。後景の切り立った山々は、重要な目標や賞賛すべきアイデアを象徴している。ソードの刃は4つの尖った飾りがついた金の王冠から切っ先をのぞかせ、王冠からはオリーブと月桂樹の枝が垂れている。王冠の飾りのひとつひとつに、地・水・風・火のエレメントをあらわす4つの宝石が埋め込まれている。オリーブの枝は平和の象徴、月桂樹は勝利の凱旋と正当な評価の象徴だ。

【正位置】信念に基づく思考と効果的なコミュニケーションにかかわる新たな始まりを示唆している。知性を総動員し、物事を明晰に見通し、混乱から抜け出し、強い力を呼び起こし、問題を大局的に見ることができる。信念がもたらしてくれる勇気で、たわごとを切り捨て、愚か者には容赦しない。ソードは戦いの武器なので、正位置のエースは障害に立ち向かい自分が信じるもののために戦う勇気を示す。戦いに勝って、個人の独自性を強く意識するようになる可能性が高い。ギリシア神話では、英雄ペルセウスは知略を用いて蛇の髪を持つ怪物メドゥーサを出し抜き、力強いソードでその頭を切り落とす。フロイトは、ソードは昔から強い男根の象徴だったと指摘している。

【逆位置】喧嘩をはじめとするなんらかの衝突の形で力を悪用し、人間関係を破綻に導く可能性を警告している。口にする言葉に気をつけよう。ソードと同じで、言葉には苦痛を伴う傷を負わせる力があるからだ。エネルギーを不適切に、あるいは、自分の利益にならない形で使っていると示唆している場合もある。

ソードの2
TWO OF SWORDS

親密さと優れた自己規制力
Rapport and Masterful Self-Regulation

【エテイヤ（1791）】友情、親密さ、好意、優しさ、魅了、親近感／（逆位置）虚偽、ごまかし、嘘つき、ぺてん、策略、表面的

【メイザース（1888）】友情、武勇、堅固さ、勇気／（逆位置）偽りの友、裏切り、嘘

【ウェイト（1911）】目隠しをした女性が、肩で2本のソードを支えている。
占いとしての意味：適合とそれが示唆する均衡状態、勇気、友情、武装した状態での一致。／別の解釈では優しさ、好意、親密さ。ソードは一般的に恵みの力の象徴ではないので、「調和」をはじめとする好意的な解釈については条件つきで考慮しなくてはならない／（逆位置）ぺてん、虚言、二枚舌、不忠

【クロウリー／黄金の夜明け団】平和、収拾し解決した喧嘩、取り戻されたが多少の緊張が残る平和。クロウリーは、騒乱の意味を持たせていないという理由で、〈黄金の夜明け団〉の「取り戻された平和」に異議を唱え、このカードを、肯定的なアイデアが否定的な形をとったもの、高潔な騎士の徹底した禁欲の誓いと結びつけている。

第11章 数札

【数の象徴体系】2：二重性、パートナーシップ、選択、決断、バランス、立案

【占星術】風の天秤座の第1デカンにある情緒的で移り気な月。ソードのクイーン（風の水）と正義（天秤座）の王国。月は女教皇と関連づけられる。風のソードのクイーンは、天秤座の始まりとともに秋をもたらす。

【タイミング】天秤座0度－天秤座10度　トロピカル方式：9月23日－10月2日／サイデリアル方式：10月17日－10月26日

【＋のキーワード】平和、真の友情、親密さ、落ち着き、平穏、一致、優しさ、優れた平常心、仲直りする、相違を解消する、見解の釣り合いをとる、難しい決断をする、内面に答えを求める、完全な力の均衡、衝動や欲望の表出における自己規制力

【－のキーワード】乱された平和、内面の苦闘、落ち着きの欠如、袋小路、膠着状態、優柔不断、打つ手がない状態、進退きわまった状態、策略、嘘、ごまかし、裏切り、表面的、乏しい自制心、野放図な感情、偽りの友情

【正位置】あなたの内面が穏やかでバランスがとれていることを示唆している。あなたには、状況の推移や感情の変化に惑わされず、選択肢を検討して合理的な決断を下す力がある。意見の食い違いがあっても、相違を解消したうえでの和解に価値を見いだすことができる。この、穏やかで冷静な精神状態が、親しい友人たちとの信頼関係（ラポール）を特徴づけている。真の友情とは、両者のニーズ、願望、感情を、思いやりと誠意で調和させることで成立するのだ。

【逆位置】なんらかの不均衡があなたの平常心を乱している。袋小路にはまり込んで、正しい行動指針を判断あるいは決断できずにいるのかもしれない。それとも、衝動に突き動かされるまま、結果など考えずに行動したいと思っているのだろうか。そのような浅はかな行動は、否定的な結果をもたらす可能性が高い。ひとりもしくは複数の友人との関係に波風が立っているおそれがある。友人だと思っていた人物がごまかしか裏切りにかかわっているか、あなた自身が自分を信頼してくれている誰かに嘘をつきたい誘惑に駆られているのかもしれない。

ソードの3
THREE OF SWORDS

別離と心痛
Separation and Heartache

【エテイヤ（1791）】別離、疎遠、決裂、不在、旅立ち、分離、離脱、反感／（逆位置）戸惑い、混乱、注意散漫、心神喪失、狂気、誤り、喪失、誤算、遠回り

【メイザース（1888）】別離、除去、決裂、喧嘩

【ウェイト（1911）】3本のソードがハートを貫いている／後景には雲が垂れ込めて雨が降っている。
占いとしての意味：除去、不在、遅延、分割、決裂、離散、図柄からごく自然に想起されるものすべて。とりたてて並べ挙げる必要もないほどシンプルで明白である／（逆位置）心神喪失、誤り、喪失、注意散漫、無秩序、混乱

【クロウリー／黄金の夜明け団】悲嘆、不幸、破局、涙、秘密、曲解

【数の象徴体系】3：繁殖力、創造力、三者の関係、合弁事業の最初の成果

【占星術】風の天秤座の第2デカンにある厳格な指導者の土星（高揚）。ソードのクイーン（風の水）と正義（天秤座）の領域。土星は世界と関連づけられる

【タイミング】天秤座10度－天秤座20度
トロピカル方式：10月3日－10月12日／サイデリアル方式：10月27日－11月5日

【＋のキーワード】必然的な別離、有益な分離、離脱、手術、不在、癒やしのための嘆き、悲嘆から解放された喜び、洞察に満ちているが嵐のように荒れくるう心模様、苦悩を通じた叡智の獲得

【－のキーワード】嵐のように荒れくるう心模様、心痛、破局、苦悶、涙、悲しみ、喪失、嘆き、悲嘆、疎外感、失われた友情、流産、愛する者の死、痛みを伴う別離、決裂、失恋、離婚、不幸、背信、傷心、苦悩、難儀、体調不良、病気、喧嘩、分裂、中断された計画、失望、傷、不運、苦悩

【正位置】なんらかの別離、喪失、絆の分断、苦悩に直面しており、それが自分の感情面の生活についての重要な気づきにつながって叡智の成長を助けることが示唆されている。このカードは"感情の荒れ模様"を描いている。疎外感、孤立感、失望感、悲嘆、寂しさとつき合わなければならないかもしれない。ソードは精神と争いの意味を帯びたスートなので、友人か愛する者との争いに巻き込まれるかもしれない。大切に思っている人との念願の再会は実現しないかもしれない。あなた自身か身近な人の手術の必要性を示唆していることも考えられる。いずれにせよ、このカードが暗示している苦悩と不幸は再出発のチャンスをもたらすものだ。

【逆位置】苦悩の結果、あなたが自らの成長を拒んでいる状況が示唆されている。恨みに執着して争いつづけるよりも、仲直りしてわだかまりを解消するときかもしれない。怨恨と悲しみにこだわっていても、傷心を長引かせるだけだ。精神科医のエリザベス・キューブラー＝ロスが1969年に説いた、悲嘆の5段階を考えてみよう。(1)否認と孤立、(2)怒り、(3)取引、(4)抑うつ、最後が(5)受容である。ソードの3は、悲嘆から受容と解放へ至って人生にバランスを取り戻すまでのプロセスにまつわるカードだ（天秤座の土星）。

ソードの4
Four of Swords

孤独と隠遁
Solitude and Retreat

【エテイヤ（1791）】隠遁、孤独、砂漠、隠者の庵、寂しさ、亡命、追放、村八分、石の墓、棺、墓／（逆位置）分別、正しい行い、調和、優れた管理、決定権、節度、節約、倹約

【メイザース（1888）】孤独、隠遁、放棄、ひとりぼっち、隠者／（逆位置）節約、予防策、支出の調整

【ウェイト（1911）】祈りの姿勢で墓石に横たわる騎士の彫像。
占いとしての意味：警戒、隠遁、孤独、隠者の休息、亡命、墓と棺／（逆位置）賢明な管理、用意周到、節約、金銭欲、予防策、遺言

【クロウリー／黄金の夜明け団】休戦、紛争からの休息、療養期間、病気の回復、精神的混乱からの避難、快方に向かう、苦闘を離れた平和のひととき

【数の象徴体系】4：構造、安定性、秩序、論理、基礎、明示

【占星術】風の天秤座の第3デカンにある、発展をつかさどる吉星の木星。カップのキング〔トート版ではプリンス〕（水の風）と正義（天秤座）の王国。木星は運命の輪と関連づけられる

【タイミング】天秤座20度－天秤座30度
トロピカル方式：10月13日－10月22日／サイデリアル方式：11月6日－11月15日

【＋のキーワード】紛争からの休息、小休止、孤独、隠遁、慰め、平和、休養、休憩、休戦、交戦の一時中断、猶予、撤退、瞑想、療養、保養と慰労、療養期間、喪失または病からの回復の時間をとる、隠者の庵、オアシス、墓または最後の安息の場、苦闘を離れた平穏の期間、心を魅了するもの、電源を切って充電期間を過ごす、精神的な導きを求める

【－のキーワード】亡命、村八分、拒絶、追放、孤立、排除、放棄、寂しさ、ストレスのある状況で行き詰まる

【正位置】休養、癒やし、孤独、療養のときを示唆している。窓のステンドグラスに描かれた天使の後光のPAX（ラテン語で「平和」）という文字に注目してほしい。あなたは病気から回復しているところか、ストレスの強い環境から離れることを必要としているのではないだろうか。技術用語でたとえると、電源を切って充電期間を過ごしたいと思っているのかもしれない。休息とくつろぎの日々を過ごせば、心機一転してスタートが切れるだろう。伝統的には、人里離れた隠者の庵のような、瞑想的な環境への隠遁をあらわすカードとされている。

【逆位置】拒絶または村八分に遭い、寂しく打ち捨てられた気持ちになる可能性を警告している。このような孤立は、あなた自身が他者とのかかわりから遠ざかることを選んだせいでもたらされる場合もある。隠者が熱心に求めた瞑想のための孤立は、あなたが期待していたオアシスではないかもしれない。

ソードの5
FIVE OF SWORDS

喪失を悼む
Mourning a Loss

【エテイヤ（1791）】喪失、浪費、衰退、剥奪、侮辱、意地悪、屈辱、降格、挫折、金銭欲、泥棒／（逆位置）嘆き、哀悼、意気消沈、苦悩、無念、死別、葬儀、抑留

【メイザース（1888）】哀悼、悲しみ、難儀／（逆位置）喪失、トラブル（正位置でも逆位置でも同じ）

【ウェイト（1911）】軽蔑の表情を浮かべた男性が、落胆した様子で退却していくふたりの人物を見送っている。彼らのソードは地面に横たえられている。男性は2本のソードを左肩に背負い、右手に持った3本目のソードで地面を突いている。彼が勝利者としてその土地を所有する。
占いとしての意味：降格、破壊、取り消し、汚名、不名誉、喪失、これらの類語や関連語／（逆位置）正位置と同じ／埋葬と土葬、悲嘆と哀悼

【クロウリー／黄金の夜明け団】敗北、喪失、不都合な結果、悪意、裏切り、中傷、悪口、感情に負けた知

【数の象徴体系】5：不安定性、分裂、喪失、危機、緊張、競争、争い

【占星術】風の水瓶座の第1デカンにある美と愛の金星／ソードのキング〔トート版ではプリンス〕（風の風）と星（水瓶座）の領域。金星は女帝と関連づけられる

【タイミング】水瓶座0度−水瓶座10度　トロピカル方式：1月20日−1月29日／サイデリアル方式：2月13日−2月22日

【＋のキーワード】紛争での勝利、他者の感情を顧みずやりたいことができる力、喪失と敗北から精神的な学びを得る、岐路、死者の埋葬／略奪品は勝者のもの

【−のキーワード】侮辱、拒絶、痛烈な屈辱、痛みを伴う岐路、悪感情、傷ついた自尊心、意地悪、中傷、背信、喪失、放棄、落胆、敗北、不安、非難、劣等感、ピュロスの勝利（訳注：失うものが大きすぎる勝利）、ほくそえむ、スポーツマンシップにもとる、悲嘆、哀悼、傷をなめる、侮辱されたまたは捨てられたと感じる、別れを告げずに去る／勝てば官軍

【正位置】なんらかの喪失、敗北、放棄に対処していることを示唆している。この痛ましい経験には、そこから学ぶべき大切な精神的教えがある。あなたが、屈辱を与えた相手の気持ちを考えず勝利にほくそえむ勝者であることを示唆する場合もある。それとも、あなたの方が、屈辱や拒絶や見捨てられた気分を味わったり、不公平に扱われたりした敗者なのだろうか。社会学では、屈辱の経験が怒りの感情につながり、ときとして暴力に発展することが証明されている。

【逆位置】傷を舐める時間が長すぎることを示唆している。敗北感と屈辱に対峙して和解の道を探るときが来た。自己憐憫に浸っていても、傷ついた感情と劣等感が長引くだけだ。

ソードの6

SIX OF SWORDS

荒れくるう水に架かる橋のように
Like a Bridge over Troubled Waters

【エテイヤ（1791）】旅、航海、道、小道、細道、歩行、通路、使者、使節、前に進む、思慮深さ、親切な注意／（逆位置）布告、宣伝、声明、知識、発見、宣言、説明、待機、期待

【メイザース（1888）】使節、使者、航海、旅行／（逆位置）宣言、求愛、啓示、不意打ち

【ウェイト（1911）】渡し守がパント船で乗客を向こう岸に運んでいる。水面は穏やかで船荷も軽いようだ。渡し守にとっては能力を超える労働ではない点に注目したい。
占いとしての意味：水を渡る旅、経路、道、使節、コミッショネア〔人、財産、情報を守る任を負った使者または従者〕、急場しのぎの方法、快適な船旅／（逆位置）宣言、告白、宣伝／求愛とする説明もある。

【クロウリー／黄金の夜明け団】科学、獲得した成功、知性の獲得、労働、言葉によって行う仕事、水を渡る旅、知性と道徳性のバランス

【数の象徴体系】6：調和、コミュニケーション、共有、思いやり

【占星術】風の水瓶座の第2デカンにある、足が速くて聡明な神々の使者である水星。ソードのキング〔トート版ではプリンス〕（風の風）と星（水瓶座）の領域。水星は魔術師と関連づけられる

【タイミング】水瓶座10度 − 水瓶座20度
トロピカル方式：1月30日−2月8日／サイデリアル方式：2月23日−3月3日

【＋のキーワード】トラブルから遠ざかる、障害を取り除く、旅、状況の変化、水を渡る旅、安全な通路、親切な注意、忍耐、頼りになる従者、守護天使、もっと穏やかな時期への移行、遠くへメッセージを運ぶ、困難の克服、法的問題の解決、この先はもっと良い時期が待っている／宣言、啓示、提案、宣伝、不意打ち、知性の獲得、言葉による成就

【−のキーワード】困難な状況を乗り越えられない、状況に圧倒される思い、問題への対処の拒否、一時的な安堵、旅の困難、法的問題、問題解決への愚かな試み、頼りにならない従者、不充分なサービス

【正位置】たくましくて腕の良い漕ぎ手の助けで荒波から逃れ、もっと穏やかな状況に向かっていることを示唆している。まだ目的地にはたどり着いておらず、未解決の困難を抱えたままだ。逆に解釈すれば、あなた自身が頼もしい漕ぎ手の役割を果たし、より良い人生を求めて問題から逃れようとしている誰かを助けているのかもしれない。クロウリーは、水瓶座（客観性のサイン）にある水星（知性の惑星）との関連から、このカードを「科学」と名づけた。巧みな言葉遣いは、あなたの現在の状況で重要な役割を果たすかもしれない。

【逆位置】トラブルとなかなか縁が切れない状況を示唆している。なにかが（あるいは、誰かが）、穏やかな海にたどり着こうとするあなたの努力を邪魔している。旅の困難や遅延の可能性もある。おそらくは、水瓶座にある水星（コミュニケーションの惑星）との関連が理由で、逆位置のソードの6は伝統的に、布告、宣言、提案、啓示、不意打ちの意味も含むとされてきた。

ソードの7
SEVEN OF SWORDS

不安定な努力
Unstable Effort

【エテイヤ（1791）】 意思の力、構想、願望、希望、見込み、約束、憧れ、幻想、期待、過大な自己評価／（逆位置）思考、熟考、教訓、指示、有益な忠告、優れたカウンセリング、相談、賢者の助言

【メイザース（1888）】 希望、自信、欲望、試み、願望／（逆位置）賢明な助言、優れたカウンセリング、叡智、分別、用意周到

【ウェイト（1911）】 男性が急いで5本のソードを運び出そうとしている。残りの2本は地面に刺さったままだ。すぐ近くに軍営がある。
占いとしての意味：設計、試み、願望、希望、自信／喧嘩、失敗の可能性がある計画、不快感の意味も。それぞれの意味が強く反発し合っているので、この図柄の意図は明確にはわからない／（逆位置）優れた助言、カウンセリング、指示、中傷、赤ちゃん言葉

【クロウリー／黄金の夜明け団】 無益な行為、不安定な努力、可能性の範囲を超えた想像、動揺、信用できない、宥和政策、陸路の旅

【数の象徴体系】 7：査定、再評価、出発点に立つ、優位性の追求

【占星術】風の水瓶座の第3デカンにある移り気な月。カップの夢を追うナイト（水の火）と星（水瓶座）の領域。月は女教皇と関連づけられる

【タイミング】水瓶座20度－水瓶座30度
トロピカル方式：2月9日－2月17日／サイデリアル方式：3月4日－3月13日

【＋のキーワード】内密の行動、戦略的な目標設定、慎重な計画、賢明な予防策、行動する前に考える、妙計、機転、外交的手腕、直接対決を回避する、裏技による解決策を見つける、思慮深い指導による行動、相談、健全な助言にしたがう

【－のキーワード】中途半端な計画、卑怯な策略、窃盗、不誠実、欺瞞、誤った指導、無益な行為、不安定性、無駄な努力、効果がない、臆病、優柔不断、混乱した意思の力、非現実的な夢を追う、優れた助言を無視する、努力を維持できない、利用されているように感じる、手に余ることをやろうとする、奇襲、スパイ、信用ならない人

【正位置】微妙な状況を解決するために、慎重な計画策定や戦略的アプローチを促している。準備を整え、慎重に目標を設定しよう。直接対決を避けるのが最善の策だ。対決するぐらいなら、争いや意見の相違を解消するための代案を探してみよう。秘密裏に動けば優位に立てる。賢明な助言を与えてくれる専門のコンサルタントと話し合いたいと望んでいるかもしれない。現在の状況では、機転と外交的手腕が確実に物を言う。詩人の言葉を心に留めておくこと。

鼠や人の深く計った計画も往々齟齬し、
唯私たちに悲歎と苦痛とのみを残す
約束の喜びに代へて。
（ロバート・バーンズ『鼠に寄す』中村為治訳　岩波書店刊）

【逆位置】窃盗や欺瞞をはじめとする卑怯な行為に備え、妥当な予防策をとるよう助言している。信頼できると思っていた相手が表裏のある人間だと発覚するかもしれない。臆病さと優柔不断さのせいで考えがまとまらず、地道な努力ができずにいるのかもしれない。非現実的な夢を追ったり手に余ることを計画したりしないように、賢明な忠告を求めたいと考えているのではないだろうか。

ソードの8
EIGHT OF SWORDS

考えてばかりで行動に移せない
Paralysis of Analysis

【エテイヤ（1791）】譴責、非難、批判、軽蔑、危うい状況、重大な局面、不運な状況、危機／（逆位置）遅延、不運、妨害、対立、抵抗、言い逃れ、問題、事故

【メイザース（1888）】病気、冤罪、批判、非難／（逆位置）過去の裏切り、事件、事故、驚くべき出来事

【ウェイト（1911）】縛られて目隠しをされた女性がソードに囲まれている。ただし、逃れられない拘束というよりは、一時的な監禁のカードである。
占いとしての意味：悪報、猛烈な無念、危機、譴責（けんせき）、抑制された力、争い、冤罪／病気の意味もある／（逆位置）不穏、困難、対立、事故、裏切り／予期しないこと／災難

【クロウリー／黄金の夜明け団】予想外の干渉、予期せぬ悪運、萎縮した力、制約、偏狭、狭量、偶然の干渉により妨害された意志、監獄

【数の象徴体系】8：動き、行動、権力、裁定

【占星術】風の双子座の第1デカンにある、発展をつかさどる木星（減衰（デビリティ））。ソードのナイト（風の火）と恋人たち（双子座）の王国。木

星は運命の輪と関連づけられる。双子座で減衰した状態の木星は、幸運を伴わない増加をもたらす。

【タイミング】双子座0度－双子座10度　トロピカル方式：5月21日－5月30日／サイデリアル方式：6月15日－6月24日

【＋のキーワード】自分で設けた限界に立ち向かう、自分に制約をかける思い込みと抑圧的な自己批判から自らを解放する、干渉を乗り越える、自分を閉じ込めている障害を取り払う、糾弾され罠にはめられたと感じる状況から自分を解放する

【－のキーワード】制約をかけられている、罠にはまっている、阻害されている、囲まれている、あるいは閉じ込められているという感情／自分で課した限界、投獄、問題のある思考、予想外の干渉、予期せぬ悪運、くだらない噂話、譴責、非難、批判、不穏、混乱、考えすぎ、分析麻痺、自分自身の心に囚われる、他人に自分の自由の抑制を許す

【正位置】状況から抜け出せない、あるいは閉じ込められたように感じていることを示唆している。その制約には自分で作り出したものもあるかもしれないし、予期せぬ出来事による干渉のせいもあるかもしれない。あなたには状況について考えすぎるきらいがあり、窮屈な思い込み、過剰な自己非難、あるいは自分の力を他者に譲り渡してしまうことによって自身を抑制しがちだ。分析麻痺に陥っているのかもしれない。そろそろ目隠しをとって周り眺めてみてもいいころだ。自由はあなたの手が届くところにある。詩人のリチャード・ラブレス（1618-58年）の「石の壁が牢獄をつくるわけではなく、鉄格子が檻をつくるわけでもない」という言葉を噛みしめてほしい。

【逆位置】正位置のカードと同様の意味だが、行く手を阻む障害を取り除くことができるという示唆もある。窮屈な思い込みと対峙し、限定的な発想をもっと現実的な考え方に置き換えれば、解放される望みはある。他人に自分の力を譲り渡してきたのであれば、力を取り戻して、自分の人生を再び自分でコントロールしはじめるときだ。

ソードの9
NINE OF SWORDS

眠れぬ夜を過ごす尼僧
A Cloistered Nun Suffers Insomnia

【エテイヤ(1791)】牧師、司祭、尼僧、処女、修道生活を送る人、聖職者、世捨て人、未婚者／献身、禁欲生活、敬虔さ、祭式、女子修道院、男子修道院、隠者の庵／(逆位置)正当な疑念、正当な不信、もっともな恐怖、良心の呵責、臆病、恥、恥辱

【メイザース(1888)】聖職者、司祭、良心、廉潔、誠意、完全性／(逆位置)賢明な不信、疑念、恐怖、疑い、いかがわしい人物

【ウェイト(1911)】寝椅子に座って嘆いている女性。頭上には複数のソードが並んでいる。彼女は、かつて味わったことのないほどの悲しみに襲われている。圧倒的な孤独をあらわすカードだ。
占いとしての意味：死、失敗、流産、遅延、欺瞞、失望、絶望／聖職者／(逆位置)投獄、疑念、疑い、理にかなった恐怖、恥

【クロウリー／黄金の夜明け団】残酷さ、絶望、苦悩、意気消沈、病気、痛み、悪意、精神病、狂信、原始的本能

【数の象徴体系】9：一桁の最後の数字、頂点、成就、達成

【占星術】風の双子座の第2デカンにある、積極的で好戦的な火星。ソードのナイト（風の火）と恋人たち（双子座）の王国。火星は塔と関連づけられる

【タイミング】双子座10度―双子座20度
トロピカル方式：5月31日―6月9日／サイデリアル方式：6月25日－7月26日

【＋のキーワード】受け入れてほしいという願い、自己実現、もっともな恐怖、自己探求、自信喪失とマイナス思考に向き合う、解決に向けて動き出す、喪失を受け入れる、物事を現実的に見る、敬虔さ、信念、献身、処女性、完全性、禁欲生活

【－のキーワード】悪夢、不眠、寂寥感、絶望、心配事、精神的苦悶、不安、悲嘆、自信喪失、罪の意識、偏見、恥、悪夢、残酷さ、抑鬱、不健康、流産、悲観的な思考、「この先も満足感を味わうことはない」というマイナス思考に身を委ねる

【正位置】精神的苦痛をあらわしている。辛さのあまり、隠れ家に逃れて修道士か尼僧のように世間から引きこもりたくなることがある。心配事が気になって眠れなかったり、健康に悪影響が出たりしているかもしれない。おそらく、愛する人からの辛辣な言葉に傷ついた（知性をあらわす双子座に好戦的な火星がいる）か、人間関係に断裂か別離が待ち受けているのではないかと恐れているのだろう。悩みがなんであれ、物事は現実に形となってあらわれるときよりも、闇の中で想像しているときのほうが殺伐として見えることを覚えておいてほしい。タロット関連の著書を数多く出版しているアンバー・ジャヤンティによれば、このカードには「望むものを手放して現実を受け入れるのがどれほど辛いことになり得るか」が反映されている。[42]

【逆位置】心の奥底に潜む恐怖と向き合うのを避けているか拒否していることを示唆している。自己啓発活動でよく耳にするのが「否定する限りそれはなくならない」というフレーズだ。自分が悩んでいることを認め、もっとはっきり見える昼の光の下で問題を見つめるようにしよう。ニーバーの祈り（訳注：神学者ラインホールド・ニーバーが説教で用いた祈りの言葉）に次のような一節がある。「神は変えられないものを受け入れる冷静さ、変えられるものを変える勇気、そしてその違いを知る叡智を与えてくださる」

---

[42]／アンバー・ジャヤンティ『誰にでもわかるタロット（*Tarot for Dummies*）』（2001年）。
Amber Jayanti, *Tarot for Dummies* (Stamford, CT: U.S. Games Systems, 2001)（未邦訳）。

ソードの10
TEN OF SWORDS

痛みと悲嘆は夜明けに道を譲る
Pain and Sorrow Gives Way to the Morrow

【エテイヤ(1791)】涙、悲しみ、号泣、難儀、嘆き、愁嘆、苦悩、悲嘆、寂寥感／(逆位置)利益、優位性、利得、獲得、愛顧、恩恵、権力、権威、親切な行い

【メイザース(1888)】涙、難儀、嘆き、悲嘆／(逆位置)束の間の成功、一時的な優位性

【ウェイト(1911)】うつ伏せになった人物が、カードに描かれたすべてのソードに貫かれている。
占いとしての意味：図案に暗示されているものすべて／痛み、難儀、涙、悲しみ、寂寥感の意味もある。とくに惨たらしい死を示唆するカードではない／(逆位置)優位性、利益、成功、愛顧。ただし、いずれも永続的なものではない／権力と権威の意味もある。

【クロウリー／黄金の夜明け団】没落、現実と乖離した理性、破壊的な形で使われたソードの風のエネルギー、狂気の論理

【数の象徴体系】10：ひとつだけ余分、完了の充足感、新しいサイクルをはじめる心構え

【占星術】風の双子座の第3デカンにある熱

く乾いた太陽。カップのクイーン（水の水）と恋人たち（双子座）の王国

【タイミング】双子座20度－双子座30度
トロピカル方式：6月10日－6月20日／サイデリアル方式：7月6日－7月15日

【＋のキーワード】最終的な終了、新たな希望、新境地、釈放、解放、夜明け前の闇、悪い状況の終わり、これ以上は悪くならない、サイクルの終了、大きな代償を伴う成功、しばらく前から起きていた問題と向き合わざるを得なくなる、再出発、新しい1日が始まろうとしている

【－のキーワード】どん底、分裂、没落、破壊、寂寥感、まちがった助言、喪失、痛み、悲嘆、涙、負傷、背信、難儀、だまし討ちに遭ったと感じる、失敗、達成されない目標、妨害された計画、敗北、失脚、虚偽の情報、動揺、狂乱、苦悶、パニック、不安、抑鬱、手術、法的問題、法的な揉め事、身動きがとれないと感じる、出口がない恐怖、破滅的な思考

【正位置】苦悶と苦しみの時期の終わりにたどり着き、前に進む準備ができたことを示唆している。どん底まで落ちたので、事態はこれ以上悪くなりようがない。薔薇色の生活など約束されていなかったことがようやく理解できる、そんな時期が人生では何度か訪れるものだ。必要に迫られて、しばらく前から起きていた問題と向き合わざるを得なくなる。前に進みたいのなら上に向かうことだ。後景で輝く朝日が、解決の望みがあることを示唆している。新たな1日が始まろうとしているのだ。苦しみからの解放はもうすぐそこだ。ソードはアイデアとコミュニケーションをあらわしているので、虚偽の情報によって生まれた問題は現段階で解決できる。

【逆位置】なにかに邪魔されてマイナス思考と縁を切れずにいることを示唆している。まちがった助言に従っているか、破滅的な思考にとらわれているのかもしれない。おそらくは、人生にトラブルをもたらすだけの厄介な人間関係か悪い状況にしがみついているのだろう。自分では身動きがとれないと感じているが、実際には、最悪の事態を覚悟しなくてはならないほどの状況ではない。傷ついたり裏切られたりしたとしても、怒りと恨みにまみれたままでいることもできれば、怨恨を手放して相手を許し、前に進むこともできるのだ。重い腰を上げて自分の問題に対処せざるを得なくなるのだから、どん底まで落ちることで結果的に幸いがもたらされる場合もある。

The Suit of Pentacles

ペンタクル（コイン）のスート

　タロットのペンタクルは、マムルーク・デッキの金貨（ディナール）のスートに由来する。ディナールはマムルーク朝時代の通貨で、商取引や日常生活での物のやりとりに使われていた。一般的なトランプのダイヤのスートが、タロットのペンタクル（あるいは、コイン）に相当する。ペンタクルのキーワードを覚える際には、『ダイヤモンドは女の子の最高の友達』という歌を思い出すといい。

　ペンタクルのスートは、占星術では、世俗的なコインに備わる内向的な性質にふさわしいとして、受動的な地のサイン（牡牛座、乙女座、山羊座）から成る"陰"のグループに関連づけられている。この象徴の元型的(アーキタイプ)性質を感じとるために、改めて、次に示すペンタクル（コイン、円盤、ディナール）のキーワードリストに目を通してほしい。

- 分別
- 日常的な達成
- 収入
- ビジネス
- 健康問題
- 仕事のチャンス
- 金銭
- 遺伝
- 仕事に関連したプロジェクト
- 経済状態
- 良薬
- 大地
- 品物
- 身体のケア
- 懐疑主義
- 所有物
- 五感
- 常識
- 仕事
- 天然資源の管理
- 実践を通じて学ぶ
- 労働
- 生存
- 粘り強い努力
- 純粋に物質的な事柄
- 明示
- ゆっくりとだが着実な進歩
- 投資
- 根を張る
- 価値観
- 財産
- 有形の現実
- 勤勉
- 安全
- ビジネスの才覚
- 感覚
- 物質的な安寧
- 物質世界

ペンタクル（コイン）のスートのエクササイズ
A Suit of Pentacles Exercise

〈黄金の夜明け団〉によれば、大アルカナの次のカードは、地のエレメントおよび地とかかわりの深いペンタクル（コイン）のスートと関連づけられている。

- **教皇（5番）** 　　　　地のサインの牡牛座
- **隠者（9番）** 　　　　地のサインの乙女座
- **悪魔（15番）** 　　　地のサインの山羊座
- **世界（21番）** 　　　構造、境界線、有形の現実を象徴する惑星である土星
- 大アルカナには、地のエレメントに割り当てられたカードはない。

　以上のカードを並べて共通する属性を見つけてほしい。「足の下の揺るぎない大地」と共有できる象徴体系はないだろうか？　ペンタクルのスートを学んだあとで、もう一度このエクササイズを試してみよう。気づいたことをタロット・ノートに記録しておくこと。

ペンタクルのエース
ACE OF PENTACLES

物質面での改善が期待できる
Opportunity For Material Improvement

【エテイヤ（1791）】満足感、大きな喜び、幸福、歓喜、エクスタシー、快楽、成就、完璧な薬、赤／（逆位置）富、資本、財産、富裕、宝、貴重品

【メイザース（1888）】申し分のない満足感、慶事、繁栄、凱旋／（逆位置）金貨が入った財布、金銭、利得、力添え、利益、富

【ウェイト（1911）】ペンタクルを持った手が――例によって――雲から出ている。
占いとしての意味：申し分のない満足感、慶事、エクスタシー／頭の回転が速いという意味も／黄金／（逆位置）富の悪い面、悪い知性／巨富の意味もある。いずれにせよ繁栄と物質的に快適な状態をあらわすが、それが持ち主にとって有利かどうかは、カードが正位置か逆位置かによって変わってくる。

【クロウリー／黄金の夜明け団】上から見た男根。物質的な利得、労働、権力、富

【数の象徴体系】1：最初の火花、意志、創造、始まり、新たな命

【占星術】根源的な力を示す地のエレメントで、冬の季節に関連づけられる

【タイミング】占星術では、地は冬と結びつけられる

【＋のキーワード】繁殖力、大きな喜び、健康、経済状態、財産、物質的幸福、富、繁栄、肉体的な安寧、経済的なチャンス、完璧な薬、豊穣、優れた運動能力、物質的な成就

【－のキーワード】物質主義、強欲、不満、貧困、無駄遣い、悪い薬、過度な愛着、逃した機会

ルウェリン社の『クラシック・タロット』では、水色の空を背景にカードの左側から金貨を正位置で持った手があらわれている。青空を背景にその手が上向きのペンタクルを支えている金貨の表面には五芒星(ペンタクル)が描かれている。ペンタクルは魔術の儀式で護符として使われることが多い。5つの先端は人体の5つの先端（頭と四肢）や古典的な五感（触覚、視覚、味覚、嗅覚、聴覚）と関連づけられる。金貨またはペンタクルのスートの特徴があるとされる人々は、物質的な現実に根差しているものの、第六感である直観は得にくいかもしれない。

【正位置】健康や金銭的問題、物質的な幸福に関する新たな始まりを示唆している。もっとも古い時代のタロットデッキではペンタクルは金貨だったので、このエースは経済的安定、健全なビジネス慣行、物質世界における業績との関連を示唆している。金貨のエースは金銭の受領、奨学金、仕事のオファー、収入増のチャンスを伴うことが多い。伝統的に大きな喜びのカードとされてきた。たゆまぬ努力と勤勉さが報われ、正しく評価されるときだ。身体の適切なケア、ひょっとしたら運動競技の業績もこの図柄にあらわれているかもしれない。

【逆位置】物質的な幸福の追求でなにかがうまくいかなかったことを示唆している。経済的安定を強化する重要なチャンスを逃したか、富と繁栄に対する態度に修正が必要なのかもしれない。ミダス王の神話では、物質的な財を求める飽くなき欲求のせいで、王は人と触れ合うことができなくなった。執着を捨てよというブッダの教えを考えてみるときかもしれない。興味深いことに、『クラシック・タロット』のこのカードに描かれている百合は、仏教で無執着の象徴とされる蓮に似ている。蓮には、泥沼から茎を伸ばして美しい花を咲かせる力がある。

ペンタクルの2
TWO OF PENTACLES

邪魔が入っても、踊りつづけろ
Despite the Snag, Keep on Dancing

【エテイヤ（1791）】邪魔物、動揺、予想外の障害、トラブル、困難、混乱、不穏、困惑、不安、扇動／（逆位置）文書、メモ、手紙、本、文献、為替手形

【メイザース（1888）】困惑、心配事、困難／（逆位置）手紙、信書、書簡、メッセージ

【ウェイト（1911）】若い男性が踊っていて、左右それぞれの手にペンタクルを持っている。ペンタクルには「8」を横にしたような形の輪状のひもがついている。
占いとしての意味：陽気、娯楽、それらの関連語を意味するカードで、それが図柄のテーマである／ただし、文字に書かれた知らせやメッセージ、障害、動揺、困難、騒動という解釈もできる／（逆位置）強制された朗らかさ、楽しんでいるふり、文字通りの意味、手書き、作文、やりとりされた手紙

【クロウリー／黄金の夜明け団】変化、喜ばしい（あるいは、調和のとれた）変化、友人に会いに行く

【数の象徴体系】2：二重性、パートナーシップ、選択、決断、バランス、立案

【占星術】地の山羊座の第1デカンにある、寛容で発展をつかさどる木星（減衰(デビリティ)）。ペンタクルのクイーン（地の水）と悪魔（山羊座）の王国。木星は運命の輪と関連づけられる。地のペンタクルのクイーンは、山羊座の始まりに冬という季節をもたらす

【タイミング】山羊座0度－山羊座10度　トロピカル方式：12月21日－12月30日／サイデリアル方式：1月14日－1月23日

【＋のキーワード】変化、複数の責任を引き受ける、綱渡り、交換、浮き沈み、環境への適応、複数の選択肢を天秤にかける、マルチタスキング、時間配分、ふたつのことを同時にこなす、波に乗る、運の浮き沈み、変化によって安定性が高まる、文書、出張、海外との取引、朗らかさ、娯楽、人生という踊りに参加する

【－のキーワード】事態の複雑化、困難、動揺、予想外の障害、邪魔物、乱気流、動揺、不安、不安定な状態、集中力の欠如、のるかそるか、時間または資源の愚かな管理、手を広げすぎる

【正位置】あなたはなにかのバランスをとろうとしている。たとえば、仕事と家庭それぞれの要求が対立しているのかもしれない。あまりにも多くの責任を負っているせいで、すべてを果たすためには効率よくジャグリングしなければならない。邪魔が入っても歩きつづけることだ。いまはさまざまな変化に対応する時期にあたり、そうした体験を重ねていけば安定感が増したことを実感できるようになる。荒れくるう海を航海しながら、穏やかな海に出ることを待ち望むような気分かもしれない。柔軟な姿勢を忘れず、周囲に適応することが大切だ。後景に描かれた船は、旅行もしくは海外との取引を暗示している可能性がある。書面のメッセージか文書を意味していることも考えられる。

【逆位置】さまざまな責務に四方八方から引っ張られ、順応やバランスのとれた暮らしを実現するのに苦労している状況だ。のるかそるかの心境かもしれない。おそらくは、処理しきれないほどの用事を引き受けたか、あなたの時間とエネルギーを当てにする誰かから膨大な要求を突きつけられているのだろう。予想外の障害と不安定な状態のせいで、乱気流に巻き込まれたような感覚が生じている。不安と心の乱れを鎮めるには、外部の支援を得たり抱えていることの一部を手放したりすることになっても、焦点を定め、よりバランスのとれた生活を送る必要がある。

ペンタクルの3
THREE OF PENTACLES

力を合わせれば
もっと優れたものができあがる
Together We Can Build a Better Mousetrap

【エテイヤ（1791）】名声、令名、有名人、高潔な行い、魂の偉大さ／傑出した、高尚、重要／（逆位置）凡庸、軽薄、子供っぽさ、幼稚さ、卑しさ、卑怯、些細なこと、身分が低い

【メイザース（1888）】高潔、登用、尊厳、階級、権力／（逆位置）子供たち、息子たち、娘たち、若者たち、開始

【ウェイト（1911）】修道院で彫刻家が作品を創っている。ペンタクルの8の図柄と比較してみよう。ペンタクルの8に描かれている徒弟（あるいは、素人）は、すでに報酬を受け取った状態で熱心に働いている。
占いとしての意味：専門技術、取引、熟練労働／ただし、通常は高潔、貴族、令名、栄光のカードとみなされている／（逆位置）仕事の凡庸さ。さもなければ、幼稚さ、狭量さ、弱さ

【クロウリー／黄金の夜明け団】仕事、物質的な仕事、有給の仕事、工学、建設、商取引からの利得

【数の象徴体系】3：繁殖力、創造力、三者の関係、合弁事業の最初の成果

【占星術】地の山羊座の第2デカンにある積極性と先駆性の火星（高揚）。ペンタクルのクイーン（地の水）と悪魔（山羊座）の王国。火星は塔と結びつけられる

【タイミング】山羊座10度－山羊座20度
トロピカル方式：12月31日－1月9日／サイデリアル方式：1月24日－2月2日

【＋のキーワード】職人技、熟練労働、名匠、建設、仕事、高品質、芸術性、高い技量の仕事、名誉、尊厳、令名、仕事への正しい評価、商取引からの利得、成熟、高潔な行い、他者との共同作業で新しいものを創り出す、メンタリング、チームワーク、うまくいった仕事

【－のキーワード】凡庸、狭量、子供っぽい振る舞い、未熟、怠惰、良心の欠如、お粗末な実行、低品質、手抜き、他人の仕事への批判

【正位置】才能を巧みに使い、ときには誰かの協力を得ながら、品質の高いものをつくることを示している。人々はあなたの熟練の腕を認め、それまでの訓練や経験を正当に評価してくれるだろう。うまくいった仕事ほど、評判と自尊心を高めるものはない。

【逆位置】子供っぽさ、怠惰さ、未熟さを感じさせる振る舞いを警告している。仕事で手を抜いているか、充分な役割を果たしていないのかもしれない。品質の高い製品を生産していないか、本来の能力に見合う力を発揮できていないのであれば、いずれそれは自明のこととなるだろう。おそらく、その仕事によりふさわしくなるにはさらなる訓練や経験が必要なのだ。凡庸なレベルで満足していてはいけない。

ペンタクルの4
Four of Pentacles

保証という贈り物にしがみつく
Holding Tight to the Gift of Surety

【エテイヤ（1791）】贈り物、愛顧、恩恵、申し出、プレゼント、寄付、支援、気前良さ／（逆位置）囲い地、障害物、阻害、障害、妨害、遅延、境界、壁、修道院、男子修道院、女子修道院

【メイザース（1888）】快楽、陽気、楽しみ、満足／（逆位置）障害、妨害

【ウェイト（1911）】王冠をかぶった人物が、頭上にペンタクルを飾り、両手と両腕を使って別のペンタクルを抱え込んでいる。さらに2つのペンタクルが足の下にある。彼は自分が持っているものにしがみついている。
占いとしての意味：所有物の保証、持っているものに執着する、贈り物、継承物、継承／（逆位置）未決状態、遅延、対立

【クロウリー／黄金の夜明け団】世俗の権力、金銭の獲得、影響力の獲得、贈り物

【数の象徴体系】4：構造、安定性、秩序、論理、基礎、明示

【占星術】地の山羊座の第3デカンにある、誇り高く力強い太陽。ソードのキング〔トート版ではプリンス〕（風の風）と悪魔（山羊座）の領域

【タイミング】山羊座20度－山羊座30度
トロピカル方式：1月10日－1月19日／サイデリアル方式：2月3日－2月12日

【＋のキーワード】贈り物、金銭や所有物への愛着、経済的な恩恵、安全、利得、保証、世俗的な権力、健全な金銭管理、万一に備えて蓄える、しっかりとしがみつく、囲まれた空間、修道院、継承物、物質世界でなにかを達成する能力

【－のキーワード】金銭欲、強欲、吝嗇、喪失へのおそれ、貯め込み、物質主義、障害、阻害、挫折、遅延、ミダス王

【正位置】あなたの意識が、財産の維持と物質的な安全性の向上に向けられていることを示唆している。所有物を手放さなくてすむように健全な財政計画や金銭管理が求められている。資金力を必要とする長期目標があるのなら、慎重な貯蓄計画が夢の実現を助けてくれるだろう。このカードは、権力、金銭、影響力を獲得する時期を示している可能性もある。ビジネスの取引はうまくいき、金銭的な贈り物や継承の可能性がある。持っているものにしがみつきたい誘惑に駆られはするものの、物質的な幸福を楽しみ、気前良く振る舞うだけの余裕がある。

【逆位置】吝嗇(りんしょく)を警告している。物質的な財と世俗的な権力に執着しすぎて、人間関係の価値を評価できなくなっている可能性がある。失うことを恐れるあまり過剰な物質主義に走り、世間から引きこもっているせいで重要な変化を先延ばしにしている状態だ。財産を増やすための計画は部分的に、障害、対立、遅延に遭うかもしれない。ミダス王の神話では、過度の強欲がもたらしかねない失敗が描かれている。

ペンタクルの5
FIVE OF PENTACLES

お金を積んでも愛は買えない
Money Can't Buy You Love

【エテイヤ（1791）】恋人、配偶者、不倫相手、愛人、友人、恋愛中の人／一致、適合性、礼節／愛し、慈しむ／（逆位置）不品行、困難、解体、無秩序、無駄遣い、放埓、消費

【メイザース（1888）】恋人または愛人、愛、優しさ、好意、純粋で貞節な愛／（逆位置）不名誉な愛、無分別、免許、放蕩

【ウェイト（1911）】吹雪のなか、ふたりの物乞いが明かりのついた窓の前を通り過ぎていく。
占いとしての意味：カードに描かれているような形――極貧状態――かどうかは別として、このカードが予言しているのは、なんといっても物質的な困難だ。占い師のなかには、愛と愛する人（妻、夫、友人、愛人）、さらには、和合と親近感のカードとする人々もいるのだが、こういった解釈には調和を見いだせない。／（逆位置）無秩序、混沌、没落、不一致、放蕩

【クロウリー／黄金の夜明け団】心配事、不穏、物質的な困難、失業、金銭の損失、無理、無為、経済的な心配事

【数の象徴体系】5：不安定性、分裂、危機、喪失、緊張、競争、争い

【占星術】地の牡牛座の第1デカンにある敏捷で聡明な水星。ペンタクルのキング〔トート版ではプリンス〕（地の風）と教皇（牡牛座）の領域。水星は魔術師と関連づけられる（教会の窓は法王と婚姻の秘蹟への言及である。きまぐれな水星は牡牛座とペンタクルのキングに反映される世俗的な堅実さを揺るがせるので、結婚生活における物質的な安全が断続的に脅かされることになる）

【タイミング】牡牛座0度－牡牛座10度　トロピカル方式：4月20日－4月29日／サイデリアル方式：5月14日－5月24日

【＋のキーワード】精神的慰め、経済的援助を求める、相互扶助、献身、純粋な愛、好意、献身、愛の営み、親近感、一致、和解、良いときも悪いときも添い遂げる結婚生活／「なにがあっても一緒にいよう」

【－のキーワード】結婚生活の困難、経済的な挫折、仕事を失う、放埓、恋愛関係の解消、不貞、不品行、不倫、献身の欠如、支援のない状態、運命の暴虐に降参する、いざというとき頼りにならない友人、満たされない人間関係、物質的な困難、経済的損失、予想外の出費、苦難、懇願、失業、心配事、不穏、ストレス、無理、プレッシャーを感じる、悩み、困窮、貧困の恐怖、極貧、散財、放蕩

【正位置】伝統的に、物質的困難に立ち向かわなければならない状況でも深く愛し合うカップルをあらわしている。ふたりは、「良きときも苦しきときも、富めるときも、貧しきときも、病めるときも、健やかなるときも、死が私たちを分かつまで」という結婚の誓いを真摯に受け止めている。吹雪の中を歩いていたふたりは、自分たちが結婚式を挙げた教会の前を通りかかった。苦しい家計と病にもかかわらず、ふたりは献身的な関係を築いて相手に愛情を捧げている。このカードは人生の嵐に耐える中での愛と相互扶助の大切さを示唆している。パートナーと支え合いながら困難に対峙する意欲が示されている。

【逆位置】状況が苦しくなって、相手に献身的に尽くすことに嫌気がさしている状況が示唆されている。若い恋人たちの理想主義が厳しい現実にぶちあたり、経済的損失や病気をはじめとする試練に見舞われた際に一緒に暮らしつづけることが困難になっている。折り合いをつけて心の絆をより満足のいくものにするよりも、すべてを投げ出して、よそに満足を求めたくなっている。突き詰めれば、パートナーを寒空の下に置き去りにしようと心に決めているか、自分が相手からそう思われていることに気づくかもしれないということだ。

ペンタクルの6
SIX OF PENTACLES

いまこそ成功を分かち合おう！
Sharing Material Success Now!

【エテイヤ（1791）】いまだ！ いまこのとき、目下、現在のところ／周囲の環境、助手、目撃者、油断のない、慎重な、注意深い／（逆位置）野心、憧れ、熱情、情熱、欲望、物欲、嫉妬

【メイザース（1888）】プレゼント、贈り物、満足を与えるもの／（逆位置）野心、欲望、情熱、目的、憧れ

【ウェイト（1911）】商人を装った人物が天秤でお金を量り、貧しく困窮した人々に分配している。彼の人生における成功と心の善良さの証である。
占いとしての意味：プレゼント、贈り物、満足を与えるもの、別の説では注意、警戒、いまは喜びのとき、現在の繁栄／（逆位置）欲望、物欲、羨望、嫉妬、幻影

【クロウリー／黄金の夜明け団】物質的成功、商売繁盛、束の間の成功、子供の影響

【数の象徴体系】6：調和、コミュニケーション、共有、思いやり

【占星術】地の牡牛座の第2デカンにある情緒的で繊細な月（高揚）。ペンタクルのキング

〔トート版ではプリンス〕（地の風）と教皇（牡牛座）の王国。月は女教皇と関連づけられる

【タイミング】牡牛座10度－牡牛座20度
トロピカル方式：4月30日－5月9日／サイデリアル方式：5月25日－6月3日

【＋のキーワード】気前良さ、思いやり、物質的成功、善良な心、資源の共有、助力を得る、支援する、支援される、資金援助、博愛、庇護、後援、慈善、ギブアンドテイク、慈善事業、成就、繁栄、社会的責任、富の均等な分配、現在のニーズに対応する／いま、現在、目下、いまのところ（伝統的に、ペンタクルの6は「現在」を、カップの6は「過去」をあらわすことに注目）

【－のキーワード】甘やかし、羨望、放埓、無駄遣い、経済的無責任、無節制、嫉妬、喪失、えこひいき、忘恩、富の不公平な分配、トリクルダウン経済／借金返済逃れの言い訳

【正位置】金銭と資源が公平かつ社会的責任のある形で分配されていることを示唆している。経済状態が盤石な場合は、恵まれない人を助けるよう求められるかもしれない。必要なものがあるのなら最低限の資源と財政的援助が得られる可能性が高い。このカードの本質的な意味は、価値のあるものが真の寛容の精神によって人から人に手渡されることである。

ジョン・F・ケネディが1961年に行った大統領就任演説に「国からなにをしてもらえるかではなく、あなたが国のためになにができるかを問うべきだ」という一節がある。あなたの質問が「行動するのに最適なとき」だったとしたら、このカードはいまが好機だと勧めている。いまだ！「いまこそそのときだ」という考え方は、このカードの月との関連づけに関係しているのかもしれない。月には満ち欠けがあるからだ。ただし占星術では、月がもっとも良い状態になるのは牡牛座のサインを通過するときとされている。

【逆位置】富や資源の不公平または不均等な分配を示唆している。おそらくあなたは身内のコネ、えこひいき、受けた援助に対する忘恩、他人の幸運に対する羨望が絡む状況に置かれているのだろう。自分の財産を浪費しているか、地球や人類の幸福を顧みない、まったくの利己的な目的で富を使っているのかもしれない。自分のお金に責任を持つことだ。借金の返済逃れの言い訳など聞きたい人はいない。「いま」はそのときではないのかもしれない。

ペンタクルの7
SEVEN OF PENTACLES

あなたの富のあるところに、あなたの心もある
*Where Your Treasure is,
There Also Your Heart Will Be*
(『マタイによる福音書』6章21節)

【エテイヤ（1791）】金銭、富、財産、銀食器、浄化、純白、純粋さ、素朴さ、率直さ、無垢、月／（逆位置）不安、不穏、短気、心配事、懸念、恐怖、難儀、関心事、手入れ、注意、勤勉、無念、不信、疑念

【メイザース（1888）】金銭、経済、宝、利得、利益／（逆位置）騒乱、心配事、不安、憂鬱

【ウェイト（1911）】若い男性が用具に寄りかかり、右手の茂みについた7つのペンタクルを見つめている。ペンタクルは彼の宝で、そこに彼の心があるといったところだろう。
占いとしての意味：金銭、商売、物々交換／言い争い、喧嘩という解釈や、無垢、創意工夫、魂の浄化という解釈もある／（逆位置）「そのお金を貸してほしい」と言われるのではないかという不安

【クロウリー／黄金の夜明け団】失敗、荒廃、現実にならなかった成功、無給労働、得るもののほとんどない仕事、利益の出ない投機

【数の象徴体系】7：査定、再評価、出発点

に立つ、優位性の追求

【占星術】地の牡牛座の第3デカンにある厳格な指導者である土星。ソードのナイト（風の火）と教皇（牡牛座）の領域。土星は世界と関連づけられる

【タイミング】牡牛座20度－牡牛座30度
トロピカル方式：5月10日－5月20日／サイデリアル方式：6月4日－6月14日

【＋のキーワード】根気、長期計画、現実的な評価、再評価、品質管理、棚卸し、将来のために賢く投資する、ゆっくりとだが着実な進歩、努力に対する正当な報酬、収穫にふさわしい時期を待つ、職場恋愛、無報酬の労働、自分に値するものを得る、引退後の経済的安定のために計画を立てる

【－のキーワード】金銭にまつわる心配事、短気、懸念、過剰な用心、不安感、失敗の恐怖、喪失、制限つきの成功、返報の欠如、骨折り損のくたびれもうけ、浪費された資源、逃した機会、下手な投資、利益の出ない投機、手元の仕事に集中していない、引退後の暮らしについての杜撰な計画

【正位置】作業の途中で手を休めた農夫が、進捗状況を評価して、次の行動を計画している。彼はこの段階にたどり着くまで熱心に働いてきた。最終的に自分の努力が報われることもよくわかっている。おそらく、いまの時点で他にやっておくことはないかと考えているのだろう。こちらがどんなに焦ったところで、蒔いた種の成長は早まらない。丹念な世話をして、責任を持って育て、自然のサイクルを尊重することで、豊かな作物が実る。このカードと関連づけられた土星は厳格な指導者で、最終的に私たちに値するものを与えてくれる。聖書に書かれているとおり、「人は、自分の蒔いたものを、また刈りとることになるのだ」（『ガラテヤの信徒への手紙』6章7節）

【逆位置】経済的安定についての懸念が示唆されている。時間、資源、金銭の投資に充分な見返りがないかもしれないと心配しているのではないだろうか。投資したものが成熟するには時間がかかるのが当たり前。短気を起こせば、資源を無駄にしたり、プロジェクトが頓挫したり、好機を逸したりしかねない。成功したければ自分が置かれた状況を現実的に評価し、健全な財政運営の原則にしたがう必要がある。なにをすればいいのかわからない場合は、専門家から助言をもらおう。空想に耽ったり、的外れなことを重視したりしても、不安を招いている状況を見直す助けにはならない。このカードと関連づけられた土星は、懸命に働きつづけなければならないことを示唆している。プロジェクトからは努力に見合った報酬を得るだろう。痛みなくして得るものはない。

ペンタクルの8
EIGHT OF PENTACLES

物質世界でのスキル
Skill in the Material World

【エテイヤ（1791）】黒髪の少女、快活な少女、丁重な、愛想のいい、受け身の／（逆位置）金銭欲、強欲、高利貸し、吝嗇、野心の欠如

【メイザース（1888）】黒髪の少女、美、率直さ、純潔、無垢、謙虚さ／（逆位置）お世辞、高利貸し、偽善、ずるさ

【ウェイト（1911）】作業をしている石工が、自分の作品をトロフィーのような形に並べている。
占いとしての意味：仕事、雇用、委任、職人技、おそらくは準備段階の技能やビジネスのスキル／（逆位置）中身のない野心、虚栄心、物欲、強制取り立て、高利貸し。利口さが転じて悪知恵と権謀術策になったという意味でのスキルの保有、という意味もある。

【クロウリー／黄金の夜明け団】分別、スキル、巧妙さ、狡猾、慎重な仕事ぶり、いざというときのためになにかをとっておく

【数の象徴体系】8：動き、行動、権力、裁定

【占星術】地の乙女座の第1デカンにある誇り高く力強い太陽。ペンタクルのナイト（地の

火）と隠者（乙女座）の領域。乙女座の太陽は完璧主義、サービス志向、細部への几帳面な配慮で知られる

【タイミング】乙女座0度－乙女座10度　トロピカル方式：8月23日－9月1日／サイデリアル方式：9月17日－9月26日

【＋のキーワード】仕事、雇用、トレーニング、徒弟修業、慎重な準備、仕事をうまくこなすために努力する、技量、専念、忍耐、仕事の満足度、物質的な事柄に関するスキル、才能を磨く、技術的な専門知識、万全の準備をする、手先の器用さ、分別、決定権、勤勉な労働、完璧主義、良い仕事をしようという決意、手に入る資源を有効活用する、好きなことでお金をもらう

【－のキーワード】中身のない野心、不適切なトレーニング、短気、適切な努力ができない、義務を怠る、無分別、悪巧み、狡猾、ずるさ、才能の悪用、無駄にしたチャンス、安物買いの銭失い

【正位置】スキルを高め、優れた仕事をしようと勤勉に働く職人をあらわしている。訓練と徒弟修業のカードであり、目指すのは高品質の製品を生み出す能力に磨きをかけることだ。うまくいくまで何度もやり直さなければならないとしても、細部に注意を払い丁寧な仕事をすることで大きな満足感が得られる。カードに描かれた職人には、必要なだけの時間と労力を費やそうとする意欲がある。大急ぎで作業を進めるよりも、我慢をして、物事が適切に熟成するには余裕を持たせる必要があることを理解している。伝統的には、このカードに関連づけられた乙女座のサインが象徴するように、文句を言ったりもったいぶったりせずに真面目に働く、愛想が良くて控えめな農家の少女をあらわすカードとされている。

【逆位置】丁寧な仕事に必要とされる時間や労力を惜しんでいる可能性がある。品質の高い製品をつくろうとする気がないか、仕事をこなせばすむことだと手を抜いているのかもしれない。「ローマは一日にして成らず」ということわざを思い出そう。いまの取り組み方だと、短期的には得をするかもしれないが、長い目で見れば不満を抱くようになる可能性が高い。嵐が近づいてくるときは、いざというときのための蓄えがあるとわかっていれば心の慰めになるものだ。

ペンタクルの9

NINE OF PENTACLES

独力で仕事を成し遂げる
Solitary Attainment in Material Affairs

【エテイヤ（1791）】到達、実現、達成、成就、成功、充足感／（逆位置）欺瞞、詐欺、浮気、騙り、破られた約束、頓挫したプロジェクト

【メイザース（1888）】決定権、用意周到、分別、識別力／（逆位置）ごまかし、不誠実、計略、欺瞞

【ウェイト（1911）】手に鳥をとまらせた女性が、屋敷の庭でたわわに実をつけた葡萄の樹のそばに立っている。地所は広大で、あらゆるものの豊富さが示唆されている。おそらくここは彼女の所有地で、物質的な幸福の証となるものだ。
占いとしての意味：分別、安全、成功、成就、確信、識別力／（逆位置）悪事、欺瞞、無効になったプロジェクト、不誠実

【クロウリー／黄金の夜明け団】利得、物質的な事柄における運、経済状態の改善、継承、愛顧、人気、物質的な増加、妊娠している状態

【数の象徴体系】9：一桁の最後の数字、頂点、成就、達成

【占星術】地の乙女座の第2デカンにある美と愛の金星（減衰(デビリティ)）。ペンタクルのナイト（地

の火）と隠者（乙女座）の領域。金星は女帝と関連づけられる

【タイミング】乙女座10度－乙女座20度
トロピカル方式：9月2日－9月11日／サイデリアル方式：9月27日－10月6日

【＋のキーワード】利得、成就、充足感、識別力、決定権、洗練、愛顧、優雅、几帳面な気配り、物質的な安全、経済的報酬、自給自足、ひとりの満足感、ひとりきりの貴重な時間、自立、アイデアを抱くか子供を妊娠する、小動物好き、豊かな収穫を享受する

【－のキーワード】欺瞞、不誠実、喪失、無駄遣い、社会的孤立、孤独、寂しさ、頓挫したプロジェクト、阻害された進捗、計画の遅い進展、詐欺、破られた約束、不道徳な振る舞い、権利意識、危険にさらされた安全

【正位置】乙女座のシンボルである聡明な乙女、左手に一粒の麦を持った純潔と正義の女神アストライアー（あるいは、ディケー）をモデルとした、自己充足した処女を描いている。人間はアストライアーの統治の下、平和と繁栄と理想的な気候と永遠の若さを享受していた。しかし不幸にも人間たちのあいだに不道徳な振る舞いが増えたため、聡明な女神は天に逃れて乙女座となり、人間の邪悪さと縁を切った。ペンタクルの9は達成、洗練、物質的な財産、収穫の成果の享受を意味するカードである。思慮、努力、几帳面な気配り、分別のある計画が報われることを示唆している。

【逆位置】誰かが不誠実な行動をとっているか、あなたの進捗を阻害している状況を示唆している。欺瞞か約束の不履行の結果、プロジェクトが具体化しないか頓挫するはめになるかもしれない。おそらく、約束を守ってくれると期待していた人物が苦境に陥ったあなたを見捨てたのだろう。最後には、孤立感を覚えるか、安全性が脅かされていることを察知するかもしれない。慎重に計画を立てて菜園を耕してきたのに、まだ収穫を楽しむときではないと気づくのだ。

ペンタクルの10
TEN OF PENTACLES

繁栄を味わう家族
A Prosperous Household

【エテイヤ（1791）】家庭、住居、家計、貯蓄、家族、繁栄／（逆位置）くじ、運命、宿命、賭博、予期せぬ出来事

【メイザース（1888）】家、住居、居住、家族／（逆位置）賭博、放埒、強盗、喪失

【ウェイト（1911）】男性と女性が、屋敷と敷地への入り口となるアーチの下に立っている。ふたりのそばには子供がいて、前景に座っている老人にじゃれつく2匹の犬に興味津々の様子だ。子供の手が片方の犬の背に置かれている。
占いとしての意味：利得、富／家庭の用事、文書館、抽出、家族の住居／（逆位置）偶然、災難、喪失、強盗、運の餌食／贈り物、持参金、年金を意味する場合もある。

【クロウリー／黄金の夜明け団】財産、富

【数の象徴体系】10：ひとつだけ余分、完了の充足感、新しいサイクルをはじめる心構え

【占星術】地の乙女座の第3デカンにある敏捷で聡明な水星（高いディグニティ）。ソードのクイーン（風の水）と隠者（乙女座）の領域。水星は魔術師と関連づけられる。

【タイミング】乙女座20度－乙女座30度
トロピカル方式：9月12日－9月22日／サイデリアル方式：10月7日－10月16日

【＋のキーワード】富、家族の繁栄、貯蓄、豊穣、経済的安定、社会的地位、金銭の賢明な使い方、家庭の用事、世代間の絆、子孫、継承物、継承、贈り物、持参金、年金、他者あるいは後継者のために蓄積した資源を使う、ペットの世話、犬は人間の最良の友

【－のキーワード】経済的不安定、喪失、強盗、放埓、家族の確執、賭博の借金、失敗した投機、金銭の愚かな使い方、見境のない浪費、財産を他者のために使わずに貯め込む

【正位置】数世代にわたる人々と飼い犬が暮らす、安定した家庭環境が描かれている。家長が子供や孫たちに豊かな暮らしを与えてきたのは明らかで、彼らに財産を相続させることはまちがいない。抱え込むためだけの蓄財はほとんど意味のない行為だ。カードに描かれた家族は、健全な財務計画と賢い投資の成果を享受している。飼い犬までよく面倒を見てもらっている。

【逆位置】経済的不安定、継承、相続問題に起因する家族の確執が示唆されている。扶養家族に必要なものを与えるための計画策定を任されていた人物が、愚かな投機か杜撰(ずさん)な財務計画という失態を犯していたのだ。場合によっては、賭博に関連する問題が強調されている可能性もある。さもなければ、家族を扶養すべき人物が、他者のために財産を使う代わりに蓄財を選んだのかもしれない。

第12章

THE COURT CARDS

コートカード

CHAPTER TWELVE

What the Court Cards Can Tell You
コートカードはなにを教えてくれるのか

　コートカードには、伝統的に、宮廷の住人たち——キング、クイーン、ナイト、ペイジ——が描かれる。ここから先の"マインド・マップ"は、4種類のコートカードを図案化する際のひとつの手段をあらわしている。

Carl Jung and Court Cards
ユングとコートカード

　コートカードを概念化する方法については、タロットの関連書籍で長年にわたって多くの事例が紹介されてきた。私自身も含め、リーダーのなかには、スイスの精神分析医カール・ユング（1875-1961年）の著述から大きな影響を受けてきた者がいる。ユングは、カードの図柄と直接的なかかわりを持つ元型の概念化に心血を注いだのはもちろん、コートカードを理解するのに有益なタイプ論を打ち立てている。

　ユングは、自身や患者の観察にもとづき、人間はそれぞれに境界を持ちながら一部で重なり合う4つの方法で世界を体感していることに気づいた。ひとつの現象を4つに類型化する手法は、タロットの世界ではもちろん、西洋哲学においても古くからつづく伝統であり、もともとは古代ギリシアの四大元素——火・水・風・地——のアイデアによるところが大きい。

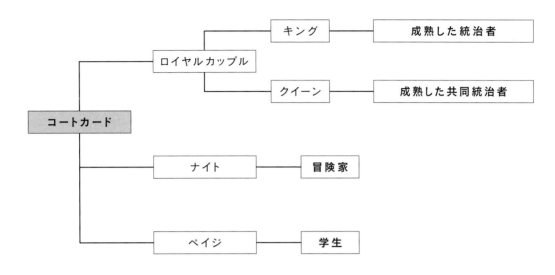

コートカード同士の伝統的な関係

　簡単な例で、ユングの考え方を明らかにしてみよう。想像してみてほしい。あなたはいま、カリフォルニア州サンフランシスコの通りを歩いている。と突然、ゴロゴロという大きな音がして足元が激しく揺れはじめた。見上げると、建物が前後に動いているのが見える。いきなり消火栓が開いて水が勢いよく噴き出してきた。五感がとらえた情報を通じて、あなたは尋常ではない振動が起こっていることに気づく。ユングは、そのとき起こっていることや、周囲に存在するものを五感で察知する行為を「感覚機能」と呼んだ。タロットの世界では、感覚認知や有形の現実に気づくことは、地のエレメントやペンタクル（もしくは金貨）のスートと関連づけられている。

　感覚が伝えてきた振動を認知することで理性が働きはじめる。起こっていることを頭で理解しようとするのだ。感覚的な証拠から、あなたは地震が発生していると見当をつける。この時点で、起こっていることに抽象的な呼び名を与える言葉や概念が自分のものになった。ユングは、概念形成や合理的理解のための行為を「思考機能」と呼んだ。タロットの世界では、論理的思考は風のエレメントに属し、鋭利なソードのスートの特性とされている。

　この時点でのあなたは、感覚機能を働かせ、五感で認知した奇妙な振動を自覚するようになっている。さらに、普段と違う感覚について思考して、自分は地震のさなかにいるらしいと論理的な推測もしている。つづいてあ

なたの感情が目覚め、いま起こっていることの重要性を感情的に評価しようとする。心が命ずるままに、感情的な価値判断の形成、つまり、いま起こっていることについての感情面での重要性を見きわめようとしているのだ。あなたは、なにか恐ろしいことが起きていると判断して、上から降ってくるコンクリートの破片から身を守れる場所に避難しなくてはと感じるのではないだろうか。ユングは、感情的な状況評価にもとづく価値判断を「感情機能」と呼んだ。タロットでは、感情は水のエレメントと関連しており、感情的なカップのスートの特性とされる。

次にあなたが体験するのは、通りを渡らなくてはという虫の知らせや直観だ。なにを根拠にそう思ったのかわからないまま、あなたは本能的直感にしたがって通りの反対側へ移動する。その数分後、建物から煉瓦が剥がれて、さっきまであなたが立っていた歩道に落下した。虫の知らせが威力を発揮して、命を救ってくれたのだ。ユングは、無意識の認識行為や、未来の可能性の直観的な認知や、"降って湧いたように"訪れる電撃的なひらめきを「直観機能」と呼んだ。タロットの世界では、直観は火のエレメントや、生命や生気を象徴するワンドのスートと関連づけられている。

コートカードを理解するにあたって、この4つの機能についてのユングの考え方はとくに有益だ。それぞれのスートが4つのうちのひとつの機能に優れ、4種類のコートカードについても同じことが言えるからだ。キングは風の性質を備えた思考型、クイーンは水の性質を備えた感情型、ナイトは火の性質を備えた直観型、ペイジは地の性質を備えた感覚型である。

ここで指摘しておきたいのは、タロティストのなかには、キングを火と直観機能に、ナイトを風と思考機能に結びつける人々もいるということだ。この割り当てのほうがしっくりくるというなら、その前提で本書の内容を置き換えてもらってかまわない。私自身は、コートカードを次のようにみなすことを好んでいる。

ペイジと感覚

ペイジと、地のソートであるペンタクルは、感覚機能に優れている。とくに得意とするのが、いま起こっていることにまつわる事実を構築していく感覚印象の観察と収集だ。具体的な証拠を集めるプロセスでは、時間と忍耐を強いられるかもしれない。ペイジは、思考機能を使って事実を理解したり、感情機能を使って知覚的証拠の感情的評価にもとづく価値判断を形成したりする前に、自分が集めた証拠にしっかりとした根拠があることを確信しておきたがる。

キングと思考

　キングと、風のスートであるソードは、思考機能に優れている。とくに秀でているのは、メンタル・プランニング、戦略化、理論化、論理的推論だ。キングは、自分が折り合いをつけなければならない現実にもとづいて、物事の意味を理解しようとする。キングが好むのは点と点とを結びつける作業だ。感覚が事実を提供するのに対し、思考はその事実に対する理解を提供する。キングは、どちらかといえば、心よりも頭を使って思考する。

クイーンと感情

　クイーンと、水のスートであるカップは、感情機能に優れている。現実に対する感情的な反応を利用して、ある状況の価値や、価値そのものの欠如を判断する。言い換えると、クイーンは感情的知性を使って、好みに合うか合わないか、役に立つか立たないか、望ましいかおぞましいか、喜びを感じるか苦痛を感じるか、安全か危険かといった判断を下すのだ。たとえば、「これを実行に移すのが正しいような気がする」といった具合に、感情的な結論を出すことがあるかもしれない。キングと違って、クイーンは頭よりも心を使って考える可能性が高い。

ナイトと直観

　ナイトと、火のスートであるワンドは、直観機能に優れている。未来の可能性については、虫の知らせや洞察の素早いひらめきを大いに当てにしている。そういったアイデアは、自然発生的なもの、あるいは、青天の霹靂として受けとられることが多い。つまり、無意識のうちに受けとったが発信元は説明できないというのが典型的なパターンなのだ。感覚印象の観察と収集に時間をかけるペイジと違って、ナイトは突如として脳裏に浮かんだひらめきに反応して、素早く、衝動的に、野心的に行動する。

ユングの類型論とコートカード
Table of Jung's Typology for the Court Cards

　4つの機能はいずれも単独で働くわけではないということを心に留めておくことが重要だ。私たちは常に、感覚、思考、感情、直観を組み合わせて世界を理解しようとする。と同時に、ひとつかふたつ以上の機能において他の機能よりも際立った力を見せる人々やコートカードが存在することも事実である。たとえば、ソード（風）のペイジ（地）は、周囲のものに熱心に目を凝らす観察者であり（地もしくは感覚機能）、点と点とを素早く結びつけていま起こっていることについての理論を丹念に組み立てる（風もしくは思考機能）。残りのコートカードも同様の考え方で分析できる。次の表は、ユングの類型論をコートカードに適応させたものだ。

	火―直観―ナイト	水―感情―クイーン	風―思考―キング（プリンス）	地―感覚―ペイジ
火 直観 ワンド	ワンドのナイト	ワンドのクイーン	ワンドのキング	ワンドのペイジ
水 感情 カップ	カップのナイト	カップのクイーン	カップのキング	カップのペイジ
風 思考 ソード	ソードのナイト	ソードのクイーン	ソードのキング	ソードのペイジ
地 感覚 ペンタクル	ペンタクルのナイト	ペンタクルのクイーン	ペンタクルのキング	ペンタクルのペイジ

第12章 コートカード

WILL THE REAL KING PLEASE STAND UP?

本物のキングとは？

　コートカードのキングとナイトの概念に混乱が生じるきっかけをつくったのは、〈黄金の夜明け団〉だった。創設者たちが、従来からのナイトを「キング」と、従来からのキングを「プリンス」と称したのだ。

　団員のアーサー・エドワード・ウェイトは、自身のコートカードに、マルセイユ版タロットから継承された伝統的な呼び名と図柄を用いていた。にもかかわらず、〈黄金の夜明け団〉に同調する形で、「ナイトは40歳以上の男性で、キングはナイトよりも若い」と明確に言い切っている。つまり、ウェイトはキングを、〈黄金の夜明け団〉のプリンスに匹敵する存在とみなしていたということだ。ところが、現代では大多数のリーダーが「ナイトはキングよりも若く、キングは40歳以上の男性」と考えている——つまり、ウェイトの意図とは逆の結果になったわけだ。

　同じく〈黄金の夜明け団〉の元団員として知られるアレイスター・クロウリーもナイトを若者として扱い、〈黄金の夜明け団〉が統合を試みた、さまざまな伝統の調和は不可能だという認識を持っていた。

　「……〈王女〉が現われるとすぐ、〈王子〉が彼女を勝ちとって結婚し、彼女は自分の母の王座につく。そうして彼女は、全ての父の長(おさ)なる者を眠りから醒ます。そこですぐ、この王は若い騎士になり、再び循環が始まるのである。……（中略）……数多くの伝説や譬話(たとえ)を一つにまとめることは不可能である。それぞれの話が、ある局所的、一時的目的を達成するのに不可避だと見なされた定則を強調するために作り出されたものであるからだ」。[※43]

　〈黄金の夜明け団〉の象徴体系は、コートカードと、テトラグラマトンと呼ばれる「ヤハウェ」——ヨッド、ヘー、ヴァク、ヘーという、神の名をあらわすヘブライ語の四つの文字——との対応にもとづくものだ。次の表で、その関連性をあらわしてみる。

※43／アレイスター・クロウリー『トートの書』（榊原宗秀訳　国書刊行会刊）。

テトラグラマトン	エレメント―― ユングが提唱する四つの機能	〈黄金の夜明け団〉	ウェイト＝スミス版タロット
ヨッド	火―直観	（馬上の）キング	（馬上の）ナイト
（最初の）ヘー	水―感情	クイーン	クイーン
ヴァウ	風―思考	（戦車を操る）プリンス	（王座に座る）キング
（最後の）ヘー	地―感覚	プリンセス	ペイジ、ジャック

〈黄金の夜明け団〉が招いた混乱のせいで、専門家のなかには、〈黄金の夜明け団〉の「プリンス」（キングと呼ばれることもあった）を伝統的なマルセイユ版の「ナイト」と、〈黄金の夜明け団〉の「キング」（雄馬に乗っている男性として示され、呼び名はナイト、ロード、キングとさまざまだった）をマルセイユ版の伝統的な「キング」と関連づける人々もいる。この対応の詳細な考察については、次のサイトを参照のこと。*www.lelandra.com/tarotbook/courtcorres.htm*

占星術による解釈
An Astrological Explanation

〈黄金の夜明け団〉では、黄道十二宮の円周の始まりを、黄道十二宮の獅子王こと獅子座の第1デカンに割り当てていた。獅子座の第1デカンの中心には（〈黄金の夜明け団〉が使用していたサイドリアル式の十二宮では）、「王の星」を意味するレグルスという恒星がある。「獅子の心臓」とも呼ばれ、古代の占星術師たちから天空の支配者とみなされていた星だ。アメリカ人神秘主義者のイスラエル・リガルディー（1907-1985年）によれば、デカンの開始は「獅子の心臓にある《王の星》、コル・レオニスからである。ゆえに最初のデカンは獅子座の土星から始まる」。※44 古代カルデア人が目視で確認していた惑星の順番では土星が一番なので、黄道十二宮全体にとって適切なスタート地点といえる。

〈黄金の夜明け団〉は獅子座の第1デカンを、火の戦車のプリンスに割り当てた。マルセイユ版

ではワンドのキングとされている。混乱が生じたのは、〈黄金の夜明け団〉がプリンスを、王者のサインの獅子座と王の星レグルスによって象徴化された従来のキングとみなし、同時に、ナイトをコートカードの最年長のメンバーとみなしたことが原因だった。クロウリーが述べているとおり、絡まりあった糸を論理的に解きほぐすのは容易なことではないので、選択を行わなければならない。

私自身は、この混乱に対処するための試みとして一般的なアプローチをとっている。伝統的なナイトを馬上のキングと同一視する〈黄金の夜明け団〉の見解とは異なり、広く受け入れられている慣習どおりに馬上の青年たちを「ナイト」とみなし、〈黄金の夜明け団〉のプリンスを従来の「キング」とみなそうと思う。したがって、本書と本章の以下の内容は、次の取り決めにしたがうものとする。

ナイト（若き冒険者）

ナイトは、たくましい馬に乗った行動指向型の雄々しい青年で、固定サインの第3デカンと、柔軟サインの第1・第2デカンを支配する。ナイトは活動的な火のエレメント（ヨッド）を象徴し、ひとつの季節の終わりと次の季節への移行をもたらす。ナイトは季節の移り変わりを調整するだけでなく、クライアントの人生における動き、活動、変化、進歩、移転を象徴する。火のナイトは、ユングが提唱した直観機能を実証する存在だ。

クイーン（母性を備えた成熟した人物）

王座に座るクイーンは、柔軟サインの第3デカンと、活動サインの第1・第2デカンを支配する。クイーンは、感情的な水のエレメント（最初のヘー）を象徴する。理想の母親像として、1年の4つの季節を産み出す。クライアントの人生で重要な役割を果たし、ときとして、人を育てたり支援したりする能力を備えた女性をあらわす。水のクイーンは、ユングが提唱した感情機能を実証する存在だ。

キング（父性を備えた成熟した人物）

王座に座るキングは、〈黄金の夜明け団〉の「戦車を操るプリンス」に相当する存在だ。キング〔プリンス〕は、活動サインの第3デカンと、固定サインの第1・第2デカンを支配する。理性的な風のエレメント（ヴァク）を象徴し、4つの季節の開花、成熟、最盛期をつかさどる。キングは、クライアントの人生で重要な役割を果たす、権力や権威を備えた成熟した人物を象徴する。風のキングは、ユングが提唱した思考機能を実証する存在だ。

ペイジ（若き学習者）

　ペイジは、王座に座っている姿や、戦車や馬に乗っている姿ではなく、立ち姿で描かれ、黄道十二宮の属性を持たない。地のエレメント（最後のヘー）を象徴する。ペイジは、初心者、若くて経験の浅い学習者である。〈黄金の夜明け団〉によれば、ペイジ〔プリンセス〕たちは、「北極周辺の天界の４部分、および十二宮のケルブ宮を個々に治め」て、「４枚のエースの力の王座を形成する」。[45]　地のペイジは、ユングが提唱した感覚機能を実証する存在だ。

　ただし、アレイスター・クロウリーの『トート・タロット』や、そのアレンジ版の『タロット・オブ・スターズ・エターナル』といった特殊なデッキを使う場合は、付属のブックレットに記された作者の指示にしたがうのが一番だ。また、ロバート・ワング筆写による『ゴールデンドーンタロット』では、「ナイト」の呼称が一切使われておらず、コートカードに、プリンセス、（戦車を操る）プリンス、クイーン、（馬上の）キング、という称号が用いられている。

※44／イスラエル・リガルディー『黄金の夜明け魔術全書（下）』（江口之隆訳　国書刊行会刊）。
※45／同上。

第12章 コートカード

THE SUIT OF WANDS

ワンドのペイジ
PAGE OF WANDS

驚きをもたらす異邦人
Surprising Stranger

【エテイヤ（1791）】異邦人、外国人、目新しさ、不思議、不意打ち、独創性、類まれなもの／（逆位置）知らせ、助言、通知、物語、告知、警告、忠告、教育、指示

【メイザース（1888）】善意の異邦人、朗報、喜び、満足／（逆位置）悪報、不快感、無念、心配事

【ウェイト（1911）】ワンドのナイトのそれと似た場面で、立ち姿で声明を出している青年。無名の存在だが、誠実で、一風変わった知らせを携えている。
占いとしての意味：黒髪の青年、誠実、恋人、使者、郵便配達人。男性のカードのそばにあらわれた場合は、彼にかかわる有利な証言をする。つづいてカップのペイジがあらわれた場合は、危険な競争相手となる。ワンドのもっとも重要な性質を備えている。家族についての秘密の情報を示唆している可能性がある／（逆位置）逸話、告知、凶報。さらには、それに伴う出来事や不安定な状態。

【クロウリー／黄金の夜明け団】輝く炎のプリンセス。火の宮殿の薔薇。向こう見ず、エネルギッシュ、意欲的、自信家、野心的、才気、ドラマチック、表面的、唐突、浅薄、残酷、暴

力的、支配的。どの特徴が示されるかは、カードの格式(ディグニティ)によって決まる。

【占星術】火の地。クロウリーの『トートの書』によれば、ペイジ〔プリンセス〕は黄道十二宮の属性を持たず、"四大元素の素養を備えた"4つのタイプの人間を象徴している

【ユング理論の心理機能】感覚機能(地)と直観機能(火)

【デカン／時期】占星術では、火のエレメントを春と関連づけている

【＋のキーワード】異邦人、外国人、朗報をもたらす人／情熱的、エネルギッシュ、熱烈、熱狂的、冒険好き、不意打ち、未来志向／ひらめき、野心、自信、創造力、新たな命、性的関心の芽生え、学習、好奇心、教育、刺激的な機会、新鮮な可能性、海外旅行、海外留学、刺激的な人間関係の始まり、驚嘆すべきもの、意外性

【－のキーワード】無鉄砲、衝動的、無責任、支配的／悪報、警告、優柔不断、心配事、主導権の欠如、望まれない妊娠

【正位置】ペイジは、子供、若者、新たな状況、プロジェクトや旅における初期の段階を象徴している。また、クライアントのもとに届けられるメッセージや、そのメッセンジャーをあらわす。正位置のワンドのペイジは驚きをもたらす若者で、旅、教育、刺激的な冒険への関与を通じて、自身の領域を拡大するという野心を抱いている。異邦人や外国人は、あなたの知性を開拓して新たな地平を見せてくれるかもしれない。人生は冒険であり、ワンドのペイジはその冒険を存分に味わいたいと考えている。

【逆位置】悪報の到着や、クライアントが待ちわびるメッセージの遅延を暗示している可能性がある。新しいプロジェクトが障害にぶつかるか、なかなか軌道に乗らないことも考えられる。クライアントは、無鉄砲、衝動的、野心的すぎる行動をとらないように注意する必要があるかもしれない。異邦人や外国人が原因で困難が生じることも考えられる。

ワンドのナイト
KNIGHT OF WANDS

冒険を求めて旅に出る
Departing for adventure

【エテイヤ（1791）】変化、旅立ち、空の旅、疎外、移転、海外移住、転居、移住、放棄／（逆位置）別離、別れ、違反、不一致、分裂、断絶、遮断（外交的なワンドのナイトが旅立ちを象徴するのに対し、受容力のあるカップのナイトは到着を象徴することに注目。水をあらわすカップは、感情指向で内向的。火をあらわすワンドは、エネルギッシュに活動し、外交的）

【メイザース（1888）】旅立ち、別離、分裂／（逆位置）決裂、不一致、喧嘩

【ウェイト（1911）】ワンドのナイトは旅の途上にあるように見える。短い棒で武装して、甲冑を身につけているが、戦いに赴くわけではない。背景に見えるのは丘かピラミッドだろうか。馬の動きが乗り手の性格を探る手がかりとなっており、向こう見ずな気分、それに関連する物事を暗示している。
占いとしての意味：旅立ち、不在、空の旅、海外移住。黒髪の若者、友好的、住居の変更／（逆位置）決裂、分割、遮断、不一致

【クロウリー／黄金の夜明け団】火と雷の神。火の精霊の王／活動的、俊敏、せっかち、向こう見ず、冒険好き、革新的、予測不可能、誇り高い、寛大な、自信家、獰猛、競争好き、

頑迷、残忍、残酷／どの特徴が示されるかは、カードの格式(ディグニティ)によって決まる

【占星術】火の火

【ユング理論の心理機能】二重の直観機能（火）

【デカン／時期】蠍座20度－射手座20度
トロピカル方式：11月12日－12月11日／サイデリアル方式：12月6日－1月3日

【関連する大アルカナ】死神、節制

【関連する数札】カップの7、ワンドの8と9

【＋のキーワード】冒険好き、外交的、動的、勇敢、活動的、誇り高い、寛大、自信家、人気者、性的魅力、情熱的、カリスマ性、予測不可能、魅力的、雄弁、挑戦を好む、意外性に満ちている／旅立ち、長距離旅行、空の旅、移動、行動、性的興奮、ひらめき、冒険好き、休暇に出かける、日々の暮らしに新味を加える、探検、別離、移住、海外移住、移行、仕事や住居の変更、発射

【－のキーワード】きまぐれ、優柔不断、信頼性に欠ける、残酷、不寛容、無謀で予測不可能、無責任、閉塞状態／不一致、疎外感、分裂、放棄、不必要なリスク、関与を避ける、関係の解消

【正位置】ナイトは、あなたの人生で生じる活動、冒険心、移動、目新しさ、興奮を象徴する火のエレメントに対応する。正位置のワンドのナイトは、いつもの暮らしに新味を加えるので興奮の日々に備えなさいと助言してくれている。変化は空にある。ワンドのナイトは旅をするのが大好きだ。腰を据えずに新しい場所へ移動するので、仕事や住居が変わる可能性がある。意外性に満ちているので予期せぬ出来事が予想される。ハリウッドで活躍した俳優のジェームズ・ディーン（1931-1955年）は、この燃えさかる火のナイトを体現した人物だったのかもしれない。

【逆位置】旅にまつわる困難や人間関係における不調和を警告している。予測不可能な存在なので、不意を突かれて驚くことになるかもしれない。いきなり心変わりして、前触れもなく冒険の旅に出ることもあるだろう。責任を持って人とかかわることは彼の得意とするところではない。このナイトは、自分では消すことができない火を点けてしまう可能性がある。

ワンドのクイーン
QUEEN OF WANDS

カリスマ性を備えた
キャット・レディ
The Charismatic Cat Lady

【エテイヤ（1791）】農村の淑女、田舎の屋敷の女主人、貞節、美徳、名誉、優しさ、家計／（逆位置）奉仕、献身、義務、思いやり、良妻

【メイザース（1888）】田舎で暮らす女性、領主婦人、金銭を好む、富への執着、高利貸し／（逆位置）善良で貞淑な女性だが、厳格で倹約家／障害、抵抗、対立

【ウェイト（1911）】ワンドは生命や生気のスートなので、どのカードのワンドにも葉が茂っている。主に感情面では、クイーンの人格はキングのそれに相当するが、人を惹きつける魅力という点ではクイーンのほうが勝っている。

占いとしての意味：黒髪の女性、田舎暮らしの女性、友好的、慎み深い、愛情深い、栄誉。ワンドのクイーンは、隣のカードが男性をあらわしている場合はその男性に強く惹かれ、女性をあらわしている場合はクライアントに関心を抱いている。さらに、金銭もしくは事業での確実な成功に愛着を持っている／（逆位置）善良、倹約家、好意的、丈夫で長持ち／　さらに──ある特定の位置(ポジション)や、同様の傾向を持ったカードのそばにある場合に限ってだが──対立、嫉妬、さらには虚偽や不貞までをも象徴する。

【クロウリー／黄金の夜明け団】炎の王座のクイーン。平穏、指揮権、着実、親切、寛大、友好的、順応性がある、エネルギッシュ、熱狂的、自信家、魅力的、誇り高い、支配的、俗物的、強情、勝手気まま、陰気、報復的、専制的。どの特徴が示されるかは、カードの格式(ディグニティ)によって決まる

【占星術】火の水。北半球では、ワンドのクイーンが春分の日に春をもたらす

【ユング理論の心理機能】感情機能（水）と直観機能（火）

【デカン／時期】魚座20度－牡羊座20度
トロピカル方式：3月10日－4月8日／サイデリアル方式：4月3日－5月3日

【関連する大アルカナ】月、皇帝

【関連する数札】カップの10、ワンドの2と3

【＋のキーワード】エネルギッシュ、自信家、自立、有能、強い意志、キャリア志向、社交好き、生命力、性的魅力、情熱的、社交的、外交的、明朗、ひらめきを与える、楽天的、誇り高い、野心的、威厳のある、保護的、指揮をする立場、アイデアの宝庫、元気溌剌、働きバチ／指導者、女性の権力者、家族の長である女性、パーティーの主役

【－のキーワード】横柄、押しの強い、勝手気まま、尊大、自分勝手、嫉妬心、ごまかし、おせっかい、不誠実、自己中心的、度を越した熱狂／出しゃばり

【正位置】クイーンは、成熟した面倒見のいい人物（理想の母親像）として、クライアントの周囲の感情的風潮に反応する。クイーンが象徴するのは、理想の母親像、現在の状況で重要な役割を果たす女性、クライアントが直面している問題を乗り切るのに必要とされる重要な人格的特徴だ。正位置のワンドのクイーンは、強固な意志で物事を成し遂げる、社交好きでエネルギッシュな女性だ。独立心が旺盛な一面はあるものの、家庭や家族に愛情を注ぐ姿勢は変わらない。常になんらかの活動に携わるだけでなく、できればその中心にいたいと望み、複数の仕事を掛け持ちすることも多い。

【逆位置】どちらかといえば、横柄で高圧的だ。自分のやり方で物事を行うことを好み、自分の意志に反する者にはあまり寛容ではない。過剰な自尊心のせいで、残酷になったり、恨みを抱きやすくなったりするおそれがある。欲しいときに欲しい物を求める傾向があり、その結果、深く関与する相手との境界や、相手に対する責任を尊重しない可能性がある。

ワンドのキング
KING OF WANDS

王国の雄々しい主
Virile Master of the Realm

【エテイヤ（1791）】農村の紳士、田舎の屋敷の主人、農夫、正直者、完全性、良識／（逆位置）善良な男性、厳格な男性、情け深い、寛容

【メイザース（1888）】田舎で暮らす男性、田舎の紳士、知識、教育／（逆位置）根は善良だが厳格な男性、カウンセリング、助言、熟慮

【ウェイト（1911）】このカードに備わる身体的および感情的な特質は、黒髪、熱烈、しなやか、生気がある、情熱的、高潔。ワンドのキングは花が咲いたワンドを手にして、他のスートのキングたちと同様、王冠の下に"権威の帽子"を被っている。ワンドのキングは、王座の背に飾られている獅子のシンボルと関連づけられる。
占いとしての意味：黒髪の男性、友好的、田舎暮らしの男性、一般的に既婚者、正直者、良心的。このカードは常に正直さを象徴し、近いうちに転がり込んでくる想定外の遺産に関する知らせを意味することもある／（逆位置）善良だが厳格／謹厳だが寛容

【クロウリー／黄金の夜明け団】火の戦車のプリンス。誇り高い、勇気がある、俊敏、力強い、自信家、高潔、公明正大、野心的、努力家、寛大、ロマンティック、衝動的、ユーモラス、悪ふざけ、ほら吹き、不寛容、偏見を持つ

た、酷薄、残酷、暴力的、優柔不断（アレイスター・クロウリーは、ワンドのプリンスと同一視していた）。どの特徴が示されるかは、カードの格式（ディグニティ）によって決まる

【占星術】火の風（遠くに見える青空、雲、山の頂という、風の背景に注目。前景では、暑くて乾燥した砂漠に、獅子の頭を戴いた王座が置かれている。キングの足元にいるサラマンダーは、神話では火と関連づけられている。中央ヨーロッパに生息する"火トカゲ"の背中に、炎のような黄金色の模様があるからだ）

【ユング理論の心理機能】思考機能（風）と直観機能（火）

【デカン／時期】蟹座20度－獅子座20度
トロピカル方式：7月12日－8月11日／サイデリアル方式：8月6日－9月5日

【関連する大アルカナ】戦車、太陽

【関連する数札】カップの4、ワンドの5と6

【＋のキーワード】カリスマ性、冒険好き、雄々しい、冒険心に富んだ、創造的、自己主張の強い、強い意志、支配的、強引、エネルギッシュ、誇り高い、威厳のある、情熱的、ひらめきを与える、性的魅力、自信家、自主的、責任能力、挑戦を好む、野心的、責任を負う／指導力、管理能力、ジャングルの王、典型的な"ボス"

【－のキーワード】せっかち、狂信的、横柄、権威主義、正統派、父権的、尊大、傲慢、厳格、不寛容、短気、非妥協的、残酷、攻撃的、高飛車、威圧的、支配的

【正位置】キングは、ひとつのことを成し遂げた成熟した人物で、自らのスートやエレメントにかかわる事柄についての責任を負う。キングが象徴するのは、理想の父親像、クライアントの人生で重要な役割を果たす男性、クライアントが現在の状況を乗り切るのに必要とされる人格的特徴だ。正位置のワンドのキングは、一般的には、指導的役割を担い、優れた管理能力を備えた権力者をあらわす。起業家精神とあふれんばかりの熱意で、人を動かすキーマンとなる可能性が高い。思慮に富んだ指導力と熱血的な性格で、他人に指示して物事を成し遂げることを得意とする。

【逆位置】かなり支配的で尊大に見えるかもしれない。過剰なまでの自尊心と傲慢さのせいで、人を遠ざけてしまうことが多い。厳格で不寛容な物の見方が原因で、かかわった人々に困難をもたらすおそれがある。宗教にかかわる人物の場合は、『エフェソの信徒への手紙』の「妻たちよ、主に仕えるように、自分の夫に仕えなさい」（5章22節、新共同訳）という一節を思い浮かべること。

THE SUIT OF CUPS

カップのペイジ
PAGE OF CUPS

繊細な助力者
A Sensitive Helper

【エテイヤ（1791）】金髪の若者、勉強好きな子供、学習、没頭、仕事、就業／（逆位置）友情、好意、憧れ、欲望、誘惑

【メイザース（1888）】公正な若者、自信、廉潔、決定権、完全性／（逆位置）おべっか使い、欺瞞、計略

【ウェイト（1911）】魅力的で人好きのする、どこか女性的な風貌と、勉強好きで熱心な一面を兼ね備えたペイジが、カップから頭を出して自分を見つめている魚に目を奪われている。この図柄には心象風景が具現化されている。
占いとしての意味：魅力的な青年。奉仕に駆り立てられ、クライアントとかかわりを持つことになる人物／勉強好きな若者／知らせ、メッセージ／没頭、熟考、瞑想／以上の資質はビジネスにも向けられる／（逆位置）嗜好、性向、愛着、誘惑、欺瞞、計略

【クロウリー／黄金の夜明け団】水のプリンセス。洪水の宮殿の蓮。優しい、愛らしい、親切、上品な、頼りになる、想像力豊かな、夢追い人、官能的、無精、自分勝手、依存。どの特徴が示されるかは、カードの格式(ディグニティ)によって決まる。

【占星術】水の地。ペイジ〔プリンセス〕は黄道十二宮の属性を持たず、"四大元素の素養を備えた" 4つのタイプの人間を象徴している

【ユング理論の心理機能】感覚機能（地）と感情機能（水）

【デカン／時期】占星術では、水のエレメントを夏と関連づけている

【＋のキーワード】親切、愛情のこもった、優しい、世話好き、勉強好き、配慮、面倒見がいい、頼りになる、内省的、繊細、想像力豊か、空想的、独創的、芸術的、霊的、動物好き／新生、感情的再生、瞑想、熟考、学習、没頭、仕事、助力者、妊娠の知らせ、愛にまつわるメッセージ、夢のような状況、ロマンティックな関係の始まり、他人の面倒を見る機会

【－のキーワード】非現実的、未成熟、困窮、大人げない、空想の世界の住人、わがまま、不幸、怠惰、時間の空費、現実逃避主義、粘着質、過度な依存、依存に対するおそれ、欺瞞、誘惑的、ずるい、狡猾、大人としての責任の回避、他人のニーズよりも自分のニーズを優先する

【正位置】ペイジは、子供、若者、新たな学びの経験、物事の初期の段階、クライアントのもとに届けられるメッセージを象徴している。正位置のカップのペイジは、愛やロマンスにかかわる朗報やメッセージを示唆していることが多い。妊娠や子供の誕生を告げて、自分以外の人間を慈しむ機会の到来を教えてくれることもある。創作意欲や芸術活動が活発化する時期の始まりを告げていることもある。どちらかといえば、頼りにできる、思いやりにあふれた存在だ。

【逆位置】夢のなかで暮らしているような様子で、非生産的な空想に時間を費やしていることが多い。才能を無駄にしているので、未成熟で、怠惰で、無為に時を過ごしているように見えるかもしれない。他人に過度に依存して面倒を見てもらっている傾向があり、責任を全うする人物だという確証が得られない。あなた自身の、他者への依存要求を恐れる気持ち、他人の世話にかかわる大人としての責任を免れたい気持ちを浮き彫りにしている可能性もある。おそらくはドラッグやアルコールによる現実逃避の傾向があり、それが問題になることも考えられる。だとしても、このペイジの魅力には簡単に籠絡されてしまうのだ。

カップのナイト
KNIGHT OF CUPS

魅惑的な到着
An Enchanting Arrival

【エテイヤ（1791）】到着、接近、入場、歓迎会、和解／（逆位置）策略、ごまかし、浮気、利発、非合法（外交的なワンドのナイトが旅立っていくのに対し、受容的なカップのナイトは接近してくることに注目）

【メイザース（1888）】到着、接近、前進／（逆位置）二枚舌、背信、詐欺、狡猾

【ウェイト（1911）】優雅で、戦闘的ではない／静かに馬を走らせる、翼がついた兜を被っている。ときとしてこのカードを特徴づける、より優美な空想の世界に言及している。彼もまた夢追い人ではあるが、彼のヴィジョンにたびたび登場するのは感覚的な一面の表象である。
占いとしての意味：（ときとしてメッセンジャーの）到着、接近／前進、提案、立ち居振る舞い、招待、扇動／（逆位置）策略、計略、巧妙さ、ペテン、二枚舌、詐欺

【クロウリー／黄金の夜明け団】波と水の神。海の万軍の王。愛想のいい、優雅、素早い反応、繊細、無垢、受動的、時間の空費、信頼性に欠ける、不正直、こらえ性のない。どの特徴が示されるかは、カードの格式(ディグニティ)によって決まる。

【占星術】水の火

【ユング理論の心理機能】直観機能（火）と感情機能（水）

【デカン／時期】水瓶座20度－魚座20度
トロピカル方式：2月9日－3月9日／サイデリアル方式：3月4日－4月2日

【関連する大アルカナ】星、月

【関連する数札】ソードの7、カップの8と9

【＋のキーワード】平穏、優雅、魅惑的、ロマンティック、想像力豊か、空想的、愛想のいい、魅力的、誘惑的、感情的、手が空いている、感傷的／理想主義、感受性、技能、創造力、恋に落ちる、提案、招待、情事、接近、到着／恋人、アーティスト、予言者、憧れの的、音楽家、詩人、夢追い人

【－のキーワード】現実逃避、幻影、欺瞞、受け身、快楽主義、非実際性、詐欺、策略、計略、誘惑、表面的、退屈、不誠実、信頼性の欠如、守秘義務違反、幻覚剤／詐欺師、女たらし／男性本位のセックス

【正位置】ナイトは、あなたの人生で生じる活動、冒険心、移動、目新しさ、興奮を象徴する火のエレメントに対応する。正位置のカップのナイトは、愛、ロマンス、感情的充足感の期待とともに近づいてくる。おとぎ話の王子さまとして、あなたの感情を探る手助けをするためにやってくるのだ。この、夢想家のナイトは、至福を追って夢を現実にするための手立てを示してくれる。さらに、あなたの創造の泉が湧き出すようにひらめきを与えてくれる力も持っている。

【逆位置】誘惑的な存在で、説得力のある魔力の虜になったあなたは、自分が幻影のなかをさまよっていることに気づかない。本気で気にかけてもらっていると思うかもしれないが、彼は自分の目的を達成するために魅力を振りまいているだけで、最終的にあなたにどんな影響が及ぼうが頓着しない。逆位置のカップのナイトは、古典文学に登場する原型的な女たらしだ。あなたを誤った方向に導いたり、誘惑したりして、束の間の快楽を得られるように仕向けるだろう。真剣な関係を期待してはいけない。備えあれば憂いなし、だ。

カップのクイーン
QUEEN OF CUPS

感情的知性
Emotional Intelligence

【エテイヤ（1791）】金髪の女性、正直、美徳、叡智、非の打ち所がない女性／（逆位置）高い地位に就いている淑女、スキャンダル、腐敗、不正直、自堕落な女性

【メイザース（1888）】公正な女性、成功、幸福、優位性、喜び／（逆位置）良い地位に就いているが、他人に干渉して不信感を抱かれている女性／成功しているが、それに付随する問題を抱えている

【ウェイト（1911）】美貌、公正、夢追い人——カップのなかに未来の光景を見ている人として。ただし、これは彼女のひとつの側面にすぎない／見ているだけでなく、行動に移し、その活動が夢を育んでいく。

占いとしての意味：善良で公正な女性／正直で献身的で、将来的にクライアントに奉仕してくれる女性／愛情深い知性派で、だからこそ未来を見通す力を持つ／成功、幸福、喜び／叡智と美徳の人でもある／非の打ち所がない配偶者であり、良き母親　／（逆位置）善良な女性／さもなければ、際立った才能の持ち主だが、信頼されない女性／意固地な女性、煮え切らない性格の女性／不道徳、不名誉、堕落

【クロウリー／黄金の夜明け団】水の王座のクイーン。夢追い人、受容力、平穏、思慮深い、想像力豊か、親切、詩的、平静を保った、コケティッシュ、夢見がち。どの特徴が示されるかは、カードの格式（ディグニティ）によって決まる

【占星術】水の水。北半球では、カップのクイーンが6月の夏至に夏をもたらす

【ユング理論の心理機能】二重の感情機能（水）

【デカン／時期】双子座20度－蟹座20度
トロピカル方式：6月10日－7月11日／サイデリアル方式：7月6日－8月5日

【関連する大アルカナ】恋人たち、戦車

【関連する数札】ソードの10、カップの2と3

【＋のキーワード】夢追い人、思いやりのある、繊細、辛抱強い、共感的、直観的、想像力豊か、霊的、創造的、受容力、母親らしさ、面倒見のいい、献身的、正直、高潔、賢明、愛情のこもった、魅惑的、愛情深い、ロマンティック、感情的知性、神秘的、別世界、精神的な同調／非の打ち所がない女性

【－のキーワード】不幸、不安感、不安定、きまぐれ、過度に感情的、困窮、陰気、受動的、依存、おせっかい、感傷的、コケティッシュ、虚栄心、誘惑的、不誠実、不正直、信用できない、自堕落、非現実的、人との境界線の欠如、信頼性の欠如、幻想を抱きやすい／境界性人格

【正位置】クイーンは、成熟した面倒見のいい人物（理想の母親像）として、クライアントの周囲の感情的風潮に反応する。クイーンが象徴するのは、現在の状況で重要な役割を果たす女性、クライアントが直面している問題を乗り切るのに必要とされる重要な人格的特徴だ。正位置のカップのクイーンは、クライアントの人生で重要な役割を果たす、繊細で面倒見のいい女性だ。周囲の人々の感情状態に波長を合わせ、自らの感情的知性で個々の違いを調和させる能力を備えている。

【逆位置】過度に繊細で、感情的に不安定になりやすい。他者との境界線が曖昧になり、否定的な感情にとらわれることが多い。感情的に不安定なせいで100％の信頼と信用は得られない。荒れくるう心を静めるために、ドラッグやアルコールに頼ることがある。

カップのキング
KING OF CUPS

公正で愛想のいい専門家
A Fair and Amiable Professional

【エテイヤ（1791）】金髪の男性、公正、廉潔、技能、科学／（逆位置）高い地位に就いている紳士、腐敗、不正直、恐喝、スキャンダル、泥棒

【メイザース（1888）】公正な男、善良、思いやり、公平無私、寛大／（逆位置）良い地位に就いているが、取引ではずる賢く立ち回る、不信感、疑惑、疑念

【ウェイト（1911）】左手に短い笏、右手に大きなカップを持っている／王座は海面に据えられている／片側には船が漂い、反対側ではイルカが跳ねている。カップのサインは当然ながら水に言及しており、この黙示はすべてのカードにあらわれている。

占いとしての意味：公正な男、実業家、法律、神性／責任、クライアントに恩義を施そうとする傾向がある／公平、技能、科学。科学、法律、芸術を教える者も含める／創造的知性／（逆位置）不正直、裏表のある人間／悪事、強要、不正、不道徳、スキャンダル、略奪、重大な喪失

【クロウリー／黄金の夜明け団】水の戦車のプリンス。器用、優れた技能、ずる賢い、腹黒い、秘密主義、平穏、冷静沈着、きわめて情熱的、野心的、影響力のある、獰猛、暴力的、

無慈悲、無情、良心を持たない。どの特徴が示されるかは、カードの格式(ディグニティ)によって決まる

【占星術】水の風（飛び跳ねる魚、水辺の設定、海洋の存在、王座の貝殻に注目）

【ユング理論の心理機能】思考機能（風）と感情機能（水）

【デカン／時期】天秤座20度－蠍座20度
トロピカル方式：10月13日－11月11日／サイデリアル方式：11月6日－12月5日

【関連する大アルカナ】正義、死神

【関連する数札】ソードの4、カップの5と6

【＋のキーワード】親切、正義の人、平穏、自由主義、世話好き、愛想のいい、忠誠心、寛大、寛容、公正、教養のある、責任感、真摯な、尊敬を集める、教養のある、専門知識、内省的、想像力豊かな、優れた技能、精神的、面倒見のいい、家族志向、他人の安泰を気遣う／高い地位に就いた紳士、治療家、優れた助言者

【－のキーワード】責任逃れ、不信感、腹黒い、操作的、信頼性に欠ける、混乱、欺瞞的、脅迫的、不寛容、無節操、感情の葛藤、中立、不正直、不当、無慈悲、姑息、信用できない、臆病、過敏、現実逃避主義、薬物乱用、スキャンダルに巻き込まれる／悪い助言をする／泥棒

【正位置】キングは、ひとつのことを成し遂げた成熟した人物（理想の父親像）で、自らのスートやエレメントにかかわる事柄についての責任を負う。キングが象徴するのは、クライアントの人生で重要な役割を果たす男性、クライアントが現在の状況を乗り切るのに必要とされる人格的特徴だ。正位置のカップのキングは、繊細で、感情的に調和がとれた男性で、大きな助力となり得る適切な助言を与えてくれる。往々にして非常に教養が高く、医師、セラピスト、カウンセラー、聖職者といった、クライアントのニーズを支援してくれる姿であらわれる可能性がある。感情を表に出さずに知性を優先しようとするので、タロティストのなかには、カップのキング（水の風）は冷ややかで超然とした印象を与えると感じる人々もいる。

【逆位置】逆位置のカップのキングにとって、感情の均衡を保つことは困難だ。白昼夢や現実逃避に走ったり、ドラッグやアルコールを乱用したりするおそれがある。人間関係には、操作、不誠実、搾取、純粋な献身の気持ちの欠如といった特徴が見られる。彼の助言は信頼できない。

THE SUIT OF SWORDS

ソードのペイジ
PAGE OF SWORDS

熱心な観察者、賢いスパイ
Keen Observer, Clever Spy

【エテイヤ（1791）】スパイ、熱心な観察者、好奇心旺盛な探求者、アーティスト／所見、推論、憶測、観察／（逆位置）唐突、不測、驚嘆、予想外のこと／分別の欠如

【メイザース（1888）】スパイ、監視、権威／（逆位置）不測のこと、警戒、支援

【ウェイト（1911）】しなやかで活動的な人物が、両手で剣を掲げ持つようにして足早に歩いている。足元には荒れ地が広がり、頭上ではもくもくと雲が湧いている。周囲に目を配りながら弾むように歩く姿は、いつ敵があらわれるかと警戒しているように見える。
占いとしての意味：権威、監督、秘密任務、警戒、スパイ行為、調査と、それらの行為に適した資質／（逆位置）以上の資質の悪いほうの側面／不測のこと、準備ができていない状態／病気の暗示でもある

【クロウリー／黄金の夜明け団】疾風のプリンセス。風の宮殿の蓮。器用、利発、力強い、攻撃的、堅固、器用、狡猾、軽薄、報復的、破壊的。どの特徴が示されるかは、カードの格式（ディグニティ）によって決まる

【占星術】風の地。ペイジ〔プリンセス〕は黄道十二宮の属性を持たず、"四大元素の素養を備えた"4つのタイプの人間を象徴している

【ユング理論の心理機能】感覚機能（地）と思考機能（風）

【デカン／時期】占星術では、風のエレメントを秋と関連づけている

【＋のキーワード】知的、用心深い、しなやか、好奇心旺盛、知覚が鋭い、警戒、秘密主義、器用、言葉巧み、慎重、規則厳守、自立、口が堅い、分析的、戦略的、とっさの判断、毅然とした、点と点とをたやすく結ぶ／予想外もしくは驚嘆する知らせ、所見もしくは意見、スパイ、熱心な観察者、分析、明確さ、秘密任務、メンタル・プランニング

【－のキーワード】ずる賢い、卑劣、狡猾、軽薄、秘密主義、疑い深い、孤立、予測不可能、破壊的、被害妄想、報復的／スパイ行為、予測不可能な困難、無防備、切断、病気、争い、意地悪、辛辣な言葉、有害なコミュニケーション、歓迎されない知らせ、舞台裏での不正行為

【正位置】ペイジは、子供、若者、新たな学びの体験、物事の初期の段階、クライアントのもとに届けられるメッセージを象徴している。正位置のソードのペイジは、点と点とを素早くつないで目の前で起こっていることについての理論を構築する、鋭い知覚の持ち主だ。頭のなかで計画をまとめて要点を説明できる能力は、秘密、識別力、鋭いメンタル・プランニングが求められるタイプの仕事でとくに威力を発揮する。チェスをしたら手ごわい対戦相手になるだろう。ソードのペイジは、自力で物事を考える能力に価値を置いているものの、ときとして、辛辣な物言いや、ぶっきらぼうなやりとりのせいで、周囲の人々の心を傷つけてしまう。このカードは、望ましくない知らせや心を乱すメッセージに対処しているときにあらわれることがある。

【逆位置】逆位置のソードのペイジは、鋭い知性を陰険なやり方で使う。卑劣で狡猾、ときには、偏執的、報復的な行動に出る可能性がある。クライアントに不利益をもたらしかねない類の裏工作に血道をあげる、というのが典型的な姿だ。ソードは切断や衝突のスートなので、逆位置になったときのソードのペイジは手術や病気を警告している可能性もある。

ソードのナイト
KNIGHT OF SWORDS

敵を追い散らす兵士
A Soldier Scattering His Enemies

【エテイヤ（1791）】軍人、兵士、戦士、戦闘員、敵、怒り、紛争、没落／（逆位置）愚考、無知、無能力、ペテン師、勤勉

【メイザース（1888）】兵士、武器にかかわる職業の男性、熟練、潜在能力、手際よさ、敏速

【ウェイト（1911）】敵を追い散らすような様子で、馬を全力疾走させる姿は、ロマンティックな騎士道精神を体現する英雄そのものだ。まさに、円卓の騎士ガラハッド。清廉の士であるがゆえに、彼の剣(ソード)は素早く確実に動く。
占いとしての意味：騎士道精神の英雄として敵を追い散らす、スキル、勇敢、潜在能力、防御、手際よさ、確執、憤怒、戦争、破壊、対立、抵抗、没落。結果的に、このカードは死を意味しているように思えるが、「災難」を意味する他のカードのそばにあらわれたときに限られる／（逆位置）軽率、不適格、無節制

【クロウリー／黄金の夜明け団】風とそよ風の神。風の精霊の王。素早い行動、熟練、利発、器用、ずる賢い、獰猛、勇気、支配的、専制的、ごまかし、優柔不断。どの特徴が示されるかは、カードの格式(ディグニティ)によって決まる

【占星術】風の火

【ユング理論の心理機能】直観機能（火）と思考機能（風）

【デカン／時期】牡牛座20度－双子座20度
トロピカル方式：5月10日－6月9日／サイデリアル方式：6月4日－7月5日

【関連する大アルカナ】大祭司（ハイ・プリースト）、恋人たち

【関連する数札】ペンタクルの7、ソードの8と9

【＋のキーワード】自己主張の強い、勇敢、俊敏、雄々しい、強引、熱心、決断力、正義、手ごわい相手、勤勉、用心深い、戦略的、言葉巧み、分析的、識別力、熟練／迅速、討論、心の明晰さ、鋭い知性／物事を大急ぎで処理する、劇的な変化を起こす、個人の権利を守る、闘いに突入する、目的を果たせなくなったものを切り捨てる、新たな見方を採り入れる

【－のキーワード】押しの強い、性急、短気、マッチョ、闘争的、扇動的、強情、機転の利かない、衝動的、挑発的、支配的、暴力的、憤怒に燃えた、破壊的、議論好き、法律尊重主義、軽率、低俗、無神経、自己本位／争い、衝突、戦闘、紛争、猪突猛進、辛辣な言葉、皮肉、病気、手術、不運の到来／死（「災難」を意味するカードがあらわれた場合）

【正位置】ナイトは、あなたの人生で生じる活動、冒険心、移動、目新しさ、挑戦を象徴する火のエレメントに対応する。正位置のソードのナイトは、自分の権利を主張して大切なものを守るために行動せよと発破をかける。賢明で自己主張の強いソードのナイトは、良き協力者、手ごわい敵となる。あなたを鼓舞するさまは、シェイクスピアが描いたヘンリー五世の「もう一度あの突破口へ突撃だ、諸君、もう一度！」（『ヘンリー五世』小田島雄志訳　白水社刊）という台詞を思い起こさせる。どのような状況下でも、点と点とを容易に結びつけて核心にたどり着いてみせる。彼の到着が一時的な不幸をもたらすこともある。ソードのナイトは、多くの点で、アルフレッド・テニソンが謳った円卓の騎士を彷彿とさせる存在だ。「我の鋭利な剣は敵の兜を切り裂き／我の屈強な槍は確実に敵を突き／我の力は十人の力に値する／これすべて、我が心が清廉であることのあらわれなり」（『サー・ガラハッド（*Sir Galahad*）』1834年）

【逆位置】短気、無神経、自己主張が強すぎる傾向にある。物事を性急に処理して、周囲の不利益を顧みずに自分のニーズだけを検討しかねない。逆位置のソードのナイトは、争いと衝突のカードだ。彼の到着は、ときとして不運な時期の前触れとなる。クライアントとつながりを持つ人物の病気、手術、ことによると生死を案じているときにあらわれることが多い。

ソードのクイーン
QUEEN OF SWORDS

悲しみを味わった女性
A Woman Who Has Known Sorrow

【エテイヤ（1791）】寡婦暮らし、不妊、剥奪、貧困／（逆位置）無慈悲な女性、悪意、頑迷、策略、偽善

【メイザース（1888）】寡婦暮らし、喪失、剥奪、欠如、別離／（逆位置）悪い女性、不機嫌で頑迷、富と不和、心配事を伴う豊かさ、嘆きを伴う喜び

【ウェイト（1911）】彼女の右手にはまっすぐに立てた武器が握られ、武器の柄は王座の肘掛けに預けられている／左手は腕を上げた状態で前に伸ばされ、表情は険しいものの感情は抑えられている。つまり、悲しみをよく知っていることのあらわれだ。慈悲をあらわしているわけではなく、剣を手にしていてもほとんど権力を感じさせない。

占いとしての意味：悲しみをよく知っている女性、寡婦暮らし、女性の悲しみ、困惑、欠如、不妊、哀悼、剥奪、別離／（逆位置）悪意、頑迷、策略、上品ぶった態度、災い、ごまかし

【クロウリー／黄金の夜明け団】風の王座のクイーン。知覚が鋭い、規則厳守、器用、自信家、いたずら好き、優雅、ごまかし、残酷、信頼性に欠ける。どの特徴が示されるかは、カードの格式（ディグニティ）によって決まる

【占星術】風の水。北半球では、ソードのクイーンが秋分に秋をもたらす

【ユング理論の心理機能】感情機能（水）と思考機能（風）

【デカン／時期】乙女座20度－天秤座20度
トロピカル方式：9月12日－10月12日／サイデリアル方式：10月7日－11月5日

【関連する大アルカナ】隠者、正義

【関連する数札】ペンタクルの10、ソードの2と3

【＋のキーワード】知覚が鋭い、思慮深い、成熟、悲しみをよく知っている、内省的、独立独歩、自立、規則厳守、器用、利発、分析的、知的、公明正大、批判的、合理的、従順、禁欲的、感情のコントロール／決定を比較検討する、結果を心配する、選択肢を検討する、喪失や放棄に対処する、嘆きに耐える／喪失と剥奪を経験した強い女性

【－のキーワード】悲しみ、苦渋、心配事、心を奪われる、悲嘆に暮れた、孤立、見捨てられた、隔絶、不機嫌、報復的、残酷、冷淡、批判、偽善的、感情から切り離された、子宝に恵まれない／喪失、心配、哀悼、欠如、別離、離婚、剥奪、冷静さ、不毛、不妊、流産、寡婦暮らし、家族の死、悪意、頑迷、不寛容、ごまかし、信頼性の欠如

【正位置】クイーンは、成熟した面倒見のいい人物（理想の母親像）として、クライアントの周囲の感情的風潮に反応する。クイーンが象徴するのは、現在の状況で重要な役割を果たす女性、クライアントが直面している問題を乗り切るのに必要とされる重要な人格的特徴だ。正位置のソードのクイーンは、予測される喪失、剥奪、現実の嘆きの時期にも、理性を保ちつづける必要があると教えてくれる。悲しみを体験してはいるが、剥奪の結果として成熟を遂げ、独立独歩の傾向が高まっている。

【逆位置】人生で重要な役割を果たしていたものの喪失にうまく対処できないおそれがある。ひょっとしたらあなたはすでに苦しみを体験していて、悲しみに打ちひしがれたり、苦渋を味わったりしているところかもしれない。喪失や剥奪に反応して、不機嫌になったり報復的になったりしないように努めることが大切だ。

ソードのキング
KING OF SWORDS

判決を下す権力者
An Authority Figure Sits in Judgment

【エテイヤ（1791）】法律家、裁判官、法定代理人、調停者、医師、実業家／（逆位置）不道徳な人、非人間的、残酷、屈折

【メイザース（1888）】弁護士、法律家、権力、指令、優越、権威／（逆位置）不道徳な人、無念、心配事、嘆き、恐怖、騒乱

【ウェイト（1911）】鞘から抜いた剣を手にして判決を下す人物。当然ながら、大アルカナの正義という伝統的なシンボルを想起させ、この美徳を象徴している可能性もあるのだが、どちらかといえば、自らの職権にもとづいて生と死をつかさどる権力を思わせる。
占いとしての意味：生死をつかさどる権力を用いて判決を下す人物／「判決」についての考え方と、それに関連するあらゆるものから想起されること――権力、指令、権威、軍事的諜報機関、法律、王権の要職など／（逆位置）残酷さ、屈折、蛮行、不実、悪意

【クロウリー／黄金の夜明け団】風の戦車のプリンス。利発、聡明、合理的、アイデアの宝庫、謀議、信頼性に欠ける、辛辣、強情、過度の警戒心。どの特徴が示されるかは、カードの格式(ディグニティ)によって決まる

【占星術】風の風（雲、切り立つ山、青空、王座に描かれた軽やかな蝶に注目）

【ユング理論の心理機能】二重の思考機能（風）

【デカン／時期】山羊座20度－水瓶座20度 トロピカル方式：1月10日－2月8日／サイデリアル方式：2月3日－3月3日

【関連する大アルカナ】悪魔、星

【関連する数札】ペンタクルの4、ソードの5と6

【＋のキーワード】自己主張の強い、影響力のある、指揮権、決断力、単純明快、権威ある、公明正大、利発、合理的、審美眼、自信家、妥協しない、生真面目、現実主義、明晰な思考、物事の心髄を見抜く／コミュニケーションの明確さ、心よりも頭、対決、その道のプロ、法律家、判断を下す人物

【－のキーワード】攻撃的、人を傷つける、押しの強い、辛辣、冷酷、批判的、脅威、強情、支配的、残酷、薄情、不道徳、悪魔のような、操作的、搾取的、野蛮な、邪悪、天邪鬼

【正位置】キングは、ひとつのことを成し遂げた成熟した人物（理想の父親像）で、自らのスートやエレメントにかかわる事柄についての責任を負う。キングが象徴するのは、クライアントの人生で重要な役割を果たす男性、クライアントが現在の状況を乗り切るのに必要とされる人格的特徴だ。正位置のソードのキングは、研ぎ澄まされた知力で成功を手に入れる、決断力を備えた人物を象徴している。考えられるのは、たとえば、医師、外科医、弁護士、裁判官、抜け目のない交渉人だ。真実を探求する際には非常に挑戦的な態度をとる可能性があり、愚かな者は容赦しない。

【逆位置】研ぎ澄まされた知力と、相手をいたぶる話術で、他人を傷つける。残酷で搾取的な方法で苦痛を与えることに喜びすら覚えるかもしれない。攻撃的で支配的な彼は、相手を威圧して身悶えさせる行為を楽しんでいる。裁きの基準は、「目には目を、歯には歯を」である。

THE SUIT OF PENTACLES

ペンタクルのペイジ
PAGE OF PENTACLES

勤勉な学生
A Diligent Student

【エテイヤ（1791）】勉強好きな若者、学習、没頭、仕事、見習い／（逆位置）贅沢、豊穣、恩恵、無駄遣い、気前がいい

【メイザース（1888）】黒髪の若者、倹約家、秩序、規則、管理／（逆位置）無駄遣い、乱費、浪費、放埓（ほうらつ）

【ウェイト（1911）】掲げた両手の上に浮かんだペンタクルを熱心に見つめる若者。ゆっくりと動き、周囲のものには関心を示さない。
占いとしての意味：没頭、学習、学識、熟考／別のリーディングでは、知らせやメッセージ、それを運んでくる人物をあらわしている／規則、管理の意味もある／（逆位置）無駄遣い、放埓、気前がいい、贅沢

【クロウリー／黄金の夜明け団】木霊する丘のプリンセス。地の宮殿の薔薇。入念、勤勉、辛抱強い、寛大、親切、博愛心。どの特徴が示されるかは、カードの格式（ディグニティ）によって決まる

【占星術】地の地。ペイジ〔プリンセス〕は黄道十二宮の属性を持たず、"四大元素の素養を備えた"4つのタイプの人間を象徴している

【ユング理論の心理機能】二重の感覚機能（地）

【デカン／時期】占星術では、地のエレメントを冬と関連づけている

【＋のキーワード】勉強好き、注意深い、勤勉、良心的、学術的、辛抱強い、綿密、実際的、頼りになる、努力家、秩序正しい、質素、倹約家、細部重視／努力の応用、努力、学習、学識、優れた管理、見習い、向学心、経済状態の改善、肉体の維持管理、体力、健康、着実な進歩、優れた運動能力、生存にかかわる問題、資金援助、環境への配慮、新たな学習課程、試験の合格

【－のキーワード】浪費、無駄遣い、不注意、狭量、わがまま、時間の空費、怠惰、鈍感、ゆっくりした動き、病弱、退屈、狭隘、体調不良／喪失、放埒、無駄遣い、耽溺、汚染、過度の浪費、杜撰な管理、悪報、学業不振、練習不足、不健康／仕事漬け

【正位置】ペイジは、子供、若者、新たな学びの経験、物事の初期の段階、クライアントのもとに届けられるメッセージを象徴している。正位置のペンタクルのペイジは、身体の適切なケアと自然環境への敬意を暗示している。彼は優秀な学生で、能力の不足を補って目標を達成するために、勤勉かつ系統的に勉学に励む。学者肌で勤勉なペンタクルのペイジは、たびたび、その人の仕事、試験、経済的関心事にかかわる知らせを運んでくる。

【逆位置】試験、仕事のオファー、経済的な問題にかかわる残念な知らせが届くかもしれない。逆位置のペンタクルのペイジは、必要な努力を惜しんで最小限の労力でやりこなそうとする。その姿勢は、輝かしい成果よりも失敗や喪失をもたらすことが多い。身体のケアについてはいい加減で、スポーツジムで汗を流すよりも、友人たちと夜の町へ繰り出すほうを好む。

ペンタクルのナイト
Knight of Pentacles

頼もしくて役に立つ
Dependable and Useful

【エテイヤ（1791）】有用性、利益、優位性／（逆位置）平和、休息、不活発、睡眠、怠惰、落胆

【メイザース（1888）】役に立つ人、信頼できる、叡智、倹約、秩序、規制／（逆位置）勇敢だが、仕事に就いていない男性、時間の空費、失業、怠慢

【ウェイト（1911）】ゆっくりと前に進む、我慢強くて頑丈な馬にまたがり、本人の様相もそれに合致する。シンボルを誇示しているものの、視線は向けていない。
占いとしての意味：実用性、有用性、興味、責任、清廉潔白――通常の対外的な面のすべてにおいて／（逆位置）無気力、無為、その類の休息、停滞／平穏、落胆、不注意

【クロウリー／黄金の夜明け団】広大で肥沃な地の神。地の精霊の王。物質に夢中になっている状態、辛抱強い、重い、重い足取り、鈍感、知性の欠如、強い本能。どの特徴が示されるかは、カードの格式(ディグニティ)によって決まる

【占星術】地の火

【ユング理論の心理機能】直観機能（火）と感覚機能（地）

【デカン／時期】獅子座20度－乙女座20度
トロピカル方式：8月12日－9月11日／サイデリアル方式：9月6日－10月6日

【関連する大アルカナ】太陽、隠者

【関連する数札】ワンドの7、ペンタクルの8と9

【＋のキーワード】辛抱強い、平穏、頼りになる、秩序正しい、信頼性の高い、着実、予測可能、有用、努力、生産的、倹約家、保守的、徹底的、几帳面、サービス重視、思慮深い、利益をもたらす、確かな基盤、実際的、規律正しい／努力家、一家の大黒柱、働き者

【－のキーワード】怠惰、時間の空費、不注意、ずぼら、物質主義、頑固、退屈、重い足取り、ゆっくりした動き、ひらめきを感じない、鈍感、不活発、失業中、落胆、無益、意欲の欠如、臆病、かたくな、柔軟性の欠如、停滞、過度な慎重さ、感情的な鈍感さ／野蛮人、役立たず、ワーカホリック

【正位置】ナイトは、あなたの人生で生じる活動、冒険心、興奮、目新しさを象徴する火のエレメントに対応する。正位置のペンタクルのナイトは、辛抱強く、勤勉で、仕事を首尾良く終わらせることを主な目的とする人物をあらわしている。経済的、物質的な幸福に重点を置いているので、ほとんどの時間を仕事に費やしているときは、感情表現ができない人間のように思えることもあるかもしれない。それでも彼は、信頼できる人物――一家の大黒柱――であり、クライアントに大きな安心感を与えてくれるだろう。

【逆位置】気怠げな様子であたりをゆっくりと歩いている。思考面では怠惰で頑固、感情面ではほぼまちがいなく鈍感である。かたくなで意欲に欠ける姿勢は、人生航路においては前進よりも停滞を招くおそれがある。さもなければ、仕事や物質的な安全のことで頭がいっぱいで、感情面での人とのかかわりや、人生の他の側面をなおざりにする可能性がある。

ペンタクルのクイーン
QUEEN OF PENTACLES

財力を備えた、頼りになる女性
A Helpful Woman of Means

【エテイヤ（1791）】 黒髪の淑女、財力のある女性、富、贅沢、楽観主義、自信家、率直／（逆位置）疑念、優柔不断、不穏、不確実性、動揺

【メイザース（1888）】 黒髪の女性、寛大な女性、公平無私、魂の偉大さ、寛大／（逆位置）邪悪な一面、疑り深い女性／正当な理由で疑いの目を向けられる女性、疑念、不信

【ウェイト（1911）】 顔からは肌の黒い女性であることが示唆され、人柄は魂の偉大さという概念で要約できるかもしれない／さらに、知性を備えた生真面目な性格の持ち主である／シンボルのペンタクルを凝視しているのは、そのなかに広がる世界を見ているのだろうか。
占いとしての意味：魂の偉大さ、知性を備えた生真面目な性格／ 富裕、寛大、荘厳な雰囲気、安全、自由／（逆位置）邪悪、疑念、懸念、恐怖、不信

【クロウリー／黄金の夜明け団】 地の王座のクイーン。母性、思いやりの心、直観的、実際的、良識的、勤勉、密かな欲望。どの特徴が示されるかは、カードの格式（ディグニティ）によって決まる

【占星術】地の水。北半球では、ペンタクルのクイーンが12月の冬至に冬をもたらす

【ユング理論の心理機能】感情機能（水）と感覚機能（地）

【デカン／時期】射手座20度－山羊座20度
トロピカル方式：12月12日－1月9日／サイデリアル方式：1月4日－2月2日

【関連する大アルカナ】節制、悪魔

【関連する数札】ワンドの10、ペンタクルの2と3

【＋のキーワード】気立ての良い、博愛心、寛大、頼りになる、心が温かい、楽観的、自信家、実際的、明敏、地に足が着いた、辛抱強い、責任感、勤勉、努力家、不動、粘り強い、繁殖力（兎に象徴されている）、肉体的安楽を好む、妊娠、家庭的／贅沢、物質的豊かさ、歓待、安全、富、ビジネス感覚、経営スキル、自然を愛する、セックスを楽しむ、人生の楽しみ、資産家

【－のキーワード】粘着質、怠惰、物質主義、貪欲、浪費家、快楽主義、好色、疑り深い、優柔不断、恐怖、不安、不信、社会的地位と富に心を奪われている／人目を引く、消費、無責任、身体のケアを怠る、健康問題

【正位置】クイーンは、成熟した面倒見のいい人物（理想の母親像）として、クライアントの周囲の感情的風潮に反応する。クイーンが象徴するのは、現在の状況で重要な役割を果たす女性、クライアントが直面している問題を乗り切るのに必要とされる重要な人格的特徴だ。正位置のペンタクルのクイーンは、物質的要求に対処する能力に長けている。充分な運動、医療機関の予約通りの受診、適切な資金管理の必要性を思い出させてくれるかもしれない。私たちが授かった資源は、私たちに委ねられた贈り物である。ペンタクルのクイーンはとくに生殖能力が高く、子供や、新たな投機的事業についての創造的なアイデアが誕生する可能性がある。

【逆位置】自分の身体や物質的な幸福への適切な配慮が足りないと警告している。充分な運動をしていないか、経済的安定を得るための財政計画を立てていないのではないだろうか。快楽に溺れるあまり、雨の日の備えを怠っていないだろうか？　日々の進歩を貪欲さや疑念に妨げられてはならない。

ペンタクルのキング
KING OF PENTACLES

物質資源の管財人
Steward of Material Resources

【エテイヤ（1791）】黒髪の紳士、実業家、市場投機家、大学教授、科学者、数学者／（逆位置）欠陥のある、弱い、変形、不道徳、腐敗

【メイザース（1888）】黒髪の男性、勝利、勇敢、勇気、成功／（逆位置）高齢で意地の悪い男性、危険な男性、疑念、恐怖、危機、危険

【ウェイト（1911）】特別な説明を必要としない人物だ。肌はかなり黒く、勇気も伝わってくるものの、どこか気怠そうな雰囲気がある。王座に据えられた牡牛の頭は、循環のシンボルとして注目しておくべきだろう。このスートのシンボルとして彫刻や紋章で提示される五芒星形は、人間の性質と四大元素との対応や、それらが五芒星に支配される可能性があることを具現化したものだ。古い時代のタロット・デッキには、このスートが、コイン、貨幣、ドゥニエ硬貨を象徴するものが多かったが、金銭に関する質問を専門とするカードにはならなかった。

占いとしての意味：武勇、現実化のための知性、ビジネスの才能や通常の知的能力、数学の才能やその分野での偉業を意味することもある／以上の進路での成功／（逆位置）不道徳、弱さ、浅ましさ、天邪鬼、政治的腐敗、危機

【クロウリー／黄金の夜明け団】地の戦車のプリンス。優秀な経営者、有能、思慮深い、実際的、生産的、エネルギッシュ、辛抱強い、不動、信頼できる。どの特徴が示されるかは、カードの格式(ディグニティ)によって決まる

【占星術】地の風（大地を感じさせる風景、庭園、王座に据えられた牡牛の頭に注目）

【ユング理論の心理機能】思考機能（風）、感覚機能（地）

【デカン／時期】牡羊座20度－牡牛座20度 トロピカル方式：4月9日－5月9日／サイデリアル方式：5月4日－6月3日

【関連する大アルカナ】皇帝、教皇（大祭司）

【関連する数札】ワンドの4、ペンタクルの5と6

【＋のキーワード】慎重、生産的、不動、信頼性の高い、保護的、系統的、建設的、辛抱強い、有能、賢明、几帳面、着実、責任能力、粘り強い、努力家、良識的、伝統的、安全意識、優れたビジネス感覚、数学的才能／財産管理、実際的、安定性、優秀な稼ぎ手、健全な経営、経済的安定、忍耐、身体のケア、仕事関連の活動での成功

【－のキーワード】軽率、頑固、短気、貪欲、ワーカホリック、嫉妬心、性差別主義、無神経、物質主義、無駄遣い、日和見、恐ろしい、不誠実

【正位置】キングは、ひとつのことを成し遂げた成熟した人物（理想の父親像）で、自らのスートやエレメントにかかわる事柄についての責任を負う。キングが象徴するのは、クライアントの人生で重要な役割を果たす男性、クライアントが現在の状況を乗り切るのに必要とされる人格的特徴だ。正位置のペンタクルのキングは、物質世界での権威、スキル、実践的叡智を備えた生産的な人物を示唆している。科学や数学の分野で才能を発揮するかもしれない。このカードは、状況を掌握し、ビジネスや科学をはじめとする実際的な分野での試みを成功させる能力が備わっていることを示唆している。正位置のペンタクル（金貨）のキングは、経済状況の改善や、キャリアに関する前進の前兆であることが多い。このキングは、世界的な成功と地位を獲得するすべを知っている。

【逆位置】経済的リスク、強欲、嫉妬、不誠実、無責任や、分別のある行動方針にしたがわずに利己主義に走った行動を警告している可能性がある。黄金を手に入れることしか頭になかったギリシア神話のミダス王は、このキングの化身といえる。逆位置のペンタクル（コイン）のキングは、テーマ的には、ペンタクルの4と関連している。

Conclusions
終わりに

　著書が出版されたとしても、書いた本人はこれで仕事が完了したとは決して思わないものだ。常に疑念がつきまとう。あの主題についての記述は充分だっただろうか？　あそこはわかりやすく説明できただろうか？　あんなふうに展開させたせいで、読者を混乱させてしまったのでは？　あのテーマは省いて、あそこでもっと別の話題を掘り下げたほうが良かったかもしれない……と、延々とつづくのだ。この章では、本書で伝えたいと考えていた内容の概略説明を行い、締めくくりとして、タロットのリーディングの心理学的価値についての簡単な考察を紹介したいと思う。

　ここまで読んでいただけたのなら、タロットの起源や歴史、つまり、イタリアのルネサンス期に考案されたカードゲームがフランスに広まって、18世紀に占いの手法として人気を博すようになるまでの経緯を理解してもらえたものと思う。さらに、タロット・デッキのそれぞれのタイプを代表する3つのデッキ――マルセイユ版、ライダー・ウェイト＝スミス版、クロウリー＝ハリス・トート版――が、"オラクル・カード"や"運勢判断のカード"とどんなふうに異なっているのかについても、一通りの知識は得られたはずだ。

　実際にカードを使ってみたのであれば、リーディングで提示された情報がどこからやってきたのか、カードを使った体験に自分の前提や心構えがどう影響しているのかが実感できたに違いない。技術的なレベルでいえば、真摯な思いを込めてシャッフルしてカードを選ぶ、適切な言葉を選んで質問する、クライアントに力を付与するための努力をする、さまざまな種類のスプレッドを利用する、逆位置のカードを理解する、（好みに合うようであれば）四大元素の格式を利用する、といったことの意義が理解できたはずだ。理論的なレベルでは、四大元素（火・水・風・地）、数の象徴体系、タロットに求められる倫理観、（興味を持ったのであれば）カバラ、ヘブライ・アルファベット、占星術が現代のカード解釈が生まれる段階で果たした役割といったものの重要性をある程度まで評価してもらえたのではないだろうか。

　78枚のカードを解説した章では、18世紀にエテイヤが記録に残した標準的な占いの意味を紹介してから、19世紀のメイザース、20世紀のウェイトとクロウリーといった重鎮たちが、同じカードをどのように概念化したかを検証する構成を考えた。この方法では、個々のカードと結びつく着想が歴史とともに変遷を遂げていった様子を感覚的につかむことができる。さらに、それぞれの

カードに具象化されたエネルギーが、肯定的（＋）、否定的（－）に利用された事例のキーワードをリストにした。カードの正位置と逆位置についても最後に簡単に触れているが、ここでの解説については、双方を単独のものとみなすのではなく、1枚のコインの裏と表というふうに考えてほしい。究極的には、"大御所"たちがどんな解釈をしようと、それぞれのカードについては自分自身で理解を深めていく必要がある。

タロットのリーディングの心理学的価値

　本書で扱う題材を検討しているうちに、タロットのリーディングは、想像力を駆使した子供の遊びと似たような機能を果たしていることがわかってきた。イギリスの心理分析医D・W・ウィニコット（1896-1971年）は、子供の事例を扱った著書のなかで、子供のころの遊びが、大人になってからの創造性や自己の探求の土台になっていると述べている。[※46]

　子供の遊びは（さらに言えば、大人の遊びも）、子供の内界に広がる幻想や空想の世界と、外側に広がる現実世界と呼ばれる場所とのあいだの"移行的"領域で発生する。この移行的空間で想像力に富んだ遊びをすることで、自分以外の人間が暮らす世界とかかわりながら、自己という自主的な感覚を育んでいけるのだ。子供は遊びを通じて恐怖や不安を体験し、そのおかげで、"現実世界"で傷を負うリスクを冒すことなく本物の恐怖や不安を乗り越えられるようになる。ウィニコットは、遊びの効用を非常に意義深いものととらえ、人類のあらゆる文化的活動を遊びの形態とみなしていたほどだ。

　では、子供の遊びという空想の世界への小旅行でないとしたら、リーディングとはなんなのだろう？　私たちは、リーディングという移行的な空間に入っていくことで安心して過ごせる環境を創り出し、大切に胸に温めてきた希望や願望はもちろん、心の奥底に潜む恐怖や不安とも戯れる。それから、夢を実現するために"現実の"世界に戻ってくる。リーディングの最中に行われる、遊び心にあふれた神話づくりは、私たちを過去の世代の神話的想像力と結びつけ、自己の探求において前進を遂げるための原動力となってくれるのだ。

※46／D・W・ウィニコット『遊ぶことと現実』（橋本雅雄訳　岩崎学術出版社刊）。

補遺
APPENDIX

ふたつの黄道十二宮
The Two Zodiacs

　西洋占星術では、四季の移り変わりにもとづいて算出された黄道十二宮を利用するのが一般的だ。このメソッドでは、太陽が牡羊座のサインに入ったという表現で、北半球における春の一日目が示される。この方式は、トロピカル方式、もしくは、季節にもとづく黄道十二宮と呼ばれている。

　ヴェーダ占星術はこれとは異なる慣習にしたがっている。インドの占星術師たちは、牡羊座と名づけた星々の集まり(コンステレーション)の始まりを黄道十二宮の基点とした。これがいわゆる、サイデリアル方式、もしくは、星にもとづく黄道十二宮である。ただし、サイデリアル方式には問題があり、牡羊座という星座の始まりについて占星術師のあいだで見解が分かれている。

　〈黄金の夜明け団〉がサイデリアル方式を好んでいたため、本書では、トロピカル方式とサイデリアル方式の両方のデータを扱っている。この章で紹介している一覧表は、黄道十二宮の36のデカンとそれぞれの開始日を両方の方式で対応させたものだ。このデータは2014年の牡羊座0度から2015年の牡羊座0度の期間から算出したものなので、場所や特定の年によって多少の違いが生じるだろう。本表では〈黄金の夜明け団〉に敬意をあらわして、場所をロンドンに設定してある（訳注：本書では右ページの一覧で統一をした）。

　タイミングについての質問で利用する場合は、概要説明の頁でそのカードがどのデカンに属しているのかを確認してから、表のデータを参照してほしい。たとえば、「新しい人間関係はいつごろ始まりそうですか？」という質問に対してペンタクルの7があらわれたとしよう。11章で該当する記述を探して、ペンタクルの7が牡牛座第3デカンに対応しており、牡牛座の開始日が、トロピカル方式では5月10日、サイデリアル方式では6月4日であることを確認する。このデカンはそれぞれ10日程度つづくので、質問に対する答えは、「5月10−20日」か「6月4−14日」のいずれかということになる。〈黄金の夜明け団〉は、前述のとおりサイデリアル方式を採用していたので、「6月4−14日」と答えていたはずだ。

トロピカル方式	黄道十二宮の位置	サイデリアル方式	トロピカル方式	黄道十二宮の位置	サイデリアル方式
3月20日	牡羊座0度	4月14日	10月3日	天秤座10度	10月27日
3月30日	牡羊座10度	4月24日	10月13日	天秤座20度	11月6日
4月9日	牡羊座20度	5月4日	10月23日	蠍座0度	11月16日
4月20日	牡牛座0度	5月14日	11月2日	蠍座10度	11月26日
4月30日	牡牛座10度	5月25日	11月12日	蠍座20度	12月6日
5月10日	牡牛座20度	6月4日	11月22日	射手座0度	12月16日
5月21日	双子座0度	6月15日	12月2日	射手座10度	12月25日
5月31日	双子座10度	6月25日	12月12日	射手座20度	1月4日
6月10日	双子座20度	7月6日	12月21日	山羊座0度	1月14日
6月21日	蟹座0度	7月16日	12月31日	山羊座10度	1月24日
7月1日	蟹座10度	7月27日	1月10日	山羊座20度	2月3日
7月12日	蟹座20度	8月6日	1月20日	水瓶座0度	2月13日
7月22日	獅子座0度	8月18日	1月30日	水瓶座10度	2月23日
8月2日	獅子座10度	8月27日	2月9日	水瓶座20度	3月4日
8月12日	獅子座20度	9月6日	2月18日	魚座0度	3月14日
8月23日	乙女座0度	9月17日	2月28日	魚座10度	3月24日
9月2日	乙女座10度	9月27日	3月10日	魚座20度	4月3日
9月12日	乙女座20度	10月7日	3月20日	牡羊座0度	4月14日
9月23日	天秤座0度	10月17日			

訳注：タロットと占星術上の日付の対応は、概略の値です。毎年の日付との対応は占星術上の星座（サイン）およびデカンを太陽が通過する期間に基づきますが、太陽の運行は通常のカレンダーとは多少のズレがあり、境界にあたる日付（及び時刻）は毎年変わります。より正確にはその年の天文暦を参照するか、占星術用コンピュータソフトなどを使って調べる必要があります。

推薦テキスト
RECOMMENDED READING

タロットについては何百という書籍が刊行されており、そのほとんどが20世紀に書かれたものだ。
ここでは、私がとくに有益だと感じた、ほんの一握りの代表的な書籍を紹介している。
包括的なリストの作成を目指したわけではないので、数多くの優れた書籍が、
頁の都合や単なる見落としによって割愛されてしまったことは明らかである。

TAROT BOOKS FOR BEGINNERS
初心者向けの書籍

Almond, Jocelyn, and Keith Seddon. *Understanding Tarot: A Practical Guide to Tarot Card Reading*. San Francisco: Thorsons, 1991. This is a thoughtful text that presents the cards in an understandable way.

Bunning, Joan. *Learning the Tarot: A Tarot Book for Beginners*. San Francisco: Weiser, 1998. This text has become one of the staples for newcomers to the tarot.

Ellershaw, Josephine. *Easy Tarot Handbook*. Woodbury, MN: Llewellyn Worldwide, 2009. This is an extremely helpful and practical book, written as a guide to the Gilded Tarot but applicable to any deck in the Waite-Smith tradition.

Gray, Eden. *The Complete Guide to the Tarot*. New York: Bantam, new edition, 1982. This classic text spurred much of the modern interest in the tarot.

Greer, Mary K. *Tarot for Your Self: A Workbook for Personal Transformation*. Franklin Lakes, NJ: New Page Books, 2002.

———. *21 Ways to Read a Tarot Card*. Woodbury, MN: Llewellyn Worldwide, 2006. Mary K. Greer is one of the grand masters of modern tarot, and anything she writes about the cards is worth reading.

Jayanti, Amber. *Tarot for Dummies*. Hoboken, NJ: Wiley Publishing, 2001. The author has a uniquely helpful way of viewing each card as a set of questions being posed by the tarot to the person who consults the cards.

Junjulas, Craig. *Psychic Tarot*. Stamford, CT: U.S. Games Systems, 1985. This brief text, illustrated with the Aquarian Tarot, contains excellent pithy delineations of the cards.

Katz, Marcus, and Tali Goodwin. *Around the Tarot in 78 Days: A Personal Journey Through the Cards*. Woodbury, MN: Llewellyn Worldwide, 2012. This is a card-per-day workbook for getting to know the cards.

Kenner, Corrine. *Simple Fortunetelling with Tarot Cards*. Woodbury, MN: Llewellyn Worldwide, 2007. The author writes with a clear and understandable style that enables the reader to rapidly grasp the meanings of the cards.

Louis, Anthony. *Tarot Plain and Simple*. St. Paul, MN: Llewellyn Worldwide, 2002. This book first appeared in 1996 and has become a highly popular beginner's guide to the tarot.

MacGregor, Trish, and Phyllis Vega. *Power Tarot*. New York: Simon and Schuster, 1998. This book contains wonderfully accurate delineations of the cards and a large number of tarot spreads for just about any type of question.

McElroy, Mark. *A Guide to Tarot Card Meanings*. TarotTools.com Publishing, 2014. This is a clear and thoughtful compendium of tarot card meanings.

Moore, Barbara. *Tarot for Beginners: A Practical Guide to Reading the Cards.* Woodbury, MN: Llewellyn Worldwide, 2010. This is a down-to-earth and clearly written guide for those who are completely new to the tarot.

———. Llewellyn's Classic Tarot Companion. Woodbury, MN: Llewellyn Worldwide, 2014. A guide by Barbara Moore makes use of the tarot deck featured in this book.

Nasios, Angelo. *Tarot: Unlocking the Arcana.* Atglen, PA: Schiffer Publishing, 2016. Angelo is the author of informative YouTube videos on tarot. His first book is a clearly written and informative introduction to the tarot.

Pollock, Rachel. *Seventy-Eight Degrees of Wisdom.* Wellingborough, UK: Aquarian Press, 2 vols. 1980 and 1983. This is a tarot classic in which the author set the tarot free from the tradition of mere fortune-telling and established it as a valuable tool for self-understanding and personal development. A must read.

Zerner, Amy, and Monte Farber. *The Enchanted Tarot.* New York: St. Martin's Press, 1990. In this beautifully illustrated introduction to the tarot, the author takes a novel approach of presenting a dream, awakening, and enchantment for each card.

INTERMEDIATE TO ADVANCED TAROT BOOKS
中級から上級の書籍

Ben-Dov, Yoav. *Tarot: The Open Reading.* CreateSpace Independent Publishing, 2013. This book focuses on interpreting the Tarot of Marseille.

Huggens, Kim. *Tarot 101: Mastering the Art of Reading the Cards.* Woodbury, MN: Llewellyn Worldwide, 2013.

Jodorowsky, Alejandro, and Marianne Costa. *The Way of Tarot: The Spiritual Teacher in the Cards.* Rochester, VT: Destiny Books, 2009.

Louis, Anthony. *Tarot Beyond the Basics.* Woodbury, MN: Llewellyn Worldwide, 2014.

Moore, Barbara. *Tarot Spreads: Layouts & Techniques to Empower Your Readings.* Woodbury, MN: Llewellyn Worldwide, 2012.

Ricklef, James. *Tarot Tells the Tale: Explore Three-Card Readings Through Familiar Stories.* St. Paul, MN: Llewellyn Worldwide, 2004.

Stern, Jane. *Confessions of a Tarot Reader.* Guilford, CT: skirt! (Globe Peguot Press), 2011.

Tyson, Donald. *1*2*3 Tarot.* St. Paul, MN: Llewellyn, 2005.

Waite, Arthur Edward. *The Pictorial Key to the Tarot.* Secaucus, NJ: Citadel Press, 1959.

Wen, Benebell. *Holistic Tarot.* An Integrative Approach to Using Tarot for Personal Growth. Berkeley, CA: North Atlantic Books, 2015.

Special Topics
特別なトピック

Akron (C. F. Frey) and Hajo Banzhaf. *The Crowley Tarot*. Stamford, CT: U.S. Games Systems, 1995. Bunning, Joan. Learning Tarot Reversals. York Beach, ME: Weiser, 2003.

Crowley, Aleister. *The Book of Thoth*. York Beach, ME: Weiser, 1974.

Fiebig, Johannes, and Evelin Bürger. *The Ultimate Guide to the Rider-Waite Tarot*. Woodbury, MN: Llewellyn Worldwide, 2013. This book focuses on the symbols used by artist Pamela Colman Smith in designing the popular Rider-Waite-Smith deck.

Greer, Mary K. *The Complete Book of Tarot Reversals*. St. Paul, MN: Llewellyn Worldwide, 2002.

Kenner, Corrine. *Tarot and Astrology*. Woodbury, MN: Llewellyn Worldwide, 2011. This book focuses on the Golden Dawn associations between astrology and tarot.

McCormack, Kathleen. *Tarot Decoder*. London: Quantum Publishing, 2014. This book focuses specially on interpreting each of the seventy-eight cards in the context of the Celtic Cross Spread.

Nichols, Sallie. *Jung and Tarot, An Archetypal Journey*. York Beach, ME: Weiser, 1980.

Pollack, Rachel. *The Kabbalah Tree*. St. Paul, MN: Llewellyn Worldwide, 2004. One of the leading figures in modern tarot explains her understanding of the Kabbalah, which is essential to the Golden Dawn approach to delineating the tarot.

Regardie, Israel. *The Golden Dawn: A Complete Course in Practical Ceremonial Magic, sixth ed*. St. Paul, MN: Llewellyn, 2002.

Wang, Robert. *The Qabalistic Tarot: A Textbook of Mystical Philosophy*. San Francisco: Weiser, 2004. Known for his knowledge of Kabbalah and Jungian psychology, Robert Wang explains his approach to combining Kabbalah and tarot.

Wanless, James. *Strategic Intuition for the 21st Century: Tarot for Business*. New York: Three Rivers Press, 1998. This book is written for managers and executives about how to use the tarot to generate creative ideas and solutions in the world of business.

Winnicott, D. W. *Playing and Reality*. London: Tavistock, 1971. This psychoanalytic text presents a theory about the importance of play in human development. Since the tarot is a type of play, the lessons of the analyst's couch also apply to reading with the tarot.

History and Origins of Tarot
歴史・タロットの起源

Decker, Ronald. *Art and Arcana: Commentary on the Medieval Scapini Tarot.* Stamford, CT: U.S. Games Systems, 2004.

———. The Esoteric Tarot. Wheaton, IL: Theosophical Publishing House, 2013.

Dummett, Michael. *The Game of Tarot.* London: Duckworth, 1980.

Etteilla. *Dictionnaire synonimique du Livre de Thot ou Synonimes des significations primitives tracées sur Feuillets du Livre de Thot. (Thesaurus of the Book of Thoth, or Synonyms of primitive meanings drawn on sheets of the Book of Thoth).* Paris, 1791.

Huson, Paul. *Mystical Origins of the Tarot.* Rochester, VT: Destiny, 2004.

Kaplan, Stuart. *The Encyclopedia of Tarot.* New York: U.S. Games Systems, Vol. 1, 1978; Vol. 2, 1986.

Place, Robert. *The Tarot: History, Symbolism, and Divination.* New York: Tarcher, 2005.

A Few Internet Resources
インターネットのリソース

Aeclectic Tarot (the oldest and largest tarot forum community on the Internet). www.tarotforum.net

Ancient Hebrew Research Center at www.ancient-hebrew.org/

Angelo Nasios YouTube Site. Videos about tarot. www.youtube.com/user/AngeloNasios

Art of Change Tarot website by Carolyn Cushing. artofchangetarot.com/

Barbara Moore. Articles about tarot. www.llewellyn.com/blog/author/barbara_moore/

Birth Card Calculator. The Tarot School. www.tarotschool.com/Calculator.html

Donnaleigh's Tarot. donnaleigh.com/

Free On-Line Readings. Tarot Journey with Leisa ReFalo. tarotjourney.net/free-on-line-readings/

Free Tarot Reading. Llewellyn website. www.llewellyn.com/tarot_reading.php

Learning the Tarot by Joan Bunning. www.learntarot.com/

Mary K. Greer's Tarot Blog. marygreer.wordpress.com/

S. L. MacGregor Mathers. The Tarot (1888). At sacred-texts.com: www.sacred-texts.com/tarot/mathers/

Psychic Revelation. Tarot Card Interpretation and Meanings. www.psychic-revelation.com/reference/q_t/tarot/tarot_cards/index.html

Super Tarot website by Paul Hughes Barlow. supertarot.co.uk/

Tarot Elements website by Catherine Chapman. tarotelements.com/

Waite, Arthur Edward. *The Pictorial Key to the Tarot (1911).* At sacred-texts.com: www.sacred-texts.com/tarot/pkt/index.htm

参考文献
BIBLIOGRAPHY

Akron (C. F. Frey) and Hajo Banzhaf. *The Crowley Tarot.* Stamford, CT: U.S. Games Systems, 1995.

Almond, Jocelyn, and Keith Seddon. *Tarot for Relationships.* Northamptonshire, UK: The Aquarian Press, 1990.

———. Understanding Tarot. A Practical Guide to Tarot Card Reading. San Francisco: Thorsons, 1991.

Amberstone, Ruth Ann, and Wald Amberstone. *Tarot Tips.* St. Paul, MN: Llewellyn Publications, 2003.

———. *The Secret Language of Tarot.* San Francisco: Weiser Books, 2008.

Aristotle. *De Generatione et Corruptione*, trans. C. J. F. Williams. Oxford, UK: Clarendon Press, 1982.

Arroyo, Stephen. *Astrology, Psychology, and the Four Elements.* Sebastopol, CA: CRCS Publications, 1978.

Avelar, Helena, and Luis Ribeiro. *On the Heavenly Spheres, a Treatise on Traditional Astrology.* Tempe, AZ: American Federation of Astrologers, 2010.

Banzhaf, Hajo. *The Tarot Handbook.* Stamford, CT: U.S. Games Systems, 1993.

Beitchman, Philip. *Alchemy of the Word: Cabala of the Renaissance.* Albany, NY: State University of New York Press, 1998.

Ben-Dov, Yoav. Tarot: *The Open Reading.* CreateSpace Independent Publishing, 2013.

Bing, Gertrud, ed. *"Picatrix" Das Ziel des Weisen von Pseudo-Magriti, Studien der Bihliothek Warburg*, Vol. 27, translated into German from the original Arabic text by Hellmut Ritter and Martin Plessner in 1933. London: The Warburg Institute, 1962.

Brumbaugh, Robert S. *The Philosophers of Greece.* Albany, NY: State University of New York Press, 1982.

Bunning, Joan. *Learning Tarot Reversals.* York Beach, ME: Weiser, 2003.

———. *Learning the Tarot: A Tarot Book for Beginners.* San Francisco: Weiser, 1998.

Bursten, Lee. *Universal Tarot of Marseille*, illustrated by Claude Burdel. Torino, Italy: Lo Scarabeo, 2006.

Carroll, Wilma. *The 2-Hour Tarot Tutor.* New York: Berkley Books, 2004.

Carter, Charles E.O. *The Principles of Astrology.* London: Quest Books, 1963.

Crowley, Aleister. *The Book of Thoth.* San Francisco: Weiser Books, 2008.

De Angeles, Ly. *Tarot, Theory and Practice.* Woodbury, MN: Llewellyn Publications, 2007.

Decker, Ronald. *Art and Arcana, Commentary on the Medieval Scapini Tarot.* Stamford, CT: U.S. Games Systems, 2004.

———. *The Esoteric Tarot.* Wheaton, IL: Theosophical Publishing House, 2013.

Dowson, Godfrey. *The Hermetic Tarot.* Stamford, CT: U.S. Games Systems, 2006.

Drury, Nevill. *The Tarot Workbook.* San Diego, CA: Thunder Bay Press, 2004.

Dummett, Michael. *The Game of Tarot.* London: Duckworth, 1980.

Duquette, Lon Milo. *Understanding Aleister Crowley's Thoth Tarot.* San Francisco: Weiser Books, 2003.

Ellershaw, Josephine. *Easy Tarot Reading.* Woodbury, MN: Llewellyn Publications, 2011.

Etteilla. *Dictionnaire synonimique du Livre de Thot ou Synonimes des significations primitives tracées sur les Feuillets du Livre de Thot. (Thesaurus of the Book of Thoth, or Synonyms of primitive meanings drawn on sheets of the Book of Thoth).* Paris, 1791.

———. *l'Astrologie du Livre de Thot.* Paris, 1785. Edition published by Guy Trédaniel (ed.) with commentary by Jacques Halbronn. Paris, 1990.

Fairfield, Gail. *Choice Centered Tarot.* Smithville, IN: Ramp Creek Publishing, 1984.

Farley, Helen. *A Cultural History of Tarot: From Entertainment to Esotericism.* London: I.B. Tauris, 2009.

Fiebig, Johannes, and Evelin Bürger. *The Ultimate Guide to the Rider-Waite Tarot.* Woodbury, MN: Llewellyn Worldwide, 2013.

Fenton-Smith, Paul. *Tarot Masterclass*. Crow's Nest NSW, Australia: Allen & Unwin, 2007.

Filipczak, Zirka Z. *Hot Dry Men, Cold Wet Women: The Theory of Humors in Western European Art*. New York: American Federation of Arts, 1997.

Forrest, Steven. *The Inner Sky: The Dynamic New Astrology for Everyone*. New York: Bantam, 1984.

Fortune, Dion. *Practical Occultism in Daily Life*. Northamptonshire, UK: The Aquarian Press, 1976.

Frankl, Viktor E. *Man's Search for Meaning*. New York: Washington Square Press, Simon and Schuster, 1963.

Gibb, Douglas. Tarot Eon at taroteon.com

Graves, Robert. *The Greek Myths*. London: Penguin Books, 1992.

Gray, Eden. *A Complete Guide to the Tarot*. New York: Bantam Books, 1972.

Greer, Mary K. *21 Ways to Read a Tarot Card*. Woodbury, MN: Llewellyn Worldwide, 2006.

———. *Tarot for Your Self*. Franklin Lakes, NJ: New Page Books, 2002. Originally published 1984 by Newcastle Publishing.

———. *The Complete Book of Tarot Reversals*. St. Paul, MN: Llewellyn, 2002.

Hall, Manly P. *The Secret Teachings of All Ages*. San Francisco: H.S. Crocker, 1928. Available at www.sacred-texts.com/eso/sta/index.htm

Harris, Roy. *Language, Saussure and Wittgenstein*. London: Routledge, 1988.

Heisenberg, Werner. *Physics and Philosophy: The Revolution in Modern Science*. New York: Harper & Row, 1958.

Hughes-Barlow, Paul, and Catherine Chapman. *Beyond the Celtic Cross*. London: Aeon Books, 2009.

Huson, Paul. *Dame Fortune's Wheel Tarot*. Torino, Italy: Lo Scarabeo, 2008.

———. *Mystical Origins of the Tarot*. Rochester, VT: Destiny Books, 2004.

Jayanti, Amber. *Tarot for Dummies*. Hoboken, NJ: Wiley Publishing, 2001.

Jodorowsky, Alejandro and Marianne Costa. *The Way of Tarot: The Spiritual Teacher in the Cards*. Rochester, VT: Destiny Books, 2009.

Jung, Carl. *The Portable Jung*. New York: Penguin Books/Portable Library, 1976.

———. "Synchronicity: An Acausal Connecting Principle" from *The Collected Works of C. G. Jung, Vol 8.: Jung Extracts*. Princeton, NJ: Princeton University Press, 2010.

Junjulas, Craig. *Psychic Tarot*. Stamford, CT: U.S. Games Systems, 1985.

Kaczynski, Richard. *Perdurabo, The Life of Aleister Crowley*. Berkeley, CA: North Atlantic Books, 2010.

Kaplan, Stuart R. *The Encyclopedia of Tarot*, vols. 1 and 2. New York: U.S. Games Systems, 1978, 1986.

———. *Tarot Classic*. Stamford, CT: U.S. Games Systems, 2003.

———. *The Artwork & Times of Pamela Colman Smith*. Stamford, CT: U.S. Games Systems, 2003.

Katz, Marcus, and Tali Goodwin. *Around the Tarot in 78 Days: A Personal Journey Through the Cards*. Woodbury, MN: Llewellyn Worldwide, 2012.

Kenner, Corrine. *Simple Fortunetelling with Tarot Cards*. Woodbury, MN: Llewellyn Worldwide, 2007.

———. *Tarot and Astrology*. Woodbury, MN: Llewellyn Publications, 2011.

———. *Tarot for Writers*. Woodbury, MN: Llewellyn Publications, 2009.

Knight, Gareth. *The Magical World of the Tarot*. San Francisco: Weiser, 1996.

Louis, Anthony. *Tarot Plain and Simple*. St. Paul, MN: Llewellyn Publications, 1996.

———. *Tarot Beyond the Basics*. St. Paul, MN: Llewellyn Publications, 2014.

MacGregor, Trish, and Phyllis Vega. *Power Tarot*. New York: Fireside, 1998.

Marteau, Paul. *Le Tarot de Marseille*. Paris: Arts et Metiers Graphiques, first ed. 1949.

———. *El Tarot de Marsella*. Madrid: Editorial EDAF, S.L.U, 2011.

Mathers, S. L. MacGregor. *The Tarot: Its Occult Significance, Use in Fortune-telling, and Method of Play*. London: The Houseshop, 1888. In the public domain and available as a Kindle e-book from Amazon Digital Services (ASIN: B004IE9Z14) and at www.sacred-texts.com/tarot/mathers/.

Mayer, Elizabeth Lloyd. *Extraordinary Knowing: Science, Skepticism, and the Inexplicable Powers of the Human Mind*. New York: Bantam Books, 2007.

McCormack, Kathleen. *Tarot Decoder*. London: Quantum Publishing, 2014.

McElroy, Mark. *A Guide to Tarot Card Meanings*. TarotTools.com Publishing, 2014.

———. *What's in the Cards for You?* St. Paul, MN: Llewellyn Publications, 2005.

Michelsen, Teresa C. *The Complete Tarot Reader*. St. Paul, MN: Llewellyn Publications, 2005.

Moakley, Gertrude. *The Tarot Cards Painted by Bonifacio Bembo for the Visconti-Sforza Family: An Iconographic and Historical Study*. New York: New York Public Library, 1966.

Montgomery, Stephen. *People Patterns: A Modern Guide to the Four Temperaments*. Del Mar, CA: Archer Publications, 2002.

Moore, Barbara. T*arot for Beginners: A Practical Guide to Reading the Cards*. Woodbury, MN: Llewellyn Worldwide, 2010.

———. *Tarot Spreads: Layouts & Techniques to Empower Your Readings*. Woodbury, MN: Llewellyn Worldwide, 2012.

———. *Llewellyn's Classic Tarot Companion*. Woodbury, MN: Llewellyn Worldwide, 2014.

Morgan, Michele. *A Magical Course in Tarot*. Berkeley, CA: Conari Press, 2002.

Morin, Jean-Baptiste. *Astrologia Gallica, Book 22, Directions*, trans. James Herschel Holden. Tempe, AZ: American Federation of Astrologers, 1994.

Naparstek, Belleruth. *Your Sixth Sense*. San Francisco: HarperSanFrancisco, 1997.

Nasios, Angelo. *Tarot: Unlocking the Arcana*. Atglen, PA: Schiffer Publishing, 2016.

Nichols, Sallie. *Jung and Tarot, An Archetypal Journey*. York Beach, ME: Samuel Weiser, 1980.

O'Connor, Peter A. *Understanding Jung, Understanding Yourself*. New York: Paulist Press, 1985.

Osho. Osho *Zen Tarot: The Transcendental Game of Zen*. New York: St. Martin's Press, 1995.

Pennebaker, James, and John Evans. *Expressive Writing: Words That Heal*. Enumclaw, WA: Idyll Arbor, 2014.

Place, Robert M. *Alchemy and the Tarot: An Examination of the Historical Connection with a Guide to the Alchemical Tarot*. Saugerties, NY: Robert M. Place, 2012.

———. *The Tarot: History, Symbolism, and Divination*. New York: Penguin, 2005.

Pollock, Rachel. *Seventy-Eight Degrees of Wisdom*. Wellingborough, UK: Aquarian Press, 1980, 1983.

———. *Tarot Wisdom: Spiritual Teachings and Deeper Meanings*. Woodbury, MN: Llewellyn Publications, 2008.

———. *The Kabbalah Tree*. St. Paul, MN: Llewellyn, 2004.

———. *The New Tarot Handbook*. Woodbury, MN: Llewellyn, 2011.

Regardie, Israel. *The Golden Dawn: The Original Account of the Teaching, Rites & Ceremonies of the Hermetic Order, Sixth Ed.* St. Paul, MN: Llewellyn, 1989.

Renée, Janina. *Tarot for a New Generation*. St. Paul, MN: Llewellyn, 2001.

———. *Tarot Spells*. St. Paul, MN: Llewellyn, 2000.

Ricklef, James. *Tarot Tells the Tale: Explore Three-Card Readings Through Familiar Stories*. St. Paul, MN: Llewellyn, 2004.

Roberts, Richard. *The Original Tarot & You*. Berwick, ME: Ibis Press, 2005.

Rosengarten, Arthur. *Tarot and Psychology*. St. Paul, MN: Paragon House, 2000.

Rowson, Everett K. "Homoerotic Liaisons among the Mamluk Elite in Late Medieval Egypt and Syria" in I*slamicate Sexualities: Translations Across Temporal Geographies of Desire*. Eds. Kathryn Babayan and Afsaneh Nahmabadi. Cambridge, MA: Harvard University Center for Middle Eastern Studies, 2008.

Saunders, Thomas. *The Authentic Tarot*. London: Watkins Publishing, 2007.

Schwickert, Friedrich, and Adolf Weiss. *Cornerstones of Astrology*. Dallas, TX: Sangreal Foundation, 1972.

Shapiro, Rami M. *Hasidic Tales*. Woodstock, VT: SkyLight Paths Publishing, 2003.

Sharman-Burke, Juliet, and Liz Greene. *The New Mythic Tarot*. New York: St. Martin's Press, 2008.

Shavick, Nancy. *Traveling the Royal Road: Mastering the Tarot*. New York: Berkley Books, 1992.

Stern, Jane. *Confessions of a Tarot Reader*. Guilford, CT: skirt! (Globe Pequot Press), 2011.

Stewart, Rowenna. *Collins Gem Tarot*. Glasgow, UK: Harper Collins Publishers, 1998.

The Holy Bible. King James Version (1611). New York: Barnes & Nobles, 2012.

Tyson, Donald. *1*2*3 Tarot*. St. Paul, MN: Llewellyn, 2004.

Waite, Arthur Edward. *The Pictorial Key to the Tarot*. London: W. Rider, 1911. Waite's original text is in the public domain and available online at en.wikisource.org/wiki/The_Pictorial_Key_to_the_Tarot, and also as a Kindle e-book from Amazon Digital Services (ASIN: B00L18UZG4).

---. *The Pictorial Key to the Tarot (1911)*, with an introduction by Gertrude Moakley (1959). Secaucus, NJ: Citadel Press, 1959.

Wang, Robert. *The Qabalistic Tarot*. San Francisco: Weiser Books, 1987.

Wanless, James. Strategic Intuition for the 21st Century, *Tarot for Business*. Carmel, CA: Merrill-West Publishing, 1996.

Wasserman, James. *Instructions for Aleister Crowley's Thoth Tarot Deck*. Stamford, CT: U. S. Games Systems, 1978.

Watters, Joanna. *Tarot for Today*. Pleasantville, NY: Readers Digest, 2003.

Wen, Benebell, *Holistic Tarot, An Integrative Approach to Using Tarot for Personal Growth*. Berkeley, CA: North Atlantic Books, 2015.

White, Dusty. *The Easiest Way to Learn Tarot—Ever!* Charleston, SC: BookSurge Publishing, 2009.

Willowmagic, Raven. *Tarot Tips of the Trade*. Amazon.com: Kindle edition, 2010.

Winnicott, D.W. *Playing and Reality*. London: Tavistock, 1971.

Zerner, Amy, and Monte Farber. *The Enchanted Tarot (book)*. New York: St. Martin's Press, 1990.

Ziegler, Gerd. *Tarot, Mirror of the Soul*. San Francisco: Weiser, 1998.

著＝アンソニー・ルイス

医師、精神科医。30年以上を占星術の研究に捧げている。ホラリー占星術について国内外で講演し、「アメリカン・アストロロジー」「マウンテン・アストロロジャー」「ホラリー・プラクティショナー」といった雑誌に多数の記事を掲載している。タロットの著作多数。

監訳＝鏡リュウジ

占星術研究家、翻訳家。1968年京都府生まれ。国際基督教大学卒業、同大学院修士課程修了(比較文化)。英国占星術協会会員、日本トランスパーソナル学会理事。平安女学院大学客員教授、京都文教大学客員教授。著書に『タロットの秘密』『星のワークブック』(以上、講談社)、『占星術夜話』『鏡リュウジの占い大事典』(以上、説話社)、『はじめてのタロット』(ホーム社)、『占星術の文化誌』『占星術の教科書』(以上、原書房)、訳書に『占星学』『ユングと占星術』(以上、青土社)、『タロット バイブル 78枚の真の意味』(朝日新聞出版)など多数。

訳＝片桐 晶

翻訳家。児童書からビジネス書まで幅広いジャンルをこなす。訳書に、『ジュリアン・アサンジ自伝』(学研プラス)、『ゴジラ』(KADOKAWA)などがある。

完全版　タロット事典
2018年12月30日　第1刷発行
2024年6月30日　第2刷発行

著　者　　アンソニー・ルイス
監訳者　　鏡リュウジ
訳　者　　片桐　晶
発行者　　宇都宮健太朗

装丁　　宮崎絵美子

発行所　　朝日新聞出版
　　　　　〒104-8011 東京都中央区築地5-3-2
　　　　　電話03-5541-8832(編集)
　　　　　　　03-5540-7793(販売)
印刷所　　大日本印刷株式会社

Ⓒ 2018 Ryuji Kagami & Akira Katagiri
Published in Japan by Asahi Shimbun Publications Inc.
ISBN 978-4-02-251583-4

定価はカバーに表示してあります。
本書掲載の文章・図版の無断複製・転載を禁じます。

落丁・乱丁の場合は弊社業務部(☎03-5540-7800)へご連絡ください。
送料弊社負担にてお取り換えいたします。